SCHWARZBUNTE

ZWERGZEBU

ANSBACH-TRIESDORFER

UNGARISCHES STEPPENRIND

BLONDVIEH

GRAUVIEH

Gerd Wolfgang Sievers · Rind & Co · Alles rund ums Rindfleisch

Meinem Lehrmeister KM Gerhard Windholz gewidmet.

Bibliografische Information der Deutschen Nationalbibliothek
Die Deutsche Nationalbibliothek verzeichnet diese Publikation in der Deutschen Nationalbibliografie; detaillierte bibliografische Daten sind im Internet über http://dnb.d-nb.de abrufbar.

1. Auflage

Idee und Konzeption: Gerd Wolfgang Sievers und Elisabeth Hölzl
Text: Gerd Wolfgang Sievers
Fotografie: Herbert Lehmann
Foodstyling: Gerd Wolfgang Sievers
Foodstyling-Assistenz: Jürgen Kozlowsky
Mitarbeit: Josefine Gensbauer
Illustrationen: Titanilla Eisenhart
Grafische Gestaltung: fuhrer, Wien
Lektorat: Inge Fasan

Gedruckt in Asien

ISBN 978-3-85033-229-3

Christian Brandstätter Verlag
GmbH & Co KG
A-1080 Wien, Wickenburggasse 26
Telefon (+43-1) 512 15 43-0
Telefax (+43-1) 512 15 43-231
E-Mail: info@cbv.at
www.cbv.at

Gerd Wolfgang Sievers

Schon mit fünf Jahren stand Gerd Wolfgang Sievers lieber hinter dem Herd als auf dem Fußballplatz. Das Kochhandwerk erlernte er bei verschiedenen renommierten Spitzenköchen in Deutschland, in Wien studierte er Publizistik und im Burgenland absolvierte er seine Lehrabschlussprüfung als Koch.
Seit mehr als 10 Jahren veröffentlicht Gerd Wolfgang Sievers in verschiedenen Fachmagazinen und Zeitungen, bisher erschienen sieben Bücher, darunter das prämierte Schneckenkochbuch bzw. das Opus Magnum *Genussland Österreich*. Im Christian Brandstätter Verlag erschien zuletzt *Friaul genießen*.
Gerd Wolfgang Sievers' Bücher haben zwei Silbermedaillen der GAD eingebracht sowie den Gourmand World Cookbook Award.

Der ausgesprochene Qualitätsfanatiker Gerd Wolfgang Sievers sieht Essen und Trinken als wichtiges Kulturgut an. Insbesondere regionale Spezialitäten, deren Ursprung und Geschichte sowie die Zubereitung klassischer Rezepturen sind ihm ein Anliegen.

Herbert Lehmann, geboren in Linz, arbeitete jahrelang als Kameramann und Regisseur für Werbung und Unternehmensfilme, erhielt oft wochenlang Wurstsemmel-Catering. Seit Anfang der 90er Jahre fotografiert er für renommierte Wein- und Gourmetmagazine weltweit. Mittlerweile stehen auch fast zwei Dutzend Kochbücher mit den Spitzen der österreichischen Gourmetszene auf seiner Schaffensliste.

Titanilla Eisenhart, geb. als Kind zweier Künstler in Wien, unterrichtet Kunst an der Kunstschule Wien und an der Sommerakademie Salzburg. Sie macht Zeichnungen, Collagen und Malereien, Videos, Skulpturen und Installationen. Buchveröffentlichungen, u.a. *Sexy and not sexy* (2006), und Ausstellungen. Sie lebt in Wien und Kärnten

GERD WOLFGANG SIEVERS

Rind & Co

ALLES RUND UMS RINDFLEISCH

Fotografiert von Herbert Lehmann

Illustriert von Titanilla Eisenhart

CHRISTIAN BRANDSTÄTTER VERLAG

VORWORT

Als mich mein Verleger Dr. Christian Brandstätter fragte, ob ich interessiert sei, ein Kochbuch zu schreiben, welches sich ausschließlich mit Rindfleischrezepten beschäftigt, war ich sofort begeistert. Nicht allein die Tatsache, dass ich Rindfleisch in nahezu allen kulinarischen Facetten äußerst schätze, war für meine Begeisterung ausschlaggebend, sondern auch der Umstand, dass ich es immer wieder spannend finde, verschiedene Küchenstilistiken miteinander zu vergleichen. Und gerade beim Rindfleisch, das wirklich weltweit genossen wird, bietet sich hierfür eine exzellente Gelegenheit. Hinzu kommt, dass gerade das Rindfleisch eine Sonderstellung unter allen Fleischsorten einnimmt, denn es wurde sowohl in der ehemaligen Arme-Leute-Küche (z.B. im Wien des 19. Jahrhunderts) als auch für regionaltypische Hausmannskost, gutbürgerliche Rezepte, in der *haute cuisine* und schließlich auch in der *nouvelle cuisine* verwendet. Kurzum: Es ist in allen Küchen und Kulturen zu Hause. Somit ist es nicht verkehrt zu sagen: Rindfleisch ist weltweit in aller Munde.

Dementsprechend vielfältig sind natürlich auch die Rezepte aus den einzelnen Ländern und Kulturen. Die einen würzen kaum, andere benutzen alles, was der Kräuter- und Gewürzladen hergibt, wieder andere kochen das Fleisch knuddelweich, und dann gibt es welche, die es marinieren, lufttrocknen oder gleich roh essen. Daran lässt sich erkennen, dass sich das Rindfleisch – nicht zuletzt bedingt durch seine unterschiedlichen Fleischteile – für alle Zubereitungsarten eignet. Wichtig ist dafür nur eine gute Kenntnis in Sachen Fleischqualität und das Wissen darum, welcher Teil vom Rind sich für welche Zubereitungsform am besten eignet. Es empfiehlt sich deshalb darauf zu achten, dass auch wirklich die im Rezept angegebenen Fleischteile (in richtiger und exakter Form) für das jeweilige Gericht verwendet werden. Bemerkenswert ist hier vor allem, dass die unterschiedlichen Fleischzuschnitte (Österreich, Deutschland, Frankreich, England, Italien und USA) auf die verschiedenen Küchen und ihre speziellen Erfordernisse abgestimmt wurden; so hat beispielsweise die Wiener Rindfleischküche mehr als 20 (!) verschiedene Teile für Siedefleisch, während die Amerikaner und Engländer Dutzende Zuschnitte für Steaks, Kurzgebratenes oder Fleisch zum Grillen kennen.

An dieser Stelle erlaube ich mir darauf hinzuweisen, dass ich persönlich der Meinung bin, dass nahezu sämtliche Rindfleischrezepte (die Ragouts und Currys ausgenommen) besser munden, wenn man möglichst große Stücke verwendet. Steaks werden saftiger, wenn man sie mindestens zu 500 g bis 1 kg schneidet, und insbesondere das Siedefleisch oder der Pot au feu schmeckt einfach besser, wenn man dafür Fleischstücke von 2 kg und mehr verwendet.

Gestatten Sie mir noch ein abschließendes Wort zu meinem Lieblingsthema, den Innereien: Leider sind Delikatessen wie Mark und Hirn durch diverse Skandale – teils zu Recht, teils zu Unrecht – in Verruf geraten. Das Hirn musste sozusagen „dran glauben" und ist nur mehr vom Kalb erhältlich. Immerhin ist das Knochenmark (mit Ausnahme des Rückenmarks) wieder im Handel und kann mit seinem einzigartigen Wohlgeschmack den Gaumen verwöhnen. Aber auch Herz, Zunge, Kutteln und Kronfleisch (Zwerchfell) sind echte Delikatessen.

Begleiten Sie mich nun auf eine kulinarische Reise um die Welt, werfen Sie mit mir – wie der berühmte „Häferlgucker" – einen Blick in die Töpfe und Pfannen Europas, Asiens, Afrikas und Amerikas und genießen Sie die wunderbarsten Rindfleischrezepte, welche die internationale Küche parat hält. Und wenn Sie diese zu Hause nachkochen, denken Sie bitte daran, dass nur die beste Fleischqualität auch zu einem zufriedenstellenden Ergebnis führt und ein schlechter Wein niemals eine gute Sauce macht. Es muss nicht immer Filet sein, auch preiswertere Fleischteile haben ihre Vorzüge, man muss sie nur richtig zubereiten und ihnen genügend Zeit geben, ihr Aroma zu entfalten. Hektik und Zeitdruck sind in der Küche nämlich genauso fehl am Platz wie unaufmerksames Arbeiten.

Glauben Sie mir: Man schmeckt es, wenn eine Speise mit Liebe gekocht und angerichtet wurde – Ihre Familie, Ihre Freunde und Gäste werden es Ihnen danken.

Herzlichst,
Ihr Gerd Wolfgang Sievers

INHALT

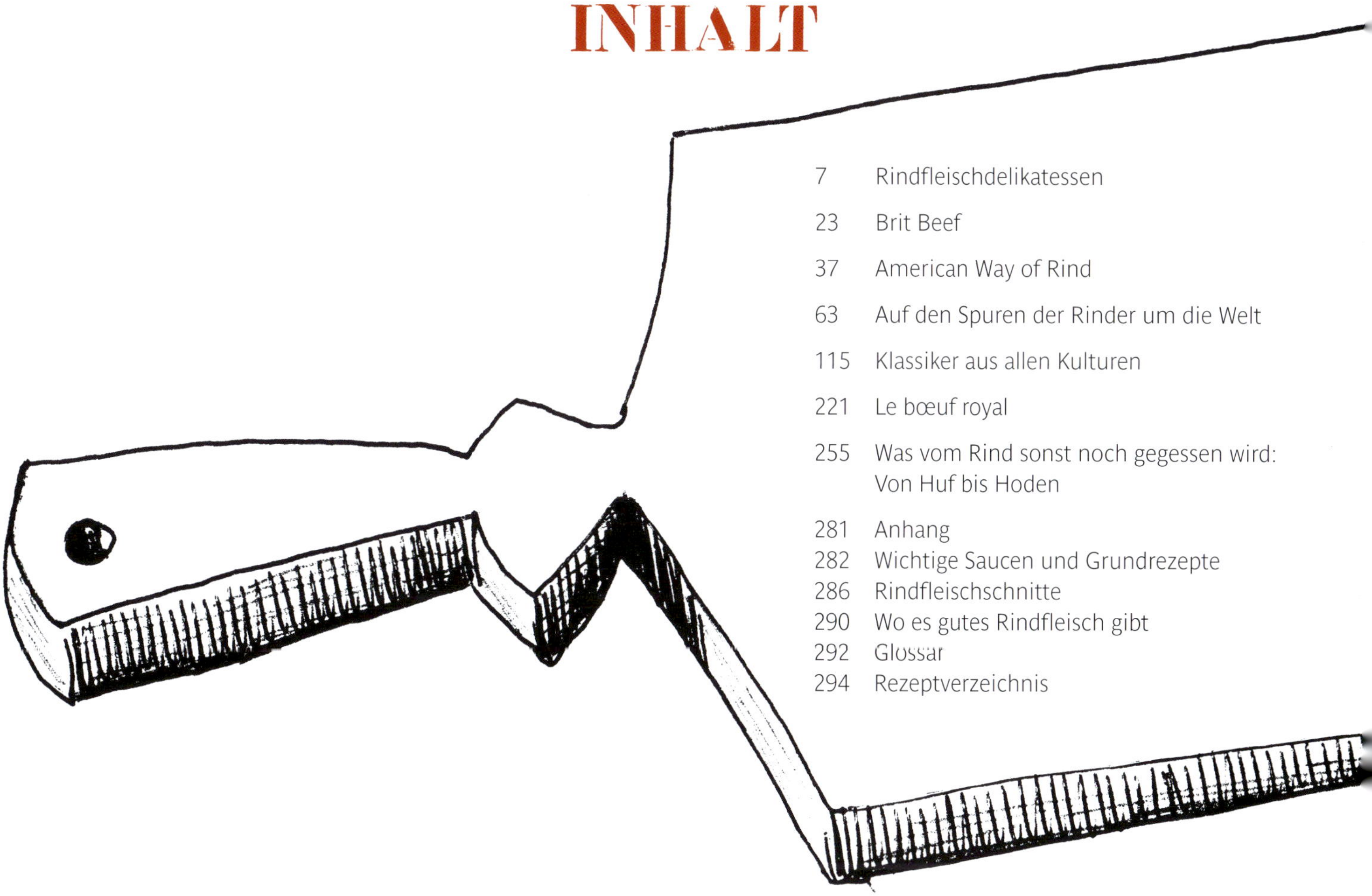

RINDFLEISCH-DELIKATESSEN

Immer schon waren die Menschen bestrebt, das zumeist teure Rindfleisch zu konservieren. Dieses Konservieren bedeutete gleichzeitig oft auch eine Veredelung des Produktes: Vor allem getrocknetes Rindfleisch wurde vielerorts zu einer einzigartigen regionaltypischen Delikatesse, man denke nur an das berühmte Bündner Fleisch oder an die italienische Bresaola.

Zu den kalten Delikatessen der Rindfleischküche zählt aber auch das Pastrami, welches durch seine spezielle Würzung einen ganz eigenen Geschmack bekommt, ebenso die verschiedenen Rindersülzen oder das dänische Smørrebrød, welches fein garniert zu einem besonders herzhaften Gaumenkitzel wird.

Und dann wäre da natürlich noch die Legende um die Frankfurter „Rindsworscht", welche einst für die jüdische Gemeinde kreiert wurde und in heutiger Zeit als „Frankfurter" – oder in seiner Variante mit Rind- und Schweinefleisch gemischt als „Wiener Würstchen" – weltweit in aller Munde ist ...

BÜNDNER FLEISCH

SCHWEIZ

Gleich zu Beginn eine der edelsten Delikatessen auf dem Rindfleischsektor aus dem Kanton Graubünden: Bestes Rindfleisch aus der Keule wird zuerst in einer Würzlake gepökelt, danach in Form gepresst und schließlich mehrere Monate in der würzigen Gebirgsluft von Graubünden getrocknet.

Bündner Fleisch wird hauchdünn aufgeschnitten, zart mit frisch gemahlenem Pfeffer gewürzt, eingerollt und mit Vollkornbrot und Butter als edler Imbiss zu einem guten Glas Wein serviert.

BRESAOLA CONDITA
MARINIERTE BRESAOLA

ITALIEN

Schon am Ende des 19. Jahrhunderts wurde die Bresaola als Spezialität des Veltliner Städtchens Chiavenna (Lombardei) angeführt, obwohl sie ihren Ursprung in der Schweiz, genauer in Graubünden hat. Wie unschwer zu erkennen ist, handelt es sich bei der Bresaola um eine enge Verwandte des weltberühmten Bündner Fleisches (siehe S. 8).

Für die Bresaola wird Rindfleisch von der Keule zunächst in Salz und Pfeffer eingelegt und anschließend einige Monate zum Trocknen aufgehängt. Die Höhlen von Chiavenna bieten ideale mikroklimatische Voraussetzungen für eine perfekte Reifung. Gelegentlich erfolgt in der Endphase des Reifungsprozesses noch eine leichte, kurze Räucherung.

Die Bresaola schmeckt zart aromatisch und nicht salzig. Sie wird üblicherweise hauchdünn aufgeschnitten und anschließend nur mit Olivenöl beträufelt und mit Pfeffer bestreut verspeist; Genießer träufeln auch etwas Zitronensaft darüber. Beliebt ist auch, Bresaola auf Rucolasalat angerichtet oder mit Zitronensaft und Olivenöl mariniert sowie mit Parmesan-Spänen garniert zu servieren. Eine ganz besondere Delikatesse auch folgendes Rezept:

FÜR 4 PERSONEN

400 g hauchdünn aufgeschnittene Bresaola, 2 Eigelb, Olivenöl extravergine, Saft von 1 – 2 Zitronen, Oregano, schwarzer Pfeffer aus der Mühle

Das hauchdünn aufgeschnittene Fleisch wird auf 4 Tellern oder einer Servierplatte angerichtet und mit Olivenöl beträufelt. Die Eigelbe mit ein paar Tropfen Olivenöl glatt verquirlen und darübergießen. Mit Oregano und Pfeffer aus der Mühle würzen. Nach einigen Minuten auch noch mit etwas Zitronensaft beträufeln und servieren. Original isst man dazu kräftiges Roggenbrot.

HINWEIS:

Auch geräuchertes Rindfleisch ist eine Delikatesse und wird vielerorts angeboten. Ist diese Spezialität von besonderer Güte, so sollte man sie nur mit Zitronensaft und allerfeinstem Olivenöl extravergine mariniert servieren und bei Tisch etwas Pfeffer darübermahlen.

Die spanische Variante dieser Spezialität heißt Cecina und stammt aus der Provinz Kastilien-León, wo der luftgetrockneter Rinderschinken aufgrund seiner Haltbarkeit in früheren Zeiten Proviant der Rinderhirten war. Ähnlich wie in anderen Regionen Europas wird auch für die Cecina Rindfleisch eingesalzen, geräuchert und anschließend mehrere Monate luftgetrocknet. Dünn aufgeschnitten und mit feinem Olivenöl beträufelt wird sie zum Wein genossen.

CARNE CRUDA ALL'ACETO BALSAMICO
RINDERFILET MIT ACETO BALSAMICO

ITALIEN

Eine Variante des berühmten Carpaccios, welche insbesondere in Modena (Emilia-Romagna), der Stadt des Aceto balsamico, gerne serviert wird. Wichtig ist hier, dass man nicht nur erstklassiges Fleisch verwendet, sondern auch lang gereiften Aceto balsamico, der mit seiner milden Würze das Gericht zum Gedicht werden lässt.

FÜR 4 PERSONEN

600 g Rinderfilet (in hauchdünnen Scheiben), Aceto balsamico (mindestens 12 Jahre alt und sehr dickflüssig), 75 g feinst gehackte Frühlingszwiebeln, 100 g gehackter Rucola (fakultativ), 4–6 EL Olivenöl extravergine, schwarzer Pfeffer aus der Mühle, feines Meersalz

Eine gut gekühlte Servierplatte mit dem Balsamessig einpinseln und darauf das hauchdünn geschnittene Rinderfilet so anrichten, dass die Scheiben möglichst nicht überlappen. Leicht pfeffern und salzen, danach mit feinst gewiegten Frühlingszwiebeln und evtl. Rucolablättern bestreuen. Alles mit Aceto balsamico beträufeln und mindestens 30 Minuten an einem kühlen Ort (Kühlschrank) ruhen lassen.

Mit allerbestem Olivenöl extravergine beträufeln und vor dem Servieren weitere 20 Minuten ruhen lassen.

PASTIRMA/BASTURMA
LUFTGETROCKNETES RINDFLEISCH

TÜRKEI/ARMENIEN

Vorab: Was in der Türkei unter dem Namen *pastirma* bzw. in Armenien unter der Bezeichnung *basturma* bekannt ist, darf nicht mit dem Pastrami (siehe S. 40) der Amerikaner verwechselt werden.

Pastirma unterscheidet sich vom Pastrami schon dadurch, dass es nicht geräuchert, sondern luftgetrocknet und mit einem Würzmantel umgeben wird.

Die Herstellung von echtem Pastirma ist zwar aufwendig, aber eigentlich gar nicht so schwierig: Wichtig ist vor allem die spezielle Würzung aus viel Knoblauch, Bockshornklee, scharfem Paprikapulver, schwarzem Pfeffer und Salz.

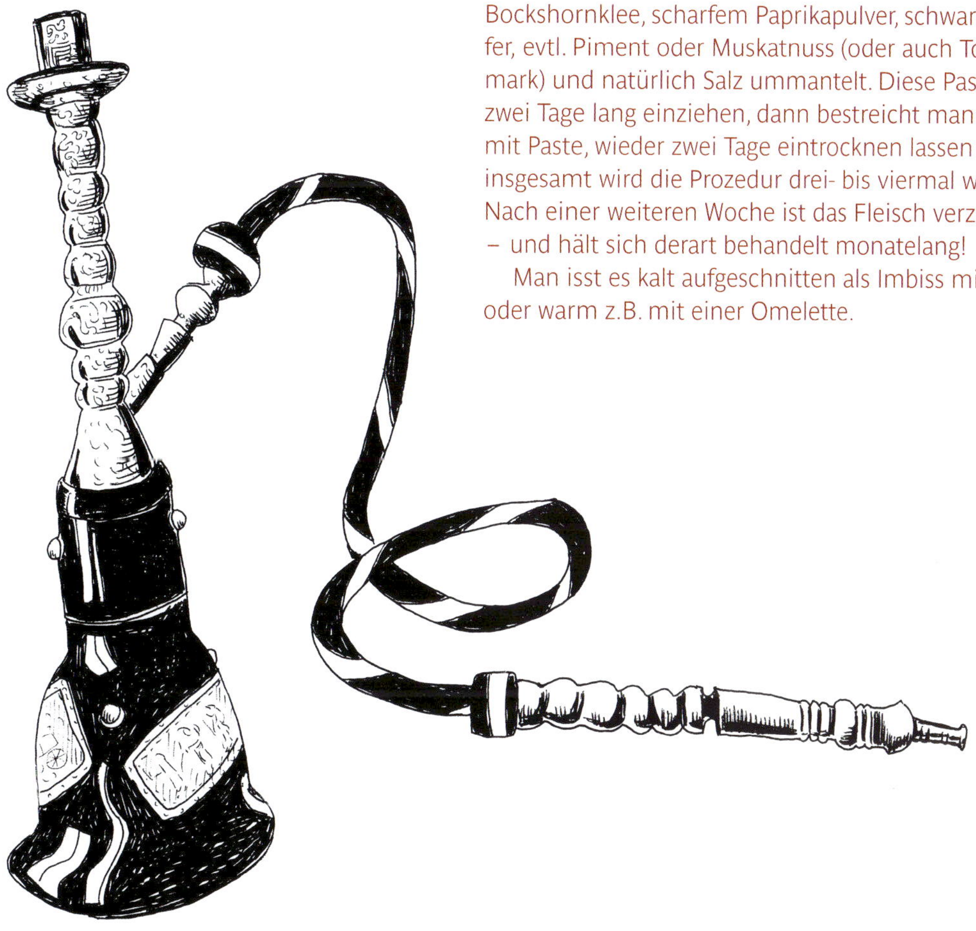

Es gibt kein einheitliches Rezept zur Herstellung von Pastirma, ich führe aber dennoch die wichtigsten Schritte an:

Schöne Rinderfilets werden viereckig oder fischförmig zugeschnitten und mit einer Mischung aus Steinsalz und Pökelsalz (es dient zur Erhaltung der natürlichen Rotfärbung) eingerieben. Das Fleisch wird nun für vier Tage in eine Box gelegt, das Salz entzieht dem Fleisch in dieser Zeit Wasser. Die Fleischteile werden anschließend gründlich gewaschen, 36 Stunden zum Trocknen in einem Innenraum aufgehängt und währenddessen alle 4 Stunden gepresst, damit weiterer Fleischsaft austritt. Danach muss das Fleisch zwei Tage an der frischen Luft trocknen.

Als nächster Schritt wird das Fleisch mit einer Würzpaste aus viel Knoblauch, den geriebenen Samen vom Bockshornklee, scharfem Paprikapulver, schwarzem Pfeffer, evtl. Piment oder Muskatnuss (oder auch Tomatenmark) und natürlich Salz ummantelt. Diese Paste muss zwei Tage lang einziehen, dann bestreicht man erneut mit Paste, wieder zwei Tage eintrocknen lassen usw. – insgesamt wird die Prozedur drei- bis viermal wiederholt. Nach einer weiteren Woche ist das Fleisch verzehrfertig – und hält sich derart behandelt monatelang!

Man isst es kalt aufgeschnitten als Imbiss mit Brot oder warm z.B. mit einer Omelette.

SUDSCHUCH RINDERWURST

ARMENIEN

Sudschuch ist eine in Armenien und der Osttürkei weit verbreitete Art der Rinderwurst, welche wunderbar aromatisch schmeckt. Die Herstellung ist an sich einfach, für uns allerdings in Ermangelung der entsprechenden Fässer schwierig:

Man schneidet Rindfleisch in kleine Stücke und vermischt diese mit Salz und Pökelsalz. Danach schichtet man das Fleisch in spezielle Holzfässer mit durchlöcherten Böden. Bei 10 °C reift das Fleisch nun in dafür vorgesehenen Kellern einen Tag lang, während der austretende Fleischsaft durch die Löcher im Fass abrinnen kann. Danach wird das Fleisch feinst gehackt und mit Salz, Pfeffer aus der Mühle, Paprika, Knoblauch und Zimt vermischt. Die Mischung wird in einen Darm gefüllt und die Wurst anschließend drei Tage lang zwischen zwei Brettern gepresst – dadurch erhält sie ihre typische abgeflachte Form. Dann muss sie noch mindestens 15 bis 16 Tage zum Trocknen aufgehängt werden.

FRANKFURTER „RINDSWORSCHT“

DEUTSCHLAND

Bis zum Zweiten Weltkrieg war die große jüdische Gemeinde Frankfurts fixer Bestandteil des gesellschaftlichen Lebens der Stadt und ein bedeutender Wirtschaftsfaktor. Nun konnten die Frankfurter Fleischer mit der traditionellen Wurst aus Schweinefleisch aber mit den Juden kein Geschäft machen – bis Karl Gref und Wilhelmine Völsing im Jahre 1894 in der Altstadt nahe dem Judenviertel eine Metzgerei eröffneten und ein rein aus Rindfleisch produziertes Frankfurter Würstchen kreierten.

Die sogenannte „Rindsworscht“ wurde zu einem beispiellosen Erfolg. Bis heute besteht die Traditionsmetzgerei und wird von den Erben in vierter Generation weitergeführt; mittlerweile stellt das Unternehmen täglich mehr als 100.000 sogenannte „Gref-Völsing-Würste“ her. Selbst in den Zeiten des Rinderwahns riss deren Konsum nicht ab!

Die spezielle Würzmischung bleibt zwar Betriebsgeheimnis, aber das Grundrezept ist offenkundig: feines Bullenfleisch mit maximal 30 % Fettanteil wird gemeinsam mit Trockeneis oder Eiswasser (damit das Eiweiß in der Masse erhalten bleibt) fein zerkleinert, mit der geheimen Hausgewürzmischung vermengt und in gereinigte Därme gefüllt. Phosphat ist dabei ebenso verpönt wie tiefgefrorenes Fleisch – das Bullenfleisch kommt stets frisch vom Schlachthof.

Die leckere Rinderwurst wird als sogenanntes „Menü“ aufgetischt; darunter versteht man eine Tasse Knochenbrühe, eine obligate „Rindsworscht“ mit Senf und einen speziellen, braun gebackenen Brotwecken.

Gref-Völsing stellt übrigens auch ganz ausgezeichnete Rinderbratwürste her, welche sich u.a. vortrefflich zur Zubereitung von Currywurst eignen.

HINWEIS:

Die Frankfurter Rinderwürste bilden die Grundlage für die „Frankfurter“ der Amerikaner, jene beliebten Würstchen, welche zusammen mit Zwiebelringen, Senf und Ketchup in ein spezielles Brötchen gefüllt als Hotdog weltberühmt wurden.

VARIANTE

Schnelle Currywurst, für 4 Personen: 8 dicke Rinderwürste (vorzugsweise Bratwürste) von insgesamt 800 g in einer Pfanne mit etwas Öl knusprig braten, abtropfen lassen und diagonal in Scheiben schneiden.
Butter in die Bratpfanne geben und 2 bis 3 in Ringe geschnittene Zwiebeln darin hellbraun braten. Mit 2 EL Currypulver und 1 EL Mehl bestäuben, dann mit 400 ml Rinderbrühe ablöschen; zur Sauce verkochen lassen. Wurstscheiben hineingeben und bis zum Eindicken verkochen lassen, dann mit Ketchup und Worcestersauce abschmecken. Dazu Pommes frites reichen.

OCHSENMAULSALAT

DEUTSCHLAND

Das gepökelte, gekochte und nach dem Erkalten in hauchdünne Scheiben geschnittene Maulfleisch (Maske) von Ochsen oder Rindern wird mit frischen, in sehr feine Ringe geschnittenen roten Zwiebeln, etwas zerdrücktem Knoblauch, hochwertigem Weinessig und neutralem Pflanzenöl mariniert. Leicht gesalzen, gut gepfeffert und mit Schnittlauchröllchen (oder gehackter Petersilie) bestreut, wird der Salat nach Wunsch auch noch mit Kapern und Cornichons garniert. Passt hervorragend zu frisch gebackenem Landbrot oder Bratkartoffeln!

VARIANTE

In der französischen Küche wird der Ochsenmaulsalat zuweilen lauwarm serviert und gerne mit aromatischen Kräutern und/oder schwarzer Trüffel verfeinert.

ALTMÄRKISCHER TIEGELBRATEN

DEUTSCHLAND

Rindfleischsülzen verschiedenster Art sind insbesondere in Frankreich, Russland, Deutschland und Österreich beliebt, dementsprechend groß ist der Variantenreichtum an Rezepten. Doch die Varianten beschränken sich zumeist auf die Garnitur, denn die Herstellung ist nahezu immer gleich: Gekochtes Rindfleisch wird zusammen mit gegartem Gemüse (auch mit Pilzen, Hülsenfrüchten, kalten Eiern etc.) in eine Form geschichtet und mit einer mit Aspik versetzten Brühe übergossen, um anschließend im Kühlschrank aussülzen zu können. Garniert wird die Rindfleischsülze mit verschiedenen Saucen (meist auf Majonäse-Basis), Eiern, Tomaten, Salatblättern, gewürfeltem Gemüse, Zwiebelringen, eingelegten Pilzen, Gurken etc.

Der hier vorgestellte Altmärkische Tiegelbraten ist eine besondere Variante der Rindfleischsülze und stammt aus Sachsen. Er reift im Steintopf und schmeckt herzhaft und aromatisch.

FÜR 6 PERSONEN

1 kg Rindfleisch, 500 g gereinigter und vorgekochter Pansen, 4–6 schöne Markknochen, 2 gehackte große Zwiebeln, 3–4 gehackte Knoblauchzehen, 1 Bund grob gehacktes Wurzelgemüse, 1–2 TL Pimentkörner, 1–2 TL Pfefferkörner, ½–1 TL Ingwer (vorzugsweise frisch), 3–4 Stück Muskatblüte (Macis), 3–4 Lorbeerblätter, Salz

Rindfleisch und Pansen abspülen und zusammen mit den Markknochen, Zwiebeln, Knoblauchzehen und dem Wurzelgemüse in 2 Liter Wasser zustellen, zum Kochen bringen und 1 Stunde vorgaren, dabei einmal gründlich abschäumen.

Fleisch, Pansen und Markknochen aus der Brühe heben und auskühlen lassen. Brühe durch ein Etamin oder durch ein mit Küchenkrepp ausgelegtes Sieb seihen. Fleisch und Pansen in mundgerechte Stücke schneiden, das Mark aus den Knochen drücken und alles in die abgeseihte Brühe geben. Gut salzen, die anderen Gewürze hinzugeben und bei kleiner Flamme um ein Drittel bis um die Hälfte einkochen lassen. Fleisch mit eingekochter Brühe in ein Steingutgefäß füllen und erkalten lassen. Vor dem Servieren aus der Form stürzen und in Scheiben geschnitten mit Schwarzbrot, Zwiebelringen und Butter oder auch – als Hauptspeise – mit knusprigen Bratkartoffeln servieren.

VARIANTE

Wiener Sulzfleisch-Salat, für 4 Personen: Mageres gekochtes Rindfleisch (500 g) wird nach dem Erkalten in 1 x 1 cm große Würfel geschnitten und in eine Schüssel gefüllt. Zwei fein geschnittene Zwiebeln, 2 Handvoll gekochte (erkaltete) Brokkoli-Röschen und Würfel von ausgelierter Rinderbrühe (Brühe reduzieren, dann mit der notwendigen Menge Aspik versetzen und sulzen lassen – nach dem Erstarren in Würfel schneiden) sowie den Scheiben von zwei bissfest gekochten Karotten vermischen; gründlich salzen und pfeffern. Den Salat dekorativ auf vier Teller verteilen und mit Tomatenachteln, hart gekochtem Ei, gehackter Petersilie und Vogerlsalat garnieren; 3 EL Weinessig mit 6 EL Sonnenblumenöl und einer Prise Salz vermengen und auf dem Salat verteilen. Dazu eine Sauce aus 250 ml saurer Sahne, 4 EL Sonnenblumenöl, 2 bis 3 EL Weinessig, 1 EL Schnittlauchröllchen, einer feinst gehackten Knoblauchzehe, weißem Pfeffer aus der Mühle und Salz reichen.

ROASTBEEF-RÖLLCHEN

DEUTSCHLAND/ENGLAND/FRANKREICH

Ursprünglich waren die Roastbeef-Röllchen eigentlich dazu gedacht, Fleischreste „aufzupeppen". Dann kam das Fingerfood in Mode und man erkannte, dass die appetitlich aussehenden Röllchen nicht nur optisch ein Vergnügen sind, sondern mit ihrer feinen Würze auch einen köstlichen Happen abgeben.
Heute sind die Roastbeef-Röllchen aufgrund ihrer Beliebtheit als absoluter Klassiker der kalten Küche zu bezeichnen und werden in schier unendlichen Varianten auf Buffets, zum Aperitif oder auch als Kleingericht (z.B. in gehobenen Kaffeehäusern) angeboten.

VARIANTE 1

6–8 große Scheiben Roastbeef nebeneinanderlegen, mit Olivenöl beträufeln, salzen und mit Rucola belegen. Eine Farce aus 1 Dose Thunfisch (in Olivenöl), 4–6 Anchovis, 1 TL gewaschenen Salzkapern, 4–5 EL Majonäse (vorzugsweise frisch hergestellte), Senf, Worcestersauce, Pfeffer aus der Mühle und Zitronensaft herstellen, 1 EL davon auf jede Scheibe setzen und zusammenrollen.

VARIANTE 2

2 einander überlappende Roastbeef-Scheiben mit Aspik-Majonäse (eine mit aufgelöstem Aspik versetzte Majonäse), welche mit Zitronensaft, Senf und fein gehackten Kräutern verfeinert wurde, bestreichen. Jeweils 3 Stangen gekochten Spargel darauflegen, mit Aspik-Majonäse überziehen und zusammenrollen. Oberfläche mit klarem Aspik überglänzen und mit Tomatenscheiben, Scheiben von hart gekochtem Ei und evtl. Gurkenstreifen verzieren. Im Kühlschrank steifen lassen.

VARIANTE 3

Roastbeef-Scheibe mit scharfem Bohnenpüree (pürierte gekochte Bohnen, saure Sahne, Olivenöl, Tabasco, Bohnenkraut, Oregano, Salz und Pfeffer) bestreichen und zusammenrollen.

VARIANTE 4

Roastbeef-Scheiben mit Knoblauchpüree (fest gehaltenes Kartoffelpüree mit Creme fraîche und reichlich püriertem blanchiertem Knoblauch) bestreichen, mit Schnittlauchröllchen und Trüffelwürfeln (nach Belieben) bestreuen und zusammenrollen.

VARIANTE 5

Roastbeef-Scheiben mit fein geschnittener Gänseleberpastete belegen, mit Madeira-Aspik-Würfeln bestreuen und zusammenrollen.

FRANKFURTER PASTETEN

DEUTSCHLAND

„Kleine Franckfurther Pastetgen zu machen“ lautet das einzige überlieferte Rezept aus der Familie derer von Goethe. Es stammt wahrscheinlich aus der Feder des Großvaters des Dichters, Stadtschultheiß Johann Wolfgang Textor, welcher es anno 1730 in seinem Hausbuch notierte.

Das Rezept hat wohl Schule gemacht, denn feines Rinderhackfleisch für Füllungen zu verwenden, ist mittlerweile alltäglich, man denke hier z.B. an die russischen Pelmeni, an verschiedene Füllungen für Ravioli oder Canneloni oder ähnlich geartete Rezepte, bei denen Teig mit Rindfleischfarce gefüllt und anschließend gekocht, gebacken oder frittiert wird.

FÜR ETWA 4 STÜCK

Für den Teig: 300 g Mehl, 150 g Butter, 1 Ei, Salz
Füllung: 400 g feines Rinderhackfleisch, 100 g in Würfel geschnittenes Rindermark, 100 g Karotten, 100 g Petersilienwurzel, 100 g Schalotten, 1 TL gemahlene Muskatblüte (Macis), 1 Prise Pastetengewürz, 2 – 3 EL Butter, Saft und Schale einer unbehandelten Zitrone, schwarzer Pfeffer aus der Mühle, Salz
Außerdem: Mehl für die Arbeitsplatte, Fett für die Form, Eigelb zum Bestreichen

Aus Mehl, Butter, 100 ml Wasser, Ei und einer Prise Salz rasch einen Mürbteig herstellen – den Teig 30 Minuten im Kühlschrank ruhen lassen.

Inzwischen für die Füllung das fein gehackte Wurzelgemüse zusammen mit dem Rindermark in Butter glasig dünsten, dann Rinderhack, Zitronensaft und -schale, Muskatblüte, Pfeffer aus der Mühle und Salz hinzugeben. Alles so lange weitergaren, bis das Hackfleisch bröselig ist; Masse vom Herd nehmen, mit Pastetengewürz verfeinern und kalt stellen.

Den Mürbteig auf einer bemehlten Arbeitsfläche ausrollen und Böden sowie mehrere Ringe als Ränder ausstechen; dann die Teigböden mit den Ringen zu Pasteten zusammensetzen und mit dem Hackfleisch füllen; die Teigränder mit Eigelb bestreichen.

Aus den Teigresten Mürbteig-Deckel ausstechen und auf die Formen legen – in die Deckel kleine Löcher stechen, dann Deckel am Rand festdrücken und alles mit Ei bestreichen. Die Pasteten mindestens 1 Stunde im Kühlschrank ruhen lassen. Danach im vorgeheizten Backrohr bei 180 °C 40 bis 45 Minuten backen. Die warmen Pasteten schmecken sehr gut in Verbindung mit Sauce Cumberland oder Orangensauce.

VARIANTE

Englisches Sweet Meat: Auf 1 kg Rinderhackfleisch gibt man 60 g Korinthen, 60 g Smyrna-Rosinen, 2 Eier, 2 EL Johannisbeergelee, eine gute Prise Ingwerpulver, weißen Pfeffer aus der Mühle und Maldon-Salz nach Geschmack. Diese Mischung wird auf eine dünne Scheibe Blätterteig (meist verwendet man Blätterteigreste) aufgetragen, man bedeckt mit einer zweiten Lage Teig, schließt die Ränder gut ab, bestreicht die Pasteten mit Eigelb und ritzt mit einer Gabel ein. Die Pasteten 35 – 40 Minuten bei Mittelhitze backen. Wer mag, serviert dazu als Sauce einen mit Johannisbeergelee verfeinerten einreduzierten Kalbsjus.

SMØRREBRØD
BELEGTE BROTE

DÄNEMARK

Bei Smørrebrød handelt es sich immer um eine oder zwei Scheiben Brot, welche fantasievoll mit Wurst, Käse, Fisch, eingelegtem Gemüse etc. belegt werden.

Es gibt in Dänemark mehr als 250 verschiedene Varianten, dabei ist Smørrebrød erst im Zweiten Weltkrieg erfunden worden, wo es darum ging, mit den Lebensmitteln sparsamer umzugehen. Doch auch in kargen Zeiten dekorierten die Dänen ihre belegten Brote liebevoll und wahrten damit zumindest den Anschein von Wohlstand. Die beliebtesten Kreationen wurden auch noch mit netten Spitznamen versehen.

Natürlich trinkt man zum Smørrebrød ein gut gekühltes Bier und anschließend einen Schnaps! Hier nun Vorschläge zum Thema Rindfleisch:

DYRLÆGENS NATMAD (Bild)
Abendessen des Tierarztes

Eine Scheibe Roggenbrot wird mit Schmalz oder Leberpastete bestrichen. Darauf richtet man zwei bis drei schöne Scheiben Rindersaftschinken an und garniert mit Würfeln von Bratengelee, roten oder weißen Zwiebelringen und ein paar frischen Kräutern (Kresse oder Schnittlauch) aus.

KOGT OKSEBRYST
Gekochte Ochsenbrust

Eine Scheibe Schwarzbrot wird mit Butter oder Schmalz bestrichen, danach mit zwei etwa 1 cm dicken Scheiben von vorgekochter (erkalteter) Ochsenbrust belegt. Garniert wird mit geriebenem Meerrettich und eingelegten Senffrüchten.

TATAR MED GARNITURE
Garniertes Tatar

Schwarzbrot wird mit Butter bestrichen, darauf richtet man mittig eine Portion gehacktes Rindfleisch (nur mit Salz und Pfeffer gewürzt) an. Rundherum wird mit gehackter Zwiebel, geriebenem Meerrettich und gehackter Roter Bete garniert, das Tatar selbst mit einem Eigelb und evtl. gehackten Sardellen belegt. Petersilie und gehacktes Ei verwendet man zum Garnieren des Tellers.

Love

BRIT BEEF

Scherzbolde behaupten gerne, die Engländer hätten das dünnste Kochbuch der Welt – welch ein Unsinn! Sicherlich bietet die britische Küche zuweilen kulinarische Kapriolen, die für den feinen Gaumen ungewöhnlich schmecken. Doch andererseits kommen von der Insel auch Gerichte, die sogar den verwöhntesten Gourmet in Verzückung versetzen – oder will irgendjemand bestreiten, dass ein gutes Beefsteak mit aromatischer Butterzubereitung und handgeschnittenen (in Rindertalg ausgebackenen) Chips oder Roastbeef mit Yorkshire Pudding einzigartige Delikatessen sind? Und was ist mit den köstlichen Sandwiches, den herrlich aromatischen Eintöpfen und dem weltberühmten Salt Beef? Kurzum: Auch die britische Küche hat ihre Vorzüge!

Ihre Grundlage bildet in erster Linie die hervorragende Fleischqualität, besonders wenn das Fleisch *organic* ist – also von einem Bio-Betrieb stammt. An dieser Stelle muss das sogenannte Aberdeen Angus hervorgehoben werden, denn es gehört ohne jeden Zweifel zu den wohlschmeckendsten Rinderrassen der Welt. Man kann sich kaum vorstellen, wie gut der sogenannte „Englische" (ein großer Lendenbraten im Ganzen) schmeckt, wenn er mit diesem wunderbaren Rindfleisch zubereitet wird.

Zugegeben: Über eine große Vielfalt an Gerichten verfügt die britische Küche nicht unbedingt, doch dafür muss vor dem Guten, das sie zweifelsohne bietet, der Hut gezogen werden!

SELFRIDGES SANDWICH
LUXUS-SANDWICH

Im gleichnamigen Kaufhaus in London findet das Genießerherz beinahe alles, was die Welt an Köstlichkeiten zu bieten hat, weiters bietet das „Selfridges“ eine ganze Reihe von interessanten Themen-Restaurants. An der mittlerweile weltbekannten Sandwichtheke wird das teuerste Sandwich der Welt für beinahe 100 £ angeboten. Es wurde von Küchenchef Scott MacDonald kreiert und ist ein wahrhaft dekadentes kulinarisches Vergnügen. Der hohe Preis ist durch die feinsten Zutaten wohl gerechtfertigt, doch viele Kritiker sind der Meinung, dass das Endprodukt an all die edlen Einzelbestandteile nicht heranreicht. Dennoch soll das Ergebnis hier angeführt sein, weil der Hauptbestandteil des Sandwichs ein Roastbeef aus dem seltenen Wagyu-Rindfleisch ist.

PRO PERSON

2 Scheiben Sauerteig-Sandwichbrot (je etwa 1,5 – 2 cm dick), 4 Scheiben englisch gebratenes Roastbeef vom Wagyu-Rind (ca. 100 g), feinste frische Foie gras von der Ente, 2 – 3 dünne Scheiben Brie de Meaux, 2 – 3 EL handgeschlagene Majonäse (mit reichlich schwarzer Trüffel verfeinert), 2 – 3 Scheibchen reife Eiertomate, 1 eingelegter roter Piquillo-Paprika, 1 EL edle Senffrüchte, einige Rucolablätter als Garnitur

Alles appetitlich zu einem schönen Sandwich zusammensetzen und genießen – schmeckt tatsächlich nicht so elegant, wie man bei dem Preis vermuten würde!

100 £

HINWEIS:

Beliebt sind in England auch einfacher gehaltene Steak-Sandwiches, für welche reichlich rosa gebratenes, dünn aufgeschnittenes Rumpsteak (gut gepfeffert) zusammen mit roten Zwiebelringen, welche evtl. mit Balsamicoessig mariniert wurden, Salatblättern, Chili (oder Tabasco), Senfmajonäse und evtl. auch gewaschenen Salzkapern und/oder gehackten Pimientos in ein gebuttertes Sandwichbrot gefüllt wird.

Auch die Kombination von rosa gebratenem Rindfleisch und Blauschimmelkäse ist in England eine beliebte Sandwich-Füllung. Manchmal wird das Fleisch nur mit Salatblättern in ein Brot gefüllt und mit HP-Sauce gewürzt.

STEAK AND KIDNEY PUDDING
STEAK- UND NIEREN-PUDDING

Zwischen den sogenannten Pies und Puddings gibt es einige Unterschiede, auch sollte man die englischen Puddings nicht mit den Desserts gleichen Namens verwechseln. Pies werden in flachen Formen gebacken, Puddings in hohen Schüsseln. Auch beim Teig gibt es Unterschiede: Pies werden aus einfachem Mehl (*plain flour*), Fett, Pfeffer, Salz und Wasser hergestellt, beim Pudding bereitet man den Teig aus Rindertalg und einer speziellen Mehlmischung zu, welche *self-raising flour* genannt wird und ein Backtriebmittel enthält. Schließlich werden die Pies im Ofen gebacken und Puddings gedämpft.

FÜR 6 PERSONEN

Für den Teig: 400 g selbsttreibendes Mehl (oder 400 g Weizenmehl mit 1 TL Backpulver vermischt), 200 g fein geriebener oder gehackter Rindertalg, ½ TL gemahlener Pfeffer, ½ TL Salz

Für die Füllung: gut 1 kg Rumpsteak, 300 g Ochsennieren (ersatzweise Kalbsnieren), 4 EL grob gehackte Schalotten oder Zwiebeln, 125 ml Portwein oder starkes Ale (oder Guiness), 125 ml kräftige Rinderbrühe, 2 – 3 TL Worcestersauce, 2 – 3 EL Mehl, schwarzer Pfeffer aus der Mühle, Salz

Das Mehl mit Pfeffer, Salz und Rindertalg unter Zugabe von kaltem Wasser zu einem geschmeidigen, homogenen Teig verkneten, diesen zu einer Platte ausrollen. Für die Füllung das Fleisch und die Nieren in kleinere Würfel schneiden, würzen und im Mehl wälzen. Eine feuerfeste, hohe Pudding-Form einfetten, mit dem Teig auskleiden und dabei etwas Teig für den Deckel zurückbehalten. Fleisch- und Nierenwürfel mit den Schalotten vermischen und in die Form füllen, Portwein (oder Ale), Brühe und Worcestersauce dazugeben, mit dem restlichen Teig bedecken und dabei die Ränder fest zusammendrücken (während des Garens darf kein Dampf entweichen).

Die Form in ein Leinentuch schlagen und im Wasserbad 3 bis 4 Stunden dämpfen; die Teigkruste sollte am Ende der Garzeit leicht feucht erscheinen.

Zu Steak and Kidney Pudding trinkt man bevorzugt frisch gezapftes, kräftiges Ale.

VARIANTE

Die Füllung zusätzlich mit Thymian, Muskatnuss und/oder Piment abschmecken.

VARIANTE (Bild)

In Großbritannien kennt man auch den sogenannten Steak Pie oder Steak and Kidney Pie. Hierbei handelt es sich um eine ähnliche Füllung wie beim Pudding, doch wird diese auf einen (blindgebackenen) Mürbteigboden aufgetragen und mit Mürbteig abgedeckt. Ähnlich einem gedeckten Apfelkuchen wird der Pie 2 Stunden im Ofen gebacken.

BEEFSTEAK

Traditionell wird das Beefsteak vom Rinderfilet-Kopf geschnitten, in der heutigen Küche kann es aber auch aus dem Rinderfilet-Mittelstück (das aber als Chateaubriand, siehe S. 226, besser schmeckt) oder einfach aus dem Contre-filet (Beiried) geschnitten werden. „Beefsteak“ bezeichnet heute lediglich eine Tranche hochwertiges Rindfleisch, das kurz gebraten oder gegrillt wird, nicht aber einen bestimmten Fleischzuschnitt oder Fleischteil. Aber das echte Beefsteak vom Rinderfilet-Kopf ist eben nach wie vor unübertrefflich. Natürlich wird dieses edle Stück Fleisch nur kurz auf dem Rost gegrillt (oder in einer schweren Pfanne gebraten) und englisch (also blutig) serviert (siehe auch Steakhouse-Filetsteak, siehe S. 51).

PRO PERSON

Ein Beefsteak von 180–200 g (für Damen) oder 250–300 g (das traditionelle „Herrensteak") englisch grillen oder braten. Vor dem Servieren etwas ruhen lassen, dann mit handgeschnittenen und in hochwertigem Fett (vorzugsweise Rindertalg) zweimal gebackenen, mit feinem Meersalz gewürzten Pommes frites (zuerst bei 140 °C in Fett vorblanchiert und kurz vor dem Servieren bei 180 °C knusprig frittiert, siehe auch S. 42) und einer der folgenden Buttermischungen servieren.

BEURRE À LA MAÎTRE D'HÔTEL

250 g weiche Butter mit 1–2 EL feinst gehackter Petersilie, 1 EL Senf, wenig Zitronensaft, weißem Pfeffer und Meersalz würzen; kalt stellen.

SENFBUTTER

250 g weiche Butter mit 1–2 EL Dijonsenf verrühren, mit Salz abschmecken; kalt stellen.

ECHTE KRÄUTERBUTTER

250 g weiche Butter mit 200 g kurz blanchierten, abgekühlten, gut ausgedrückten und anschließend grob gehackten Kräutern (Petersilie, Kerbel, Estragon, Schnittlauch, Pimpernelle), 1 EL geriebener Schalotte sowie etwas (kurz blanchiertem) Knoblauch durch den Fleischwolf drehen, danach durch ein Sieb streichen und mit Salz und weißem Pfeffer abschmecken; kalt stellen.

TRÜFFELBUTTER

200 g weiche, leicht gesalzene Butter mit 100 g schwarzer Trüffel, die mit 1 EL Béchamel fein zerstoßen wurde, verrühren, durch ein Sieb streichen, kalt stellen (ich gebe noch ein paar Tropfen Portwein, Cognac oder Madeira dazu).

GÄNSELEBERBUTTER

125 g frische Gänseleber (Foie gras oder Gänseleberpastete) und 125 g frische Bauernbutter bei Zimmertemperatur weich werden lassen, vermischen und durch ein Sieb streichen; mit Salz und Cayennepfeffer abschmecken; kalt stellen.

ANCHOVISBUTTER

250 g weiche Butter mit 4–12 (je nach gewünschter Intensität) fein gehackten Anchovis, einigen feinst gehackten abgespülten Salzkapern, 1–2 zerdrückten Knoblauchzehen, 2 EL Olivenöl und 1 EL feinst gehackter Petersilie vermengen, abschmecken und durch ein Sieb streichen; kalt stellen.

WEINHÄNDLER-ART

Großes Beefsteak in rauchend heißem Fett mit Thymianzweigen und Lorbeerblättern beidseitig 2 Minuten braten, dabei jeweils 1 TL Butter auf der Oberfläche schmelzen lassen. Steak im 50 °C heißen Ofen warm halten, während man die Buttersauce zubereitet: 1 EL feinst gehackte Schalotten mit 1 TL frischer Butter in den Bratenrückstand geben und weich dünsten. Mit einem Schuss Cognac ablöschen, diesen flambieren, danach sofort mit 125 ml Rotwein aufgießen. Rotwein bei starker Hitze auf die Hälfte einkochen lassen, danach die Sauce durch ein Sieb seihen. Wieder auf den Herd stellen, 1 Prise Zucker, Pfeffer aus der Mühle und Salz hinzugeben. Wenn die Sauce abermals um die Hälfte eingekocht ist, vom Herd nehmen und mit 1 EL eiskalter Butterflocken abbinden. Mit fein gehackter Petersilie vollenden und die Buttersauce extra dazu reichen.

BEURRE „CAFÉ DE PARIS"

Die Grundzutaten für die Sauce des Ochsenfilets Woronow (siehe S. 245) werden wie beschrieben fermentiert und am nächsten Tag mit zimmerwarmer Butter vermischt (siehe S. 285).

ROASTBEEF WITH YORKSHIRE PUDDING
LENDENBRATEN MIT YORKSHIRE PUDDING

Engländer sind passionierte Rindfleisch-Esser, das beste Fleisch für ihre kulinarische Leidenschaft stammt aus Schottland: Aus Aberdeen kommen die berühmten Angus-Rinder, deren Fleisch für seine Zartheit bekannt ist. Den typischen Geschmack erhält dieses Fleisch von der feinen Fettmarmorierung, welche die Stücke saftig macht.

Leider ist ein kleines, vom Knochen gelöstes Steak niemals so geschmacksintensiv wie ein größeres. Deshalb haben englische Lokale einen sogenannten *beef trolley*, auf dem im Ganzen gebratene Lendenstücke warm gehalten und erst vor dem Gast tranchiert werden. Der sogenannte „Englische" ist ein großer Braten, bei dem ein viele Kilogramm schweres Lendenstück am Knochen – meist das Roastbeef – sanft im Ofen gegrillt und anschließend nach einer Ruhephase vor den Gästen aufgeschnitten wird. Der Rindfleischhimmel auf Erden!

Da wohl kaum jemand einen derart großen Ofen zu Hause hat, empfehle ich die sogenannte *prime rib* (Hochrippe/Rostbraten) zu verwenden; mit Knochen und Fettschicht wird der Braten besonders saftig, er schmeckt aber auch ausgelöst sehr gut, solange das Fett nicht entfernt wird. Für die Fleischmenge gilt folgende Faustregel: 4 Rippenbögen für 6 bis 8 Personen, 5 Rippenbögen für 8 bis 10 Personen, 6 Rippen für 10 bis 12 Personen und alle 7 Rippenbögen ergeben einen Schmaus für 12 bis 14 Personen.

Feinschmecker bevorzugen das Fleisch mit Knochen, allerdings ist es am Knochen so gut wie roh und nur außen eher durchgebraten. Fleisch ohne Knochen gart gleichmäßiger, verliert aber an Geschmack.

Wichtig: Für ein richtig gutes Roastbeef niemals weniger als 2,5 bis 3 kg Fleisch verwenden und niemals das Fett wegschneiden!

FÜR CA. 12 PERSONEN

Für das Roastbeef: 1 Hochrippe im Ganzen mit Knochen und Fettauflage (oder ausgelöst mit Fettauflage), schwarzer Pfeffer aus der Mühle oder grob gestoßen, Meersalz, Öl

Für den Yorkshire Pudding: 500 g Mehl, 5 – 6 Eier (manche Köche nehmen bis zu 10 Eier), 1 l Milch, Salz, Rindernierenfett (ersatzweise Schweineschmalz oder Butterschmalz)

Den Backofen auf 260 °C vorheizen. Das Fett des Fleischstücks rautenförmig einschneiden, dann das Fleisch rundherum sehr kräftig würzen und mit Öl einstreichen. Das Fleisch auf den Bratrost legen und rundherum kräftig anbraten lassen – je nach Größe etwa 15 bis 30 Minuten. Die Hitze auf 140 bis 160 °C zurücknehmen und das Fleisch fertig garen (bei 3 kg nicht länger als 1,5 bis 2 Stunden). Danach die Hitze auf 80 °C zurücknehmen und das Fleisch noch eine Stunde im Ofen lassen. Vor dem Anschneiden das Fleisch mindestens 20 Minuten ruhen lassen.

Den Ofen wieder auf 250 °C aufheizen.

Für den Yorkshire Pudding hat man zwischenzeitlich aus Mehl, Eiern, Milch und Salz einen dünnflüssigen Teig geschlagen; er muss Blasen werfen und hell aussehen. Eine große Yorkshire-Pudding-Form oder Portionsförmchen mit zerlassenem Rinderfett ausstreichen und in den sehr heißen Ofen stellen, bis das Fett raucht, dann herausnehmen und den Teig einfüllen. Hitze auf 220 °C zurücknehmen und den Yorkshire Pudding 20 bis 30 Minuten auf oberster Schiene backen, bis er gut aufgegangen und schön goldbraun ist. Wer mag, beträufelt ihn dabei mit ein wenig Bratfett vom Fleisch.

Das Fleisch schräg zur Faser in dünne Scheiben schneiden und mit dem Yorkshire Pudding auftischen, dazu kann man noch in Butter geschwenkte Stangenbohnen oder Englisches Gemüse reichen – ein echter Festtagsschmaus!

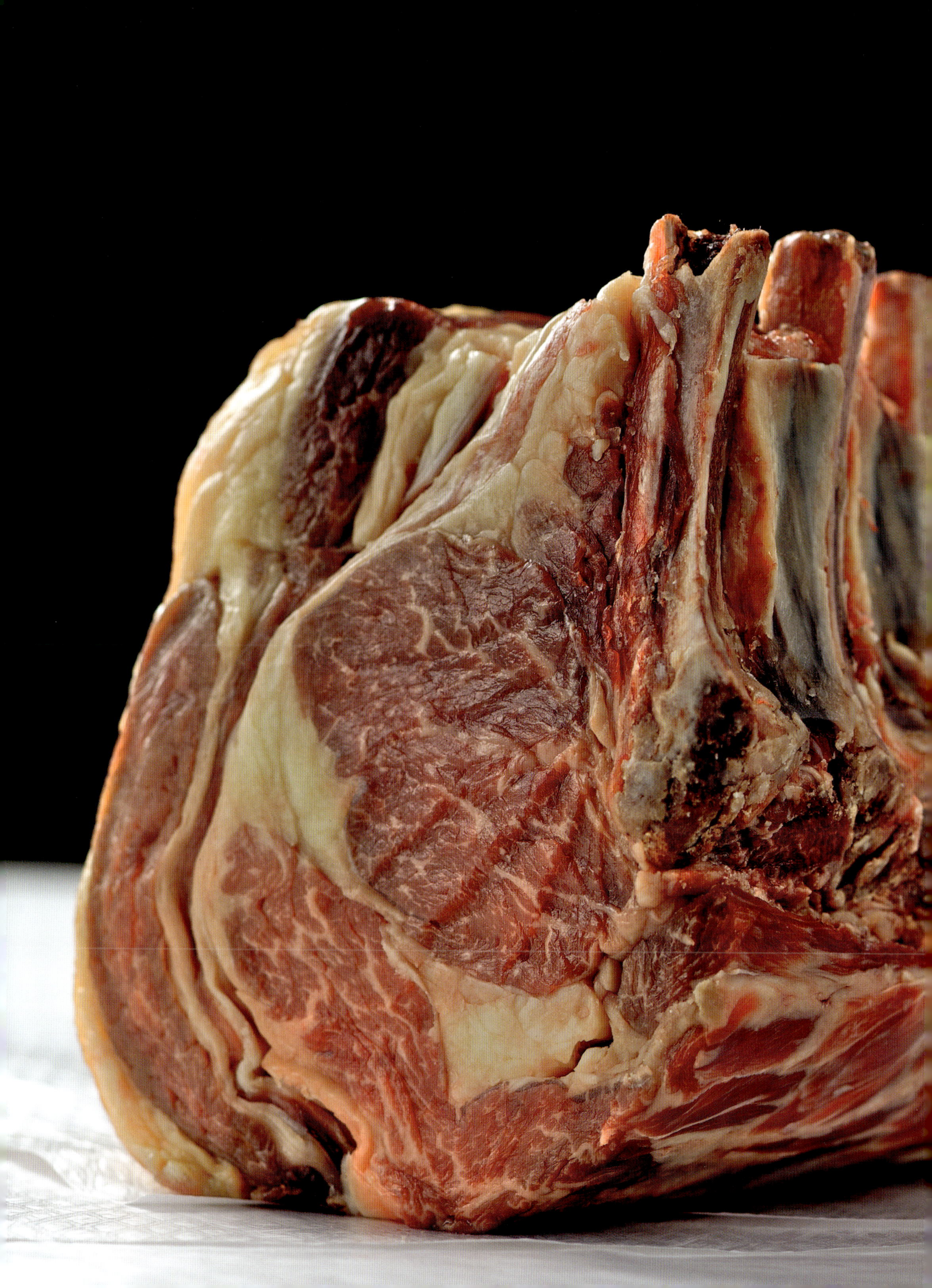

SALT BEEF
SALZFLEISCH

Dies ist wohl eines der besten und schmackhaftesten Rezepte für gekochtes Rindfleisch überhaupt, gleichzeitig aber sehr zeitraubend. Salzfleisch gibt es auf diversen Farmers' Markets zu kaufen, das beste stammt wahrscheinlich von Ranger Organics am Marylebone-Bauernmarkt in London, wo man das preisgekrönte Rindfleisch von The Hardwick Estate bei Reading bekommt.

Es macht kaum Sinn, Salzfleisch aus Rindfleischstücken unter 2,5 kg zuzubereiten. Salzfleisch ist mit ein wenig Verständnis fürs Marinieren recht leicht zu Hause herzustellen, doch darf das Fleisch (vor allem während des Marinierens) nicht mit den Fingern berührt und so unnötig Bakterienkulturen ausgesetzt werden – sauberes Arbeiten (vorzugsweise mit Plastikhandschuhen) ist also ganz besonders geboten.

Am besten eignet sich das sogenannte *brisket* für die Zubereitung von Salzfleisch, es stammt aus der Brust bzw. der unteren Brust des Rindes.

FÜR 8–12 PERSONEN
(250–300 g Fleisch pro Person berechnen)

2,5–3 kg *brisket* (Rinderbrust, von beinahe allem Fett befreit), 1–2 halbierte Knoblauchknollen, 12 Pimentkörner, 4–6 Stück Muskatblüte (Macis), ½–1 EL Koriandersamen, 6–8 Lorbeerblätter, 6–8 Zweige Thymian, 350 g brauner Rohrzucker, zerstoßene schwarze Pfefferkörner, 650 g Meersalz

Außerdem: 2 geschälte Zwiebeln (mit jeweils 2–3 Nelken gespickt), 2 Stangen Staudensellerie, 1 Bund Petersilie (fakultativ)

Garnitur: *pickles* (Cornichons), Englischer Senf oder Dijonsenf, Landbrot

Das Fleisch bei Bedarf parieren. Einen Topf mit gut 4 Liter Wasser auf den Herd stellen, Salz, Rohrzucker, Pimentkörner, Muskatblüten, Koriandersamen, Lorbeerblätter, Thymianzweige und gestoßene Pfefferkörner hineingeben. Einmal aufkochen lassen, dann Hitze ausschalten und den Salzgehalt überprüfen: Ein Ei in die Lösung legen, schwimmt es oben, so passt der Salzgehalt, sinkt es ab, muss noch Salz dazugegeben werden. Marinade abkühlen lassen.

Einen sauberen, sehr gut verschließbaren Plastikcontainer passender Größe nehmen und das abgewischte Fleisch hineinlegen. Halbierte Knoblauchknolle dazugeben und mit der Marinade übergießen. Eine Schüssel (oder einen Abstandhalter) auf das Fleisch stellen, damit dieses nach unten gedrückt wird und vollkommen von Marinade bedeckt in der Wanne liegt; mit dem Deckel verschließen und in den Kühlschrank stellen. Das Fleisch mindestens 6 Tage (für zarten und milden Geschmack) oder bis zu 20 Tage (für volles Aroma) marinieren lassen; dabei täglich mithilfe einer Küchenzange wenden (nicht mit den Fingern angreifen) und immer darauf achten, dass das Fleisch von Marinade bedeckt ist.

Am Tag der Zubereitung das Fleisch aus der Marinade heben, 5 Minuten unter kaltem Wasser abspülen (länger mariniertes Fleisch 30 Minuten wässern). Das Fleisch in einen großen Topf mit Wasser geben (sodass das Fleisch bedeckt ist) und bei Mittelhitze aufkochen lassen; auftretenden Schaum abschöpfen. Nach einer Stunde gespickte Zwiebeln, Sellerie und Petersilie dazugeben und das Fleisch weitere 2 bis 3 Stunden sehr weich garen. Das Fleisch herausheben (es darf dabei ruhig auseinanderbrechen) und auf einer Platte anrichten. Vor dem Aufschneiden 5 Minuten ruhen lassen, dann quer zur Faser in dickere Scheiben schneiden. Man isst zum Salzfleisch mit Senf bestrichenes Landbrot, Grahambrot, Vollkornbrot u.Ä. (auch als Sandwich), dazu gibt's *pickles*. Wer mag, trinkt die durch ein Küchentuch gefilterte Brühe dazu oder lieber doch ein frisch gezapftes Bier. Fleischreste können im Kühlschrank aufbewahrt werden, Salzfleisch schmeckt auch kalt ausgezeichnet.

CORNED BEEF AND CABBAGE
CORNED BEEF MIT WIRSING

Das bei uns geläufige Corned Beef ist – vor allem wenn es sich um Dosenware handelt – genau genommen ein *pressed beef* und deshalb für dieses Gericht ungeeignet. Man bereitet echtes Corned Beef eigentlich wie Salzfleisch zu (siehe S. 32), nur mit einer anderen Lake. Traditionell ist Corned Beef and Cabbage ein irisches Nationalgericht, das insbesondere am St. Patricks Day, dem Gedenktag des irischen Nationalheiligen am 17. März, aufgetischt wird. Wie bei fast allen Eintöpfen verhält es sich auch hier so, dass es erstens kein einheitliches Rezept gibt und zweitens der Eintopf umso besser wird, je größer die zubereitete Menge ist.

FÜR 8 – 12 PERSONEN

1 gepökelte (eingelegte) Rinderbrust von mindestens 2,5 – 3 kg Gewicht oder als Corned Beef vormariniert (Rezept für die Lake siehe S. 214), 1 oder 2 entstrunkte und geviertelte Köpfe Wirsing, 2 große abgezogene und mit jeweils 6 Nelken und 2 Lorbeerblättern gespickte Zwiebeln, 8 Karotten (fakultativ), 12 Kartoffeln

Außerdem:
Englischer Senf, Sahnemeerrettich (500 ml Schlagsahne, 6 – 8 EL frisch gerissener Meerrettich, etwas Salz)

Die Rinderbrust zusammen mit den gespickten Zwiebeln in Wasser (oder einem Gemisch aus Wasser und hellem Bier, vorzugsweise Ale) mindestens 4 bis 5 Stunden weich dünsten; es ist wichtig, dass das Fleisch für dieses Gericht wirklich weich ist.

Für das Gemüse gibt es zwei Möglichkeiten:

a.) etwa 1,5 bis 2 Stunden vor Ende der Garzeit den Wirsing, etwa 45 bis 60 Minuten vor Ende der Garzeit auch die geputzten Karotten und die geschälten Kartoffeln dazugeben,

b.) das Gemüse separat in Salzwasser oder Rinderbrühe bissfest garen.

Das Fleisch zusammen mit dem Wirsing, den Kartoffeln und Karotten auf einer Platte anrichten, mit Englischem Senf und Sahnemeerrettich garniert auftischen.

BEEF BRAISED IN GUINNESS
RINDFLEISCHTOPF MIT GUINNESS

Ein traditionelles Gericht aus den irischen Porterhouses (Brauhäuser), das an kalten Herbsttagen ganz besonders mundet. Die Iren sind der Auffassung, man solle das Gericht am Vortag zubereiten, um es dann am Tag des Verzehrs noch einmal 45 Minuten im Ofen aufzuwärmen – so würde es ihrer Meinung nach am besten munden. Unverzichtbare Begleiter sind Brot und natürlich frisch gezapftes Guinness.

FÜR 4 – 5 PERSONEN

1 kg Rindfleisch aus Hüfte, Brust oder Schulter, 500 g kleinere geputzte und in etwa kleinfingergroße Stücke geschnittene Karotten, 3 mittelgroße geschälte und feinst gehackte Zwiebeln, 3 EL Mehl (kräftig mit Pfeffer aus der Mühle und Salz gewürzt), 3 – 4 EL Öl, ½ EL frisch gehackte Kräuter (Petersilie, Basilikum), 1 Glas Guinness, 3 – 6 cl irischer Whisky, etwas Honig, Rinderbrühe nach Bedarf, Pfeffer aus der Mühle, Salz, gehackte Petersilie zum Garnieren

Das Rindfleisch in grobe Würfel schneiden und im gut gewürzten Mehl wenden, bis es vollkommen damit überzogen ist. Öl in einer Pfanne erhitzen, die Zwiebeln darin dünsten, bis sie weich sind, danach in eine ofenfeste Kasserolle füllen. Frisches Fett in die Pfanne geben und das Fleisch partienweise darin rundherum scharf anbraten. Das angebratene Fleisch auf die Zwiebeln in die Kasserolle, die Karotten rund um das Fleisch legen. Noch etwas Fett in die Bratpfanne geben und das restliche gewürzte Mehl darin anrösten, mit etwas Brühe ablöschen, kurz verkochen und in die Kasserolle zum Fleisch geben.

Kasserolle auf den Herd stellen, langsam erhitzen, dabei Whisky, Guinness, Honig, ein paar gehackte Kräuter und – falls notwendig – noch etwas Brühe hinzugeben. Einmal umrühren, Deckel auflegen und das Ragout im 140 bis 160 °C heißen Ofen 1,5 Stunden schmoren lassen. Über Nacht stehen lassen, am Tag des Servierens etwa 45 bis 60 Minuten im Ofen erhitzen und anschließend mit gehackter Petersilie bestreut auftischen.

Yippieh!
Texas
Longhorn

AMERICAN WAY OF RIND

In den USA gilt Rindfleisch als Nationalgericht schlechthin und man ist stolz auf die Fleischqualität, auf das spezielle Aroma, welches das amerikanische Rindfleisch aufweist, und auf die vielfältigen Rezepte, von denen allerdings die wenigsten tatsächlich aus den USA stammen. Im Grunde genommen beschränkt sich die amerikanische Küche aber auf drei wesentliche Zubereitungsarten: Steaks (also Kurzgebratenes), Hackfleisch (vom Burger bis zum Eintopf) und das weltberühmte BBQ, bei dem riesige Fleischportionen stundenlang gegrillt (eigentlich mehr geräuchert) werden.

Bei der Fleischqualität ist allerdings Vorsicht geboten: Nicht selten greifen vor allem große Farmbetriebe zu Spritzen und industriell gefertigtem Mastfutter, um die Rinder möglichst schnell zum Schlachtgewicht zu bringen. Eines aber gilt für amerikanisches Rindfleisch in jedem Fall: Es darf wirklich lange ablagern. Dadurch bekommt das Fleisch einen erdigen, leicht säuerlichen, an Waldpilze erinnernden Beigeschmack. Wenn es im Vakuum ablagert – was in den USA sehr häufig gemacht wird –, bekommt es hingegen einen süßlichen Beigeschmack, der den Amerikanern gefällt, aber nicht allen Europäern.

Noch eines ist den amerikanischen Rindfleischrezepten gemein: die extrem großen Portionen! Nicht selten werden in Texas und New Mexiko Steaks von 1 kg und mehr aufgetischt, auch das New York Clubsteak oder das BBQ sind nichts für Leute mit schwachem Appetit.

Aus der sogenannten Tex-Mex-Küche kommen Speisen wie z.B. Fajitas, Burritos oder Tacos. Man versteht unter dem Begriff Tex-Mex eine ganze Reihe von sehr beliebten Gerichten, von denen die Amerikaner glauben, dass sie aus der mexikanischen Küche stammen und lediglich ein wenig „amerikanisiert“ wurden. Allerdings würden Mexikaner die meisten dieser Gerichte nicht erkennen, weil die Rezepturen wenig bis gar nichts mit mexikanischer Küche gemeinsam haben. Das Einzige, was die Tex-Mex-Gerichte mit der Küche Mexikos verbindet, ist der Chili, welcher in vielen Varianten – frisch wie getrocknet – in der Küche des amerikanischen Südwestens zu finden ist.

Schließlich und endlich dürfen wir die verschiedenen Steak-Sandwiches nicht vergessen, die sich vor allem bei den „Städtern“ größter Beliebtheit erfreuen: Die New Yorker etwa lieben ihr Reuben- oder Pastrami-Sandwich und in Philadelphia ist der sogenannte „Philly Cheese with Cherry Coke“ zum Inbegriff der schnellen Küche geworden. Und dann ist da natürlich noch der unentbehrliche Hamburger ...

PHILLY CHEESE STEAK
KÄSE-STEAK-SANDWICH

Philadelphias Beitrag zur Straßenkost stammt vom sogenannten Reading-Terminal-Market und ist für den europäischen Gaumen in seiner Originalversion sicher etwas gewöhnungsbedürftig, denn die Kombination von Rindfleisch, Cheez Whiz (Käsecreme aus dem Glas), gegrilltem Gemüse, Käse, Chilisauce und Cherry-Cola (!) ist nicht jedermanns Sache. Aber ohne Cherry-Cola geht's ganz gut.

PRO PERSON

1 Rib-Eye-Steak (etwa 200 g), 1 mittelgroße Zwiebel, 1 grüne Paprikaschote, Cheez Whiz oder warme Käsecreme (z.B. erwärmter Streich-Emmentaler oder -Gouda), 1 kleines Baguette mit nicht zu knuspriger Krume, scharfe Chilisauce oder pikantes Ketchup, Öl zum Braten, Salz

Außerdem: Dill Relish (eingelegte Dillgurken), eingelegte Pfefferschoten oder Pfefferoni

Das Steak wird gegrillt oder in einer schweren Pfanne gebraten; englisch bis medium ist der richtige Garzustand. Das Fleisch 5 Minuten zwischen zwei Tellern ruhen lassen; inzwischen die in Ringe geschnittene Zwiebel und die entkernte, in Streifen geschnittene Paprikaschote in Öl braten oder im Fleisch-Bratfett rösten (sie sollten leicht Farbe haben).

Fleisch fein schnetzeln. Das im Ofen erwärmte Baguette längs aufschneiden (nicht durchschneiden) und das Fleisch hineinschichten; salzen. Geröstete Zwiebeln auf das Fleisch legen und mit warmer Käsecreme übergießen. Obendrauf die Paprikastreifen drapieren und mit einem Klecks Chilisauce oder Ketchup vollenden. Dillgurken und Pfefferschoten als Beilage reichen.

VARIANTE

Ein anderes berühmtes Steak-Sandwich ist das sogenannte Beef on Weck, bei dem pro Person ein Hochrippensteak (300 g) englisch gebraten wird. Nach kurzer Ruhezeit das Fleisch in feine Scheiben schneiden, in ein Kümmelbrötchen füllen und mit Salz und Pfeffer würzen. Mit Senf, Majonäse und Meerrettich nach Belieben aromatisiert genießen. Wer mag, taucht die Schnittstellen des Brötchens vor dem Füllen ins Fleisch-Bratfett.

PASTRAMI SANDWICH
SANDWICH MIT RINDERSCHINKEN

Das wahrscheinlich aus Osteuropa stammende und über die jüdische Küche nach Amerika gelangte Pastrami ist kein luftgetrocknetes Fleisch, wie das ähnlich klingende Pastirma (siehe S. 13), sondern gepökeltes und anschließend geräuchertes Rindfleisch. Für Pastrami wird das Rindfleisch zunächst mit vielen Gewürzen wie z.B. Knoblauch, Muskatnuss, Nelke, Piment, Paprika und Bockshornklee eingepökelt, anschließend geräuchert und letztlich mit einem Würzmantel umgeben; dieser darf ausschließlich aus gestoßenem Pfeffer bestehen.

Pastrami wird meist hauchdünn aufgeschnitten und turmhoch zwischen mit Majonäse und Senf bestrichene Sandwich-Scheiben geschichtet; dazu reicht man Pickles.

CLASSIC STEAKBURGER
STEAKBURGER MIT KLASSISCHEN BEILAGEN

Bei der Würzung des Steakburgers hat jeder Koch seine Philosophie und sein Geheimrezept. Die häufigste Variante ist jedoch die, bei der das Fleisch naturbelassen bleibt und mit traditionellen Beilagen wie *cole slaw* (Weißkohlsalat) und *french fries* (Pommes frites) aufgetischt wird.

FÜR 4 PERSONEN

800 – 1.000 g mageres, fein gehacktes Rindfleisch, Pfeffer aus der Mühle, Salz, evtl. weitere Gewürze wie Chili, Muskatnuss, Oregano, Kreuzkümmel, Piment etc., Öl zum Braten

Für den *cole slaw*: 500 g Weißkohl, 2 – 3 Karotten, ½ Salatgurke (fakultativ), ca. 120 – 150 g Majonäse (oder Majonäse/saure Sahne), Weißweinessig, Pflanzenöl, 1 Prise Zucker, Pfeffer aus der Mühle, Salz

Für die *french fries*: 600 – 800 g vorwiegend festkochende Kartoffeln, gutes Pflanzenöl zum Frittieren, feines Meersalz

Für die *salsa cruda*: 2 mittelgroße enthäutete, entkernte und fein gehackte Fleischtomaten, 2 geschälte, fein gewürfelte Frühlingszwiebeln (nur das Weiße), 2 – 3 EL gehacktes Koriandergrün, 2 – 3 Jalapeño-Chilis, 1 Prise Zucker, 1 Schuss Rotweinessig, Salz

Zuerst die Salsa zubereiten: Alle dafür vorgesehenen Zutaten gut vermischen und entweder bei Zimmertemperatur oder im Kühlschrank durchziehen lassen.

Für den *cole slaw* Weißkohl (äußere Blätter entfernen), Karotten und Gurke (wenn gewünscht) putzen bzw. schälen. Alles fein raspeln oder in feine Streifen schneiden. Das Gemüse in einer Schüssel mit Majonäse (Majonäse/saure Sahne), etwas Öl, Essig, Zucker, Pfeffer aus der Mühle und Salz vermischen. Mindestens 1 Stunde im Kühlschrank ziehen lassen. Da der Salat fast die gesamte Marinade aufnimmt, muss man vor dem Servieren nochmals abschmecken.

Für die Pommes die Kartoffeln schälen und in gleichmäßige Stifte (je nach Geschmack 0,5 bis 2 cm dick) schneiden. In einer Fritteuse reichlich Fett zunächst auf 140 °C erhitzen und die Pommes darin portionsweise hellbraun frittieren; herausnehmen und abtropfen lassen. Kurz vor dem Servieren Fett auf 180 °C erhitzen und die Pommes darin knusprig braun backen. Abtropfen lassen und salzen.

Das Fleisch mit Salz und Pfeffer würzen (mein Tipp: zusätzlich Knoblauch, Muskatnuss und ein Hauch Kreuzkümmel) und zu vier gut daumendicken Fladen formen. In einer Pfanne in etwas Öl beidseitig knusprig braun braten, innen sollten sie rosa bleiben! Mit den vorgesehenen Beilagen (oder mit Brötchen, Senf, Ketchup und Pickels für einen Hamburger) auftischen.

VARIANTEN

Würziger ist der Steakburger, wenn man das Fleisch mit einem Schuss Worcestersauce und geriebener Zwiebel abschmeckt und in die Mitte ein Stück Blauschimmelkäse einarbeitet.

Eine ganz besonders delikate Variante stammt aus Georgien: Das Hacksteak wird mit getrockneten, entsteinten und in Butter gebratenen Kornelkirschen und gerösteten Zwiebelringen aufgetischt (mitunter mischt man auch eine Handvoll getrockneter und eingeweichter Kornelkirschen in den Fleischteig).

In der Tex-Mex-Küche wird der Burger auch aus gehacktem Rindfleisch (750 g), Kidneybohnen aus der Dose (400 g), Maiskörnern (200 g), Cheddar (100 g), 3 Chilischoten, 4 Knoblauchzehen, 3 Eiern, Koriander, etwas Semmelbröseln, Pfeffer und Salz zu einem Riesenburger geformt, der in einer gefetteten Form im Ofen gebacken wird. Aufgetischt wird dieses Monstrum mit Relish und Tortilla-Chips.

FAJITAS
GEFÜLLTE TORTILLA-FLADEN

In modernen Tex-Mex-Restaurants werden Fajitas zumeist mit einer Füllung aus mariniertem Huhn angeboten, doch das ist weder originell noch original. Ursprünglich waren die Fajitas ein Gericht der *vaqueros*, wie die Cowboys in Mexiko und Südtexas genannt werden. Und diese eher rauen Burschen standen auf Herzhafteres: Nach der Schlachtung bekamen die Cowboys den Unterbauch des Rindes als Geschenk, weil dieser in der „feinen" Küche nicht verwendet wurde. Doch das sogenannte *skirt steak* eignet sich hervorragend zum Grillen, denn es ist gut durchzogen und wird bei sachgemäßer Behandlung wunderbar saftig – obendrein ist es aromatischer als jeder andere Teil vom Rind!
Hier nun das traditionelle Rezept für Fajitas:

FÜR 4 PERSONEN

1–1,5 kg *skirt steak* (Bauchlappen vom Rind), 4 frische Jalapeño-Chilis (Samen entfernt und in breite Streifen geschnitten), 4 Tortilla-Fladen, 2 rote Zwiebeln, Salz

Für die Salsa: 4 feste, reife Fleischtomaten, 2–3 rote Zwiebeln, Knoblauch nach Belieben, fein gehackte Serrano-Chilis nach Geschmack (2 Stück dürfen es schon sein), 1 Bund Koriandergrün, Weißweinessig, Salz

Das Fleisch – entweder als Ganzes oder in dicke Steaks geschnitten – sehr langsam über offenem Feuer grillen, pro Seite etwa 10 bis 15 Minuten. Das Fleisch sollte wirklich langsam garen, damit das Fett ausbraten kann und das Fleisch zart wird. Die geschälten Zwiebeln werden geviertelt und ebenfalls gegrillt. Die Chilischoten kann man grillen oder in einer Pfanne mit etwas Öl scharf abrösten.

Zwischenzeitlich die Zutaten für die Salsa fein würfeln und in einer Schüssel vermischen; mit Essig und Salz würzig abschmecken.

Das fertig gebratene Fleisch etwas ruhen lassen, dann in feine Streifen schneiden und mit Salz würzen. Fleisch auf frischen Tortilla-Fladen verteilen und mit gerösteten Chilistreifen bestreuen. Fajitas zusammenrollen und mit gegrillten Zwiebeln und Salsa auftischen.

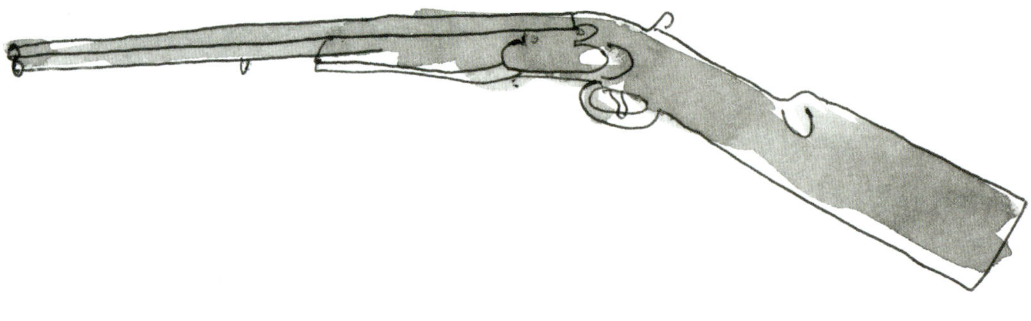

TEX-MEX STYLE TACOS WITH GUACAMOLE
TACOS MIT RINDFLEISCH-FÜLLUNG UND AVOCADO-SALSA

FÜR 4 PERSONEN

600 g geschnetzeltes Rindfleisch, 2 mittelgroße, fein gehackte Zwiebeln, 2 zerdrückte Knoblauchzehen, 1 EL Chilipulver, ½ TL gemahlener Kreuzkümmel, ½ TL Oreganoblättchen, 1,5 TL Tomatenmark (doppelt konzentriert), 1 – 2 EL Mais- oder Rapsöl, Salz

Außerdem: 8 knusprige Mais-Tacos, 4 fein gehackte Jalapeño-Chilis (Samen und Rippen entfernt), geriebener milder Cheddar-Käse und Zwiebelringe zum Garnieren

Für die Guacamole: 2 Avocados, 2 – 4 feinst gehackte Knoblauchzehen, 1 – 2 entkernte und fein gehackte grüne Chilis, ½ Bund Koriandergrün, Limettensaft nach Geschmack, Salz

Das Öl in einer Pfanne erhitzen und die fein gehackten Zwiebeln darin anbräunen, Knoblauch dazugeben, kurz mitrösten. Das fein geschnetzelte (oder auch gehackte) Rindfleisch hinzufügen, leicht anbraten. Alles mit Chilipulver, Kreuzkümmel, Oregano und Tomatenmark würzen und mit Salz abschmecken. Tacos mit Rindfleisch füllen und ausgarnieren.

Dazu folgende Guacamole reichen: Avocados halbieren, Fruchtfleisch herauslösen und klein würfeln; sofort mit Limettensaft vermengen. Gehackten Knoblauch, Chili und Koriander hinzugeben, vermengen und mit Salz abschmecken; nach Belieben je einen Schuss Worcestersauce und Tabasco dazugeben. Wer mag, fügt auch noch ein paar Tomatenwürfel hinzu.

GREEN CHILE CON CARNE
GRÜNES CHILI CON CARNE

Nein, es ist kein Druckfehler: Ursprünglich hieß dieses Gericht tatsächlich *chile con carne* und nicht *chili*. Vermutlich haben die Englisch sprechenden Amerikaner, welche das e als i aussprechen, aus *chile* kurzerhand *chili* gemacht.

Chili con Carne ist heute eines der beliebtesten Gerichte Amerikas – so beliebt, dass es das Landesgericht von Texas geworden ist und dort auch schlicht *bowl o'red* genannt wird. Mittlerweile wird der Ausdruck Chili in Amerika für jeden deftigen Eintopf benutzt. Eingefleischte Texaner erschaudern, wenn sie daran denken, was alles mit ihrem geliebten Chili angestellt wird, obwohl die Regeln für Chili-Kochwettbewerbe festlegen, dass die Verwendung von mariniertem Fleisch, Bohnen, Reis, Makkaroni oder ähnlichen Zutaten mit Disqualifikation bestraft wird.

Folgendes Rezept ist dem originalen *chile con carne* noch recht nahe, denn ursprünglich wurden nur Rindfleisch und getrocknete Chilischoten weich geschmort.

FÜR 4 PERSONEN

1 kg Rinderbrust, 1 große, grob gehackte Zwiebel, 6–8 fein gehackte frische grüne (lange) Chilis ohne Samen und Rippen, 2 geschälte, entkernte und grob gehackte Tomaten, 4–6 zerdrückte Knoblauchzehen, Öl zum Braten, Salz

Das Fleisch in etwa 5 x 5 cm große Stücke zerteilen und in einer schweren Kasserolle in etwas Öl anbraten. Zwiebeln, Chilis, Tomaten und Knoblauch zugeben (ich empfehle noch eine Prise Kreuzkümmel) und alles bei Mittelhitze köcheln, bis das Fleisch ganz weich ist und zerfällt. Mit Salz abschmecken und mit zwei Gabeln zerpflücken. Man isst diesen Fleischbrei als eine Art Eintopf mit Brot oder Reis oder auch als Wrap in weiches Fladenbrot gehüllt.

HINWEIS:
In modernen Varianten wird das Chili auch noch mit Knoblauch, Bier, Oregano, Tabasco, Zucker und Chilipulver gewürzt. Bereitet man es aus dem sogenannten Bürgermeisterstück zu, so ähnelt es optisch sehr dem uns bekannten Gulasch.

BISON CHILI

Einst waren die großen Bisonherden Grundlage der Ernährung vieler Stämme der amerikanischen Ureinwohner, dann kamen die Siedler und alles wurde anders. Heute ist Bisonfleisch in den USA eine seltene Delikatesse und nahezu nur mehr aus Zuchtfarmen erhältlich. Das Rezept kann genauso gut mit kernigem Rinderhackfleisch zubereitet werden. Dabei ist aber zu beachten, dass gehacktes Bisonfleisch wesentlich schneller gar ist als Rinderhackfleisch.

FÜR 4 PERSONEN

750 g gehacktes Bisonfleisch (Rinderhackfleisch), 500 g getrocknete schwarze Bohnen, 2 mittelgroße Zwiebeln, 3 – 4 Knoblauchzehen, 3 – 4 Stangen Staudensellerie, 1 grüne Paprikaschote, 1 Dose geschälte Tomaten (400 g), 3 – 4 Lorbeerblätter, 1 EL getrockneter Thymian, schwarzer Pfeffer aus der Mühle, Salz, Öl zum Braten, saure Sahne zum Garnieren

Die Zwiebeln und Knoblauchzehen schälen, Zwiebel fein hacken, Knoblauch zerdrücken. In einer Kasserolle etwas Öl erhitzen, Zwiebeln und Knoblauch 5 Minuten bei Mittelhitze sautieren, dann gehacktes Bisonfleisch, getrocknete schwarze Bohnen und gehackte Sellerie hinzugeben. Paprika entkernen, das Weiße wegschneiden und das Fruchtfleisch hacken; zusammen mit den Tomaten, Thymian, Lorbeer und schwarzem Pfeffer in den Topf geben und alles mit gut 1 Liter Wasser aufgießen. Zum Kochen bringen, Hitze reduzieren und den Eintopf 2 Stunden köcheln lassen. Vor dem Servieren mit Salz abschmecken und mit saurer Sahne garniert auftischen. Dazu reicht man eine Salsa (siehe S. 44).

HAMBURGER

Der Hamburger ist zwar zu einer internationalen „Lieblingsspeise" geworden, doch ganz besonders heiß begehren ihn die Amerikaner. In wenig differierenden Formen ist der „Burger" auf der ganzen Welt erhältlich, von ganz einfachen Varianten, bei denen das Rindfleisch nur mit geriebenem Zwiebel, Pfeffer und Salz gewürzt wird, bis hin zu eher aufwendigen Varianten, bei denen die Fleischmasse mit Trüffeln und Gänseleber gefüllt wird. Immer aber handelt es sich dabei um einen gewürzten Steakburger, der zusammen mit Senf und Ketchup in ein Milchbrötchen oder einen Wecken gebettet und mit Pickle Relish aufgetischt wird. Hier nun drei Varianten für den echten Burger-Genuss:

VARIANTE 1, DER TRADITIONELL EINFACHE HAMBURGER

800 g schieres Rinderhackfleisch, 2 – 3 geriebene Zwiebeln, schwarzer Pfeffer aus der Mühle, Salz, Ketchup, Senf, Milchbrötchen, Pickle Relish (eingelegte süß-saure Gurken in Scheiben, als Fertigprodukt erhältlich)

Das Fleisch mit Zwiebeln, Pfeffer und Salz kräftig würzen, zu eher dünnen Fladen (den sogenannten Patties) von ca. 80 g formen und diese auf einer Grillplatte beidseitig knusprig braun braten. Milchbrötchen aufschneiden, leicht toasten und mit ein oder zwei gebratenen Patties füllen. Nach Geschmack mit Senf und Ketchup würzen und Pickle Relish separat dazu servieren.

HINWEIS:
Die Fleischmasse kann zusätzlich mit Majoran (oder Oregano), Kümmel (oder Kreuzkümmel), geriebener Muskatnuss und/oder gemahlenem Piment gewürzt werden. Auch kann der Burger mit Salatblättern, Tomatenscheiben und Zwiebelringen garniert werden. Ein oder zwei Scheiben Toastkäse machen aus dem Hamburger den nicht minder beliebten Cheeseburger.

VARIANTE 2, DER BERMUDA BURGER

Diese Variante des Hamburgers stammt tatsächlich von den Bermuda-Inseln – und sie schmeckt nach Sommer, Sonne und Meer. Zu diesem doch recht pikanten Happen trinkt man auf Bermuda Ingwerbier mit einem guten Schuss braunem Rum verfeinert, den sogenannten „Dark 'n' Stormy"!

FÜR 4 PERSONEN

500 g Rinderhackfleisch, 1 große, feinst gehackte Zwiebel, 2 – 4 zerdrückte Knoblauchzehen, 1 entkernte und fein gehackte Paprikaschote, 1 – 3 entkernte und fein gehackte Chilischoten, 1 EL gehackte Petersilie, ½ Bund frischer Thymian, ½ Bund Schnittlauch, 1 Prise Muskatnuss, ½ – 1 TL Worcestersauce, ½ EL würziges Tomatenketchup, 1 Ei, 1 EL Mehl, schwarzer Pfeffer aus der Mühle, Salz, Öl zum Braten

Außerdem:
4 Hamburger-Brötchen, dicke Zwiebelringe, Gurkenscheiben, Tomatenscheiben, Salatblätter, Majonäse, Englischer Senf, Ketchup, Tabasco

Das Ei mit etwas Mehl glatt verquirlen, dann alle Burger-Zutaten zu einer homogenen Masse verarbeiten. Fleischmasse in vier Portionen teilen, diese zu schönen Burgern formen und in Öl beidseitig knusprig braun braten. Vier Hamburger-Brötchen aufschneiden, die Unterseite mit Majonäse bestreichen, dann Salat, Tomate und Gurke darauflegen. Je einen Burger daraufsetzen und mit den restlichen Zutaten garnieren – mit der zweiten Brothälfte abdecken und mit Ingwerbier auftischen.

VARIANTE 3, DER CALIFORNIA BURGER

Einen Steakburger aus Rindfleisch (ca. 120 g) rosa grillen und auf die Unterseite eines mit einem Salatblatt belegten Hamburger-Brötchens betten; eine Scheibe Schmelzkäse darauflegen oder ein Stück Blauschimmelkäse in die Mitte des Burgers drücken. Mit 2 bis 3 EL feiner Guacamole (Avocado mit Majonäse, zerdrücktem Knoblauch, gehackter Schalotte, gehackten grünen Chilis, gemahlenem Kreuzkümmel, fein gehacktem Koriander, weißem Pfeffer und Salz zu einer cremigen Sauce verrührt) übergießen, einen Klecks saure Sahne daraufsetzen, gehackte Tomate darüberstreuen und mit knusprig gebratenem Speck sowie ein paar roten Zwiebelringen ausgarnieren. Mit der Oberhälfte des Brötchens abdecken und mit Pommes frites auftischen.

SURF AND TURF
HUMMER UND STEAK

Für viele Feinschmecker der Inbegriff des schlechten Geschmacks, wobei es sich im Original eigentlich gar nicht um ein richtiges Rezept handelt, sondern um eine Kombination zweier selbstständiger Speisen – und zwar der beiden teuersten auf der Speisekarte.

Zum ersten Mal serviert worden sein soll Surf and Turf 1962 auf der Weltausstellung im Sky City Restaurant in Seattle, doch seine erste Erwähnung auf einer Speisekarte fand es in einem Restaurant mit dem Namen „Michael's House of Steaks". In Australien erfreut sich die Kombination von Hummer oder Garnelen mit Steak unter der Bezeichnung Reef and Beef großer Beliebtheit und auch in Großbritannien schätzt man sie mittlerweile sehr.

Die Zubereitung ist denkbar einfach: Gegrilltes Filetsteak wird mit einem gekochten oder gegrillten Atlantik-Hummer (oder auch frittierten oder gegrillten Riesengarnelen) serviert, dazu gibt es gekochten oder gegrillten Maiskolben mit zerlassener Butter und Grilltomate, manchmal auch Salat.

VARIANTE (Bild)

Pro Person ein schönes Filetsteak mit kleinen Anchovis-Stücken spicken, dann beidseitig kurz grillen, anschließend ruhen lassen. Filetsteak mit einer Manschette aus Alufolie umwickeln, die etwa 2 cm höher ist als das Fleisch. Eine dick gehaltene Béchamelsauce mit in Butter sautierten Trüffelwürfeln, Stücken von gekochten Riesengarnelen, Mortadellawürfeln und etwas geriebenem Reggiano vermischen; mit Muskatnuss, weißem Pfeffer und Salz abschmecken. Unter den Salamander stellen und gratinieren, bis die Sauce fest ist und eine goldgelbe Kruste gebildet hat. Zwischenzeitlich vier Riesengarnelen in Butter braten und mit Cognac flambieren.

Die Manschette vorsichtig entfernen, das Steak auf einem Teller anrichten und mit den Riesengarnelen garnieren. Etwas Butter zum Bratenfond der Garnelen geben, den Teller damit besprengen.

STEAKHOUSE FILET MIGNON WITH FRIED ONION SLIVERS

STEAKHOUSE-FILETSTEAK MIT FRITTIERTEN ZWIEBELRINGEN

Der absolute Klassiker eines jeden US-Steakhouses, das etwas auf sich hält. Perfekt abgehangene Filetsteaks, aus dem Mittelstück geschnitten, von schönen Fettadern durchzogen und sorgfältigst abgelagert, garantieren Hochgenuss. Dazu gibt es knusprige Zwiebelringe.

FÜR 4 PERSONEN

4 Filet-mignon-Steaks (mindestens je 250 g, besser 300–350 g), 2 EL geklärte Butter (Butterschmalz), 1 EL zerlassener Rindertalg, Pfeffer aus der Mühle, Salz

Für die Zwiebelringe: 2–3 sehr große Zwiebeln (mit einem Gourmethobel in hauchdünne Ringe geschnitten), Mehl zum Wenden, Erdnussöl zum Frittieren, Salz

Das Fleisch muss vor der Zubereitung 4 Stunden bei Zimmertemperatur liegen und vor dem Braten staubtrocken abgetupft (niemals gewaschen!) werden.

Erst die Zwiebeln zubereiten: Die Zwiebelringe im Mehl wenden, bis sie vollkommen damit überzogen sind. Erdnussöl in einer Fritteuse (oder einem hohen Topf) auf 180 °C erhitzen und die Zwiebeln portionsweise darin goldbraun frittieren (jeweils etwa 10 Minuten). Auf Küchenkrepp abtropfen lassen und nach Geschmack salzen. Die Zwiebelringe können im Ofen warm gehalten werden.

Eine schwere gusseiserne Pfanne bei hoher Temperatur erhitzen, bis sich der Boden grau färbt. Steaks auf jeder Seite in einem Gemisch aus geklärter Butter (Butterschmalz) und Rindertalg rasch anbraten, dann bei milderer Hitze 2 bis 3 Minuten braten. Die Steaks sollten richtig rauchend heiß gebraten werden, so werden sie außen schön braun und bleiben innen nahezu roh. Erst kurz vor dem Servieren würzen, mit den Zwiebelringen auftischen. Pommes frites schmecken ausgezeichnet dazu.

NEW YORK STRIP
STEAK „NEW YORK“

Das New York Strip ist ein besonders schweres Rumpsteak mit dickem, umlaufendem Fettrand, der das Fleisch besonders saftig und aromatisch werden lässt. Es wird vom hohen Roastbeef geschnitten und ist im Idealfall wunderschön marmoriert. Klassisch werden die New-York-Strip-Steaks mit Kräuterbutter, Maiskolben und Potato Wedges serviert, zuweilen auch mit Tomaten-Zwiebel-Salat.

PRO PERSON

1 großes Rumpsteak (mindestens 3 – 4 cm dick und 350 g schwer), Öl zum Braten, 1 – 2 EL Kräuterbutter, schwarzer Pfeffer aus der Mühle oder Steakgewürz, Salz

Für den Maiskolben: 1 großer vorgekochter Maiskolben, 1 EL Butter, Salz

Für den Tomaten-Zwiebel-Salat: 1 – 2 große Fleischtomaten, 1 weiße Zwiebel, 1 EL fein gehackte frische Kräuter (Petersilie, Kerbel, Schnittlauch), 1 – 2 EL Weißweinessig, 1 EL Zitronensaft, ½ TL Englischer Senf, 3 – 4 EL kaltgepresstes Sonnenblumenöl, 1 Prise Zucker, schwarzer Pfeffer aus der Mühle, Salz

Die Steaks mindestens 1 Stunde vor der Zubereitung aus dem Kühlschrank nehmen und den Fettrand bis zum Fleisch hin alle 3 cm einschneiden – nur das Fett und die darunterliegende dünne Haut durchtrennen, nicht ins Fleisch schneiden! Das Fleisch beidseitig dünn mit Öl bepinseln und dieses sanft einmassieren; ruhen lassen.

Wenn man frische Maiskolben verwendet, so werden diese in Salzwasser mit einer Prise Zucker gar gekocht; vor dem Servieren dick mit Butter bestreichen und salzen. Vorgekochte Maiskolben hingegen werden nur gesalzen und mit reichlich Butter bestrichen in Alufolie gewickelt; vor dem Auftischen 10 Minuten im auf 225 °C vorgeheizten Backofen wärmen.

Zwischenzeitlich den Tomaten-Zwiebel-Salat zubereiten: Hierfür Tomate(n) waschen, Zwiebel schälen. Beides in sehr feine Scheiben hobeln und dachziegelartig auf einem Salatteller anrichten. Für das Dressing in einer Schüssel den Essig mit Zitronensaft, Senf, Zucker, reichlich Pfeffer und einer guten Prise Salz verrühren. Das Öl mit einer Gabel kräftig unterschlagen, bis die Sauce leicht emulgiert. Zuletzt Kräuter untermischen und abschmecken; Dressing gleichmäßig über dem Salat verteilen.

Eine schwere Eisenpfanne stark erhitzen, leicht einölen und das Steak bei maximaler Hitze 1 bis 2 Minuten anbraten, bis sich das Fleisch vom Boden löst, dann wenden und auch die zweite Seite scharf anbraten. Salzen, wenden, auch die zweite Seite salzen und die Hitze ganz zurückdrehen. Das Steak – je nach Dicke und gewünschter Garstufe – pro Seite noch 2 bis 3 Minuten (blutig) bis 4 Minuten (gut medium) nachgaren lassen. Mit Pfeffer und/oder Steakgewürz bestreuen. Das Fleisch ohne Hitzezufuhr (z.B. zwischen zwei Tellern) einige Minuten nachziehen lassen, dann mit Kräuterbutter (siehe S. 28) belegt auftischen. Dazu Maiskolben, Potato Wedges (siehe S. 54) und Tomatensalat reichen.

VARIANTE

Auf die gleiche Weise werden schöne, dicke Rib-Eye-Steaks/Delmonico Steaks (aus der Hochrippe mit dem bekannten Fettauge) zubereitet; traditionell serviert man dazu Rote-Bete-Meerrettich-Salat (2 EL frisch gerissener Meerrettich wird hierfür mit 1 EL Essig und 2 EL gekochter und fein pürierter Roter Bete vermengt und mit Salz abgeschmeckt).

CHILI STEAK AND WEDGES
HUFTSTEAK MIT CHILI-BOHNEN UND POTATO WEDGES

Ein sehr aromatisches Gericht von der sogenannten *borderline*, der Grenze zwischen Mexiko und den USA. Die Küche der Region ist kernig und rau wie das Land, verfügt aber über recht interessante Fusionen beider Kochstile. Potato Wedges werden zumeist im Ofen zubereitet, doch kennt die Tex-Mex-Küche auch die hier angeführte Version aus der Fritteuse.

FÜR 4 PERSONEN

4 gut abgehangene Huftsteaks (mindestens 3 cm dick und 200 – 250 g schwer), Öl zum Braten (vorzugsweise Olivenöl), Steakgewürz oder Steakpfeffer, Salz

Für die Chili-Bohnen: 800 g vorgekochte Kidneybohnen (aus der Dose), 300 – 400 g Tomatenpüree (*polpa di pomodoro* oder auch *passata di pomodoro*), 150 – 200 g würfelig geschnittener Bauchspeck, 2 rote Zwiebeln, 2 – 4 Knoblauchzehen (je nach Geschmack), 2 rote Chilischoten, 3 – 4 EL Olivenöl, 1 EL Speisestärke, Oregano (fakultativ), Kreuzkümmel (unbedingt), Pfeffer aus der Mühle, Salz

Für die Wedges: 500 – 800 g neue Kartoffeln mit Schale (festkochend), Öl zum Ausbacken (vorzugsweise Olivenöl), scharfes Paprikapulver, 1 Prise Knoblauchpulver, fein zerriebener getrockneter Oregano, feines Meersalz

Zubereitung der Steaks: Die Huftsteaks etwa 60 Minuten vor dem Braten aus dem Kühlschrank nehmen und mit der flachen Seite des Fleischklopfers leicht plattieren. Fleisch mit Küchenkrepp trocken tupfen und evtl. überschüssiges Fett entfernen. Olivenöl in die Steaks einmassieren.

Eine Grillpfanne erhitzen, leicht einölen und die Steaks bei guter Hitze auf jeder Seite 2 bis 3 Minuten grillen, beim Wenden mit Salz und Pfeffer (oder Steakgewürz) bestreuen. Pfanne vom Herd nehmen und das Fleisch 5 bis 7 Minuten ruhen lassen.

Zubereitung der Chili-Bohnen: Zwiebel und Knoblauch schälen, die Zwiebeln fein würfeln, den Knoblauch mit einer Prise Salz fein zerdrücken. Chilischoten waschen, aufschneiden und je nach Wunsch entkernen, danach sehr fein hacken.

Olivenöl in einer Kasserolle erhitzen, Speckwürfel darin scharf anbraten. Zwiebeln hinzugeben, leicht Farbe nehmen lassen, danach Knoblauch und Chili untermischen. Mit Tomatenpüree aufgießen und dieses 5 bis 10 Minuten einkochen lassen. Die abgetropften und abgespülten Bohnen unterrühren, mit reichlich Kreuzkümmel, Pfeffer und Salz würzen, evtl. auch eine Prise Oregano dazugeben. Die Speisestärke mit kaltem Wasser glatt rühren und zum Bohnengemüse geben – alles noch 5 Minuten bei geringer Hitze garen, dabei gelegentlich umrühren; dann abschmecken und warm halten.

Zubereitung der Wedges: Die ungeschälten, aber gut gewaschenen Kartoffeln trocken wischen und längs vierteln, sehr große Kartoffeln achteln. In einer tiefen Pfanne oder Fritteuse reichlich Öl erhitzen und die Kartoffeln darin knusprig goldbraun ausbacken; fertige Wedges herausnehmen und gut abtropfen lassen. In einer Schüssel mit einer starken Prise scharfem Paprikapulver, etwas zwischen zwei Fingern fein zerriebenem Oregano, Knoblauchpulver und feinem Meersalz würzen.

Das Fleisch mittig auf einem großen Teller anrichten und das Bohnengemüse gefällig dazugeben. Mit den Wedges ausgarniert (oder separat in einer Schüssel) auftischen.

CHICKEN FRIED STEAK WITH CREAM GRAVY
GEBACKENES RINDERSTEAK MIT BRATENSAUCE

Mit Huhn hat dieses typisch texanische Gericht nicht das Geringste zu tun. Seinen Namen hat es daher, dass das Fleisch ähnlich zubereitet wird wie Huhn (in Amerika). CFS, wie das Chicken Fried Steak in Texas landläufig genannt wird, serviert man zudem *all the works*, was bedeutet, dass man dazu neben der Bratensauce auch *garlic mashed potatoes* (Kartoffelpüree), Gemüse (gedünstete Erbsen und/ oder Baby-Karotten mit ein wenig Butter verfeinert) und eine spezielle Salsa serviert.

FÜR 4 PERSONEN

4 Rindersteaks aus der Oberschale (je 1 cm dick und mindestens 250 g schwer, ersatzweise Rinderschnitzel gleicher Größe), 2 – 3 Eier (mit einer guten Prise Cayennepfeffer verquirlt), Mehl zum Wenden, Pfeffer aus der Mühle, Salz, Öl zum Braten

Für die Sauce: 3 – 4 EL Mehl, 375 – 400 ml Milch, schwarzer Pfeffer aus der Mühle, Salz

Für das Kartoffelpüree: 500 – 600 g geschälte und in große Würfel geschnittene Kartoffeln (mehlig kochend), 2 – 4 Knoblauchzehen, 4 EL Butter, Vollmilch nach Bedarf, 1 Prise Muskatnuss, weißer Pfeffer, Salz

Für die Salsa: 250 g vorgekochte Maiskörner, 250 g gewürfelte Fleischtomate, 1 – 3 grüne Chilischoten (vorzugsweise Jalapeño-Chilis), Limettensaft, Olivenöl, Salz

Für das Püree die Kartoffelwürfel etwa 20 bis 25 Minuten in Salzwasser kochen, bis sie sehr weich sind, Topf vom Herd nehmen und die Kartoffeln noch etwas ruhen lassen, dann abgießen und mit Presse oder Stampfer zu Püree verarbeiten – es dürfen ruhig kleine Stücke zurückbleiben. Die Milch mit dem Knoblauch mixen, die Hälfte davon zusammen mit der Butter unter das Püree rühren, dieses kräftig schlagen. Mit Salz, Pfeffer und Muskatnuss abschmecken, nach Belieben weitere Knoblauchmilch dazugeben, bis Konsistenz und Aroma passen.

Die Steaks klopfen, bis sie etwa 0,5 cm dünn sind, danach das Fleisch im mit Salz und Pfeffer gewürzten Mehl wenden, dann in das mit Cayennepfeffer verquirlte Ei tauchen und anschließend nochmals im Mehl wenden. Eine schwere, große Pfanne etwa 3 mm hoch mit Öl befüllen, dieses erhitzen und das Fleisch in zwei Partien darin beidseitig goldbraun braten (pro Seite eine gute Minute anbraten, dann einen Deckel auflegen und das Fleisch bei Mittelhitze 5 bis 7 Minuten braten, wenden und die zweite Seite ebenso lang garen). Das ausgebackene Fleisch im Ofen warm stellen und die zweite Partie fertig stellen.

Für die Sauce das Bratenfett bis auf 3 bis 4 EL abgießen, im verbliebenem Fett 3 bis 4 EL Mehl unter ständigem Rühren rösten, bis es eine mittelbraune Färbung hat. Dann mit einem Schneebesen die Milch unterschlagen und die Sauce dicklich einkochen lassen; kräftig mit Salz und Pfeffer abschmecken.

Die Steaks auf Tellern anrichten, mit der Sauce begießen und mit *mashed potatoes*, Gemüse und der separat vorbereiteten Salsa (hierfür Mais, Tomate und Chilischoten vermischen und mit Limettensaft, Olivenöl und Salz abschmecken; manchmal werden auch gekochte Augenbohnen unter die Salsa gemischt) auftischen.

BARBECUED BEEF BRISKET
RINDERBRUST NACH BARBECUE-ART

Nichts ist so typisch für Amerika wie das Barbecue, denken viele Europäer, auch wenn es neben saftigen Steaks die kulinarische Leidenschaft vor allem der Texaner ist. Das Barbecue ist aber eine tschechisch-deutsche Angelegenheit, auch wenn das Wort Barbecue wahrscheinlich vom spanischen oder indianischen Wort *babacoa* abstammt, was so viel wie Lebensmittel oder gekochtes Fleisch bedeutet. Deutsche und tschechische Siedler adaptierten das bei uns geläufige Räuchern von Fleisch für ihren Gebrauch und entwickelten so Ende des 19. Jahrhunderts das heute so beliebte Barbecue.

Obwohl der Begriff – nicht nur in Amerika – häufig für alle möglichen Garmethoden über offenem Feuer verwendet wird, so bedeutet *barbecue* vor allem in seiner Heimat Texas das Garen von Fleisch in einem geschlossenen Grill oder in einer Erdgrube bei schwachem Feuer, was einen aromatischen, süßlich-herben Rauch erzeugt. In Texas wird auf diese Weise meistens Rindfleisch zubereitet. Die Fleischteile werden zuvor mit Gewürzen mariniert und anschließend langsam gegart. Während des Garens bestreicht man das Fleisch mit speziellen Würzsaucen, welche *mopping sauces* genannt werden (in Barbecue-Lokalen werden die Saucen mit einem speziellen Baumwollmop auf das Fleisch aufgetragen – daher der Name).

Als Beilagen reicht man traditionell Bohnen, vor allem *baked beans*: weiße Bohnen in Tomatensauce, Erbsensalat, grüne Bohnen und Maisbrot, aber auch Krautsalat, Jalapeño-Chilis, frittierte Zwiebelringe, geschmorte Okras und/oder Maiskolben. Gerne werden auch rohe Gemüse wie Avocado und Tomate dazu gegessen – und natürlich *crackers* aller Art. Nicht fehlen dürfen allerdings eine scharfe Sauce auf Chili-Basis (da hat jeder Barbecue-Meister sein „Geheimrezept“) und scharfer Essig, in dem Chilischoten eingelegt wurden.

Hier ein Rezept, das sich im Backofen zubereiten lässt, da wohl die wenigsten über eine geeignete Erdgrube oder spezielle Tonnen zum Grillen verfügen. Es schmeckt nicht ganz original, weil das typische Raucharoma fehlt, aber trotzdem ausgezeichnet.

FÜR 10 PERSONEN

1 Rinderbrust von 4 – 5 kg (gut mit Fett durchwachsen und außen von einer etwa 1 cm dicken Fettschicht umgeben)

Für die Trockenmarinade (*dry rub*): 4 – 5 EL Paprikapulver (edelsüß), 4 EL Chilipulver (vorzugsweise Fertigmischung mit Gewürzen), je nach gewünschter Intensität 3 – 4 EL schwarzer Pfeffer (im Mörser zerstoßen oder grob gemahlen), 6 geschälte, fein zerdrückte Knoblauchzehen, 4 EL fein geriebene Zwiebel, 3 – 4 EL Zucker

Für die Würzsauce (*mopping sauce*): 500 ml Bier, 150 – 200 ml Bourbon-Whiskey, 200 ml Hesperiden- oder Weinessig, 120 ml Maiskeimöl, 75 – 100 ml Worcestersauce, 1 EL Chilipulver (vorzugsweise mit Gewürzen), 2 TL Tabasco, 3 – 4 TL Senfpulver, 2 – 3 EL fein geriebene Zwiebel, 3 – 6 fein zerdrückte Knoblauchzehen, 3 – 4 TL Salz, 1 TL Rauchsalz (Salz mit Raucharoma)

Alle Zutaten für die Trockenmarinade gründlich vermischen und das Fleisch damit rundherum kräftig einreiben. Gewürztes Fleisch in Frischhaltefolie wickeln und 24 bis 36 Stunden im Kühlschrank marinieren lassen.

Für die Würzsauce alle dafür vorgesehenen Zutaten in einen säurefesten Topf (Email) füllen, verrühren und einmal aufkochen lassen; anschließend 10 Minuten durchköcheln und abkühlen lassen.

Am Morgen des Zubereitungstages den Backofen auf 100 °C (Gas Stufe ½ bis 1) einheizen. Das Fleisch locker in Alufolie wickeln und in den Ofen schieben. Jede halbe Stunde mit der Würzsauce bestreichen und jede Stunde wenden; die Garzeit beträgt etwa 6 bis 8 Stunden.

Dazu reicht man in Essig eingelegte Chilis, eine scharfe Chilisauce und/oder eine Texas-BBQ-Sauce (siehe S. 284); außerdem Cracker, jede Menge Brot und – natürlich – Bier!

MARINATED STEAK WITH SUMMER CORN RELISH
MARINIERTES STEAK MIT MAIS-RELISH

In den USA ist dies ein bevorzugtes Rezept für große Bisonsteaks, es mundet aber auch mit Rindfleisch, vor allem mit Huftsteaks.

FÜR 4 PERSONEN

4 Huftsteaks à 200 – 250 g, 3 – 4 Knoblauchzehen, 1 – 2 EL Worcestersauce, Tabasco (nach Belieben), 75 ml Pflanzenöl

Für das Relish: 250 g frische, junge Maiskörner (vorgekocht), 4 geschälte, fein gehackte Frühlingszwiebeln, 1 kleiner Bund grob gehacktes Koriandergrün, 1 feste, reife, grob gehackte Tomate, etwas Öl (vorzugsweise Olivenöl), Salz

Den geschälten Knoblauch zerdrücken und mit Worcestersauce und Pflanzenöl verrühren. Wer mag, gibt noch einen guten Schuss Tabasco dazu. Die Steaks darin mindestens 30 Minuten, besser 2 Stunden, bei Zimmertemperatur marinieren lassen. Die marinierten Steaks über sehr heißer Glut auf jeder Seite 3 bis 4 Minuten grillen, dann etwas ruhen lassen und mit dem Relish (hierfür alle vorgesehenen Zutaten in einer Schüssel vermengen und abschmecken) auftragen.

HINWEIS:

Auch andere Varianten der Marinade sind in den USA gleichermaßen beliebt wie gebräuchlich, daher hier noch einige Beispiele:

1. Marinade aus 2 EL Gin, 2 EL Olivenöl, 1 EL Einlegewasser von grünen Oliven, abgeriebener Schale einer unbehandelten Zitrone, ¼ TL frisch gemahlenem Pfeffer; wird für Filetsteaks verwendet, welche nach dem Grillen mit Blauschimmelkäse und Oliven garniert serviert werden.
2. 2 EL körniger Senf, 2 EL Olivenöl, 2 EL geschroteter schwarzer Pfeffer, 4 EL Worcestersauce, 2 TL grobes Meersalz; für Rinderbraten (zumeist vom Bürgermeisterstück) von mindestens 1¼ kg, welche rosa gegrillt werden.
3. 2 EL brauner Rum, 2 EL weißer Rum, 1 – 2 EL Olivenöl, 1 EL Worcestersauce, 1 – 2 EL brauner Zucker, ¼ TL Salz; für Rib-Eye-Steaks (Marinaden werden in den USA auch mit Martini, Cognac, Whiskey und vielem mehr angesetzt).
4. Kaffeekruste: 2 EL fein gemahlene, dunkel geröstete Kaffeebohnen mit 4 TL grobem Meersalz, 2 TL braunem Zucker, 1 TL frisch gemahlenem schwarzen Pfeffer und ½ TL gemahlenem Piment vermengen. Große Rib-Eye-Steaks (mindestens 3 cm dick und 350 g schwer) zuerst mit Olivenöl einpinseln, dann mit der Marinade bestreichen und 30 – 45 Minuten bei Zimmertemperatur marinieren lassen. Bei starker Hitze beidseitig 5 Minuten grillen.

TEXAS STYLE STEAK
BBQ-STEAK

Auch wenn die Texaner ihr langsam über Holzkohle gegartes Barbecue-Fleisch lieben, so kennen sie dennoch auch Varianten von kurz gebratenen Steaks, die mittels einer speziellen trockenen Würzmischung – dem sogenannten *beef rub* – aromatisiert und mit einer Barbecue-Sauce aufgetischt werden. Auch bei der BBQ-Sauce scheiden sich die Geister, die einen lieben sie feurig scharf, die anderen eher aromatisch mild. Doch einig sind sich die Texaner bei ihren Steaks in einem Punkt: Sie müssen vor allem groß sein! Die „großen" *cuts* wie Clubsteak und Porterhouse sind daher ganz besonders beliebt. Hier ein typisches Rezept:

Alle Zutaten für den *beef rub* in einer Schüssel vermengen, trocken aufbewahren. Das Fleisch großzügig mit der Gewürzmischung einreiben, dann fest in Frischhaltefolie wickeln und 24 Stunden in den Kühlschrank legen. Die Steaks aus dem Kühlschrank nehmen, 2 bis 4 Stunden Zimmertemperatur annehmen lassen, aus der Folie wickeln und nach einer kurzen Ruhezeit auf jeder Seite maximal 10 Minuten über mittelheißer Holzkohle englisch grillen. Das Fleisch nach dem Garen 10 Minuten ruhen lassen, dann schräg in dünne Scheiben schneiden und sofort servieren. Als Beilage eignen sich Ofenkartoffeln und Steaksauce.

FÜR 1 – 2 PERSONEN

1 Porterhouse-Steak (mindestens 5 cm dick und etwa 1,3 – 1,5 kg schwer), *beef rub* nach Geschmack

Für den *beef rub*: 3 EL brauner Rohrzucker, 2,5 EL Paprikapulver „edelsüß", 2 TL Senfpulver, 2 TL Zwiebelpulver, 3 TL Knoblauchpulver, 2 TL fein zerriebenes getrocknetes Basilikum, 1 TL fein zerriebene Lorbeerblätter (oder Lorbeerpulver), 1 TL gemahlener Koriander, ½ TL fein zerriebenes Bohnenkraut, 1 TL fein zerriebener getrockneter Thymian, 1 TL fein zerriebener getrockneter Oregano, 1 TL frisch gemahlener schwarzer Pfeffer, 1 TL frisch gemahlener weißer Pfeffer, 1 TL Chilipulver (vorzugsweise mit Gewürzen), 1 große Messerspitze Kreuzkümmel, ½ TL Rauchsalz, Salz

AUF DEN SPUREN DER RINDER UM DIE WELT

Weltweit gesehen spielt Rindfleisch eine unterschiedlich große Rolle. Während das Rind in vielen Regionen kaum auf den Tisch kommt, dafür aber entweder nützliche Arbeitsdienste leistet oder sogar als heilig verehrt wird, gibt es andererseits Regionen, wo sich die Menschen ausschließlich von Rindfleisch zu ernähren scheinen – man denke an Australien oder Argentinien.

Australien liebt vor allem das „Barbie", also die australische Form der Grillparty: Fette und durchwachsene Fleischstücke dürfen über Glut ausbraten und liefern so ein besonders aromatisches Ergebnis.

Aus kulinarischer Sicht interessant ist vor allem der arabische Raum, denn die vielfältigen Gewürze, mit denen das Fleisch dort zubereitet wird, sorgen für Abwechslung und Raffinesse. In Teilen der arabischen Welt (in Afrika, aber auch auf Sri Lanka) bereitet man Rindfleischrezepte auch aus Zebu, dem Buckelrind, zu, welches mit seinem leichten Wildgeschmack den Gerichten eine interessante Note verleiht.

Auch die Chinesen wissen viel mit dem Rind in der Küche anzufangen (Stichwort: Wok), und in Hongkong und anderen Gegenden, in denen Briten lebten, findet man eine Art chinesisch-englische Fusionsküche, welche geschmacklich hervorragende Ergebnisse liefert.

Für viele überraschend hat auch Indien eine Rindfleischkultur, wenngleich nicht überall: Aus der Provinz Kerala im Südwesten Indiens jedenfalls kommt eines der besten Rindfleischrezepte der indischen Küche überhaupt – die berühmte *bhuna*.

Japan hat mit den Wagyu-Rindern und der speziellen Zuchtform des Kobe-Rinds heutzutage zwar eine der teuersten Rindfleischqualitäten, doch genau genommen keine Küchengeschichte bezüglich Rind & Co. Bis 1872 war der Verzehr von Rindfleisch in Japan nämlich verboten. Auch der allseits beliebte Teppanyaki-Grill ist ursprünglich alles andere als japanisch. Nichts desto trotz gibt es heute auch in Japan einige vorzügliche Rindfleischrezepte, wenngleich diese von den USA, von England, Korea und China deutlich beeinflusst wurden.

Sensationell ist die Vielfalt von Rindfleischgerichten in Thailand, Malaysia und Teilen Indonesiens. Schon aus Töpfen und Pfannen der „Hausmannskost" steigt dort eine unendliche Vielfalt an verschiedenen Aromen, gleichzeitig gibt es aber auch küchentechnische Einflüsse aus China und Europa – die Fusion wird den Gourmet begeistern.

Schließen wir unsere Reise um die Welt in Südamerika: Vor allem in den Weiten der argentinischen Weiden gedeihen Angus-Rinder von vorzüglicher Fleischqualität. Neben Steaks und Grillgerichten kennt die argentinische Küche – beeinflusst von den Kreolen – wunderbare Rezepturen, bei denen das köstliche Fleisch gemeinsam mit verschiedenen Früchten in Eintöpfen landet, welche nicht nur gut schmecken, sondern auch besonders ansprechend aussehen.

BUFFALO-STEAK BARBIE STYLE

AUSTRALIEN

Anders als bei den Amerikanern ist das *barbie* der Australier tatsächlich ein Grill, bei dem das Fleisch nicht stundenlang in einer Art Räucherofen schmort, sondern nur kurz über Holzkohle gegart wird. Am liebsten brät man – nach alter Cowboy-Manier – die durchwachsenen Stücke vom Rinderbauch über offenem Feuer und würzt diese scharf und salzig. In Australien wird das Fleisch gerne mariniert zubereitet.

FÜR 4 PERSONEN

4 Büffelfilets (à 300 g), 250 ml Olivenöl, abgeriebene Schale von 2 unbehandelten Zitronen, Saft von 1 Zitrone, 1 – 1,5 EL zerstoßener Szechuanpfeffer, 4 EL fein gehackte Minze, 1 – 2 EL Weinessig, 1 – 1,5 TL Zucker, Pfeffer aus der Mühle, Salz

Das Fleisch in eine Porzellanschüssel legen und mit Olivenöl, Zitronenschalen, Zitronensaft sowie Szechuanpfeffer 1 bis 3 Stunden marinieren, das Fleisch gelegentlich wenden. Die Minze in eine Schüssel geben und mit 3 EL kochendem Wasser, Weinessig und Zucker nach Geschmack verrühren. Die Steaks über heißer Holzkohle auf jeder Seite 6 bis 8 Minuten grillen, vor dem Servieren kräftig mit Salz und Pfeffer würzen. Fleisch auf Tellern anrichten und mit der Minzsauce beträufeln.

SATÉ MANIS
RINDFLEISCH-SPIESSE

INDONESIEN

Dies ist wahrschcinlich das berühmteste Gericht der indonesischen Küche. Man muss auch zugeben, dass es unwiderstehlich gut schmeckt – vor allem in Verbindung mit dem unverzichtbaren Sambal kacang, jener würzigen Erdnuss-Sauce, die das Gericht zur Delikatesse werden lässt.

FÜR 4 – 5 PERSONEN

Für die Saté-Spieße: 1 kg Rindfleisch für Steaks (in kleine Würfel oder dünne Scheiben geschnitten), 2 EL gemahlener Koriander, 2 TL Rohrzucker, 2 EL helle Sojasauce, 1 EL Tamarindenmark (mit wenig Wasser verrührt), 4 – 5 EL Öl, Salz nach Geschmack
Würzpaste aus 12 Schalotten, 4 – 5 Knoblauchzehen, 6 roten Chilis, 2 cm Galgantwurzel, 2 cm Gelbwurz, 2 – 3 cm Ingwerwurzel

Für die Erdnuss-Sauce: 1 l Wasser, 500 g geschälte Erdnüsse, 8 – 10 EL Öl, 1 EL Rohrzucker, 1 EL dunkle Sojasauce, 2 TL Tamarindenmark (mit 2 EL Wasser verdünnt), Salz nach Geschmack
Würzpaste aus 8 roten Chilis, 8 Schalotten, 5 Knoblauchzehen, 1 EL Garnelenpaste

Zuerst die Erdnuss-Sauce vorbereiten: Die angegebenen Zutaten für die Würzpaste im Möser (oder Mixer) zu einer Paste verarbeiten. Die Erdnüsse in 4 bis 5 EL Öl rösten, abtropfen und auskühlen lassen; fein zerstoßen. Das restliche Öl erhitzen, die Würzpaste darin abrösten, bis sie duftet, dann Rohrzucker, Sojasauce, gelöstes Tamarindenmark, Salz und 1 Liter Wasser dazugeben; zum Kochen bringen. Die Erdnüsse dazugeben, Hitze zurücknehmen, köcheln lassen, bis die Sauce cremig ist, dabei ab und an umrühren. Fertige Sauce warm beiseitestellen.
Spieße: Zutaten für die Würzpaste im Mörser oder Mixer zu einer Paste verarbeiten. Die Würzpaste mit Koriander, Zucker, Sojasauce, Tamarindensaft und Öl mischen, nach Geschmack salzen. Die Rindfleischwürfel (oder -scheiben) darin 2 Stunden marinieren. Das Fleisch auf kleine Bambus-Spieße stecken (jeweils 4 bis 5 Stück auf einen Spieß) und vorzugsweise über Holzkohle (ersatzweise auf dem Elektrogill) garen, dabei mit der Marinade einpinseln. Spieße zusammen mit der Erdnuss-Sauce auftischen, dazu Reis reichen.

NASI PADANG
GEKOCHTER REIS NACH PADANG-ART

INDONESIEN

Eigentlich ist dies kein richtiges Rezept, sondern eine Art des Servierens. Auf Westsumatra mit der Hauptstadt Padang werden gerne bis zu 30 (!) verschiedene einfach zubereitete Kleingerichte zusammen mit gekochtem Reis aufgetragen, jeder wählt dann nach seinem Geschmack aus. Allerdings werden die Speisen – und das ist eine echte Besonderheit – nicht heiß serviert, sondern mit Zimmertemperatur. Hier einige Beispiele für Rindfleischrezepte, welche beim Nasi Padang aufgetischt werden können:

GULAI KIKIL

Rindercurry in Kokossauce: Rinderschulter vorkochen, in mundgerechte Würfel zerteilen. Würzpaste aus zerriebenen Chilis, Lichtnuss (sehr ölhaltige Nüsse mit unverwechselbarem Geschmack, nur in kleinen Mengen verwenden; sind in arabischen Läden unter *kemiri*/Kandelnuss erhältlich und können notfalls durch Paranüsse ersetzt werden), Koriander, Pfeffer, Zitronengras, Galgant und Salamblatt (aromatische, schwach säuerliche Blätter; können durch Curryblätter oder Lorbeerblätter ersetzt werden) herstellen, diese abrösten, mit Kokosmilch aufgießen und verkochen. Fleisch darin fertig garen.

GULAI LIMPA

Rinderleber-Curry: Würzpaste aus Chilis, Koriandersamen, Pfeffer und Lichtnuss (siehe Gulai kikil) zusammen mit Zitronengras und Galgant rösten. Kokosmilch angießen und die Leber darin garen.

PARU GORENG

Gebratene Rinderlunge: Rinderlunge weich kochen, erkalten lassen, in große Scheiben schneiden und mit Salz, Kurkuma sowie gemahlenem Koriander trocken marinieren; anschließend in Öl braten.

GULAI HATI SAPI

Rinderherz-Curry: Würzpaste aus zerriebenen Chilis, Koriandersamen, Pfeffer und Lichtnuss (siehe Gulai kikil) in Kokosmilch aufkochen. Herz in Scheiben schneiden und in der gewürzten Kokosmilch weich kochen.

SERUNDING DAGING
PIKANTES RINDFLEISCH

MALAYSIA

Dies ist ein typisches Gericht aus der feurigen Küche Malaysias!

FÜR 2 PERSONEN

500 g mageres Rindfleisch (Hüfte oder Schulter), 500 ml Kokosmilch, 1 EL Korianderpulver, 1 EL Tamarindensaft, 1 EL Zucker, Salz

Für die Würzpaste: 10 – 12 eingeweichte getrocknete Chilischoten (die Samen nach Wunsch entfernen), 10 geschälte, fein gehackte Schalotten, 4 – 6 geschälte, geviertelte Knoblauchzehen, 2 – 3 cm geschälte Ingwerwurzel

Das Rindfleisch in große Würfel schneiden und in Salzwasser weich kochen, abtropfen und auskühlen lassen. Das erkaltete Fleisch schnetzeln. Zwischenzeitlich aus den eingeweichten Chilis, den Schalotten, Knoblauchzehen und dem Ingwer eine Würzpaste zubereiten (im Mixer oder Mörser).

Das geschnetzelte Rindfleisch mit der Würzpaste und dem Korianderpulver vermengen, in eine Pfanne mit hohem Rand geben und die Kokosmilch zusammen mit dem Tamarindensaft angießen. Alles zum Kochen bringen; gelegentlich umrühren und den Zucker hinzugeben. Wenn die Mischung sämig wird, ständig rühren und einkochen lassen, bis das Ragout recht trocken wirkt.

Dazu reicht man Reis oder den gepressten malaysischen Reiskuchen Ketupat (kann fertig gekauft werden).

SEMUR
RINDFLEISCHEINTOPF

MALAYSIA

Was in Malaysia als Semur bekannt ist, kennt man in China als Sojasaucen-Topf – und die Speise dürfte wohl ursprünglich auch aus China stammen. Im Grunde ist es ein einfacher, aber raffiniert gewürzter Eintopf aus Fleisch mit verschiedenen anderen Zutaten, die von Region zu Region unterschiedlich ausfallen können.

FÜR 4 – 6 PERSONEN

1,2 kg Rindfleisch zum Schmoren (in 4 cm große Würfel geschnitten), 8 – 10 frische rote Chilis (ohne Kerne zu einer Paste zerrieben)
Paste: 4 – 5 Scheiben geschälte Ingwerwurzel, 10 Knoblauchzehen, 5 EL Öl, 1 Zimtstange, 5 Kardamomkapseln, 6 – 8 Nelken, 4 – 5 Segmente Sternanis, 2 – 3 Stangen leicht zerdrücktes Zitronengras, 2 walnussgroße geschälte und zerdrückte Stücke Galgant, 250 ml Sojasauce, 2 Stück (Scheiben) getrocknete Tamarinde, 750 ml Wasser, 1 Schuss Reisessig, Rohrzucker, Pfeffer nach Belieben, Salz nach Geschmack

Öl in einem Topf erhitzen, die Ingwer-Knoblauch-Paste darin anbraten, bis sie duftet, dann auch das Chilipüree einrühren und kurz anbraten. Schließlich alle übrigen Gewürze samt Zitronengras und Galgant dazugeben und ebenfalls kurz anbraten. Alles mit Wasser ablöschen, Sojasauce, Tamarindenscheiben und Zucker zugeben. Wenn der Sud gut kocht, das Fleisch hineingeben und einmal aufkochen lassen. Hitze zurücknehmen und das Rindfleisch bei mittlerer Hitze weich kochen. Kurz vor Ende der Garzeit mit Pfeffer, Salz und evtl. einem Schuss Reisessig abschmecken.

KURMA
MILD-WÜRZIGES RINDFLEISCHCURRY

MALAYSIA

In Malaysia kennt man neben den feurig scharfen Currys auch milde, aber sehr aromatische Varianten.

FÜR 4 PERSONEN

1,2 kg Rindfleisch zum Schmoren (in 3 cm große Würfel geschnitten), 6 grob gewürfelte Kartoffeln, Saft von 2 Limetten, 6 EL Koriandersamen, 1 EL Kreuzkümmel, 1 EL weiße Pfefferkörner, 1 EL Mohnsamen, 4–5 Kardamomkapseln, 4–5 Nelken, 1 Zimtstange (5 cm lang), 1 l Kokosmilch (oder 2 geraspelte Kokosnüsse mit 750 ml Wasser versetzt)
Würzpaste: 5 cm Ingwerwurzel, 12 Schalotten, 8–10 Knoblauchzehen (im Mixer pürieren), 3 EL Ghee (oder Butterschmalz), Salz

Für die Würzpaste Koriander, Kreuzkümmel, Pfefferkörner und Mohn im Mörser zerstoßen. Ghee in einem Topf erhitzen, alle Gewürze (Kardamom, Nelken und Zimt) darin anbraten, die Würzpaste dazugeben und schließlich auch das Rindfleisch. Alles mit Kokosmilch ablöschen und köcheln lassen. Nach 20 Minuten die Kartoffeln hinzufügen und salzen. Wenn die Kartoffeln gar sind, sollte das Fleisch weich und die Sauce sämig eingekocht sein. Mit Limettensaft abschmecken und servieren.

YAM NEUA YANG NAHM TOKE
SCHARF-SAURE RINDFLEISCH-STREIFEN

THAILAND

Wörtlich übersetzt bedeutet der Name des Gerichtes so viel wie „Rindfleisch auf glühenden Kohlen grillen, bis der Saft heraustropft“. Das Gericht wird in Nordthailand traditionell mit Wasserbüffel zubereitet und zusammen mit Klebreis und Bier (oder auch Whiskey) serviert.

FÜR 4 PERSONEN

500 g mageres Lenden- oder Rumpsteak,
3–4 EL Fischsauce, 5–6 EL Limonensaft,
1 großer EL Zucker, ½ TL geröstetes Chilipulver,
4 in dünne Ringe geschnittene Schalotten,
2 EL gehacktes Koriandergrün zum Garnieren,
1 EL gehackte Minze zum Garnieren, geröstete Chilifäden zum Garnieren

Das Fleisch auf einem Holzkohlengrill (oder Elektrogrill) beidseitig jeweils 5 bis 7 Minuten grillen, danach 15 Minuten ruhen lassen. Mit einem scharfen Messer quer zur Faser in dünne Streifen schneiden und diese in einer Schüssel mit einer würzigen Marinade aus Fischsauce, Limonensaft, Zucker und Chilipulver vermischen. Auf einer Platte anrichten und mit in dünne Ringe geschnittenen Schalotten, gehacktem Koriander und Minze bestreuen; mit Klebreis servieren.

PHAT NEUA TAO JIAW DAM
RINDFLEISCH MIT FERMENTIERTEN SOJA- UND SPARGELBOHNEN

THAILAND

Ursprünglich stammt das Gericht aus China – wie überhaupt die gesamte südostasiatische Küche stark von den Chinesen beeinflusst wurde. Das Rezept wird in Thailand in vielen unterschiedlichen Varianten zubereitet. Die hierfür notwendigen Zutaten findet man im Asia-Shop.

FÜR 3 – 4 PERSONEN

300 g Filet- oder Rumpsteak (in dünne Scheiben oder Streifen geschnitten), 1,5 EL fermentierte Sojabohnen, 4 – 5 in 5 cm lange Stücke geschnittene Spargelbohnen (ersatzweise 1 – 2 Handvoll Keniabohnen), 1 kleine, in Stifte geschnittene Karotte, 2 – 3 in 2,5 – 3 cm lange Streifen geschnittene Frühlingszwiebeln, 4 – 6 fein gehackte Knoblauchzehen, 3 – 4 EL Brühe, 1 EL Fischsauce, 1,5 EL Austernsauce, 1,5 EL Sesamöl, 2 EL Pflanzenöl, Zucker, Korianderblätter zum Garnieren

Die fermentierten Sojabohnen mit Brühe, Fischsauce, Austernsauce, Sesamöl und Zucker in einer Schüssel vermischen.

Öl in einem Wok erhitzen, die Hälfte des Knoblauchs bei Mittelhitze goldbraun braten. Die Hälfte des Fleisches zugeben, 3 Minuten bei mittlerer Hitze rührbraten; alles aus dem Wok nehmen. Mit der zweiten Hälfte des Knoblauchs und des Fleisches genauso verfahren. Das zuvor gebratene Fleisch zurück in dem Wok geben.

Karottenstifte, Bohnen und Sauce in den Wok geben und 2 Minuten rührbraten; abschmecken. Die Frühlingszwiebeln untermischen und einige Sekunden mitgaren, dann alles auf einer Platte anrichten und mit Korianderblättern garnieren.

VARIANTE (Bild)

Das Rindfleisch mit Grünspargel, Zuckerschoten, Brokkoli, Frühlingszwiebeln, grünem Paprika, grüner Chilischote, Austernsauce, Fischsauce, Sojasauce, Sesamöl und frischem Koriandergrün zubereiten.

GAENG PANAENG NEUA
PANAENG-CURRY

THAILAND

Das geschmackliche Erlebnis ist hier die besonders aromatische Panaeng-Currypaste, welche aus folgenden Zutaten in einer Küchenmaschine gemixt wird: 3 getrocknete lange rote Chilis (etwa 13–15 cm lang), 3 Stängel Zitronengras, 3–4 cm Galgant, 5–6 Knoblauchzehen, 4 Schalotten, 6 grob vorgehackte Korianderwurzeln, 1–2 TL Garnelenpaste, 1 TL gemahlener Kreuzkümmel (trocken geröstet), 3–4 EL ungesalzene Erdnüsse.

FÜR 4 PERSONEN

800 g Rinderflanke (in Scheibchen oder Würfel geschnitten), 200 ml Kokosmilch, 2 – 3 EL Panaeng-Currypaste (siehe oben), 1 – 2 EL Fischsauce, 1 EL Palmzucker, 3 – 4 EL Tamarindenmus, 2 – 3 in feine Streifen geschnittene Limettenblätter zum Garnieren, 1 entkernte und in dünne Streifen geschnittene lange rote Chilischote, 3 EL Öl

Für das Gurken-Relish (Ajat): 1 Salatgurke, 80 g leicht geröstete Erdnüsse, 1 entkernte und fein gehackte kleine rote Chilischote, 4 – 5 EL Reisessig, 125 g Zucker, 1 TL Fischsauce

Mit dem Relish beginnen: Essig mit Zucker in einem kleinen Topf mit 125 ml Wasser zum Kochen bringen, 5 Minuten bei schwacher Hitze köcheln lassen. Abkühlen, dann Chili, Fischsauce, Erdnüsse und Gurke unterheben; kalt stellen.

Das Öl in einem Wok erhitzen, die Currypaste darin bei mittlerer Hitze 2 Minuten rührbraten, bis sie duftet. Das Fleisch dazugeben und ebenfalls 5 Minuten unter Rühren braten. Dann 150 ml Kokosmilch, die Fischsauce, den Palmzucker und das Tamarindenmus hineingeben und bei schwacher Hitze 10 Minuten weiterkochen, bis fast die gesamte Flüssigkeit verdampft ist.

Das recht trockene Curry in eine Servierschüssel füllen und mit der restlichen Kokosmilch übergießen. Mit Chilistreifen und gehackten Limettenblättern garniert servieren; das Relish extra dazu reichen.

GAENG MASSAMAN NEUA
SÜDTHAILÄNDISCHES RINDERCURRY

THAILAND

FÜR 4 PERSONEN

1 kg Rinderflanke oder Hüfte (in 5 cm große Würfel geschnitten), 3 gepellte Kartoffeln (in 2,5 cm große Würfel geschnitten), 400–500 ml Kokosmilch, 250–300 ml Rinderbrühe, 3–4 cm frische Ingwerwurzel, 2 Zimtstangen, 12 Korianderkörner, 6 Nelken, 2–3 EL Massaman-Currypaste (eine Paste aus roten Chilis, Knoblauchzehen, Schalotten, Korianderwurzel, Garnelenpaste, Zitronengras, Galgant, Nelken, Zimt, Kardamom und Muskatnuss; ersatzweise gelbe oder rote Currypaste verwenden), 4 EL Fischsauce, 3 EL Öl, 4 EL Palmzucker, 120 g geröstete, gesalzene Erdnüsse (ohne Haut), 4 EL Tamarindenmus (oder Paste)

Zimt, Korianderkörner und Nelken in einem großen Wok (ersatzweise in einem Topf) ohne Fett bei schwacher Hitze rösten, bis die Gemüse duften, dann herausnehmen. Öl im selben Wok erhitzen, die Massaman-Paste bei mittlerer Hitze 2 Minuten rührbraten, bis sie duftet. Das Fleisch dazugeben und 5 Minuten rührbraten. Schließlich Kokosmilch, Brühe, Kartoffelwürfel, Ingwer, Fischsauce, Tamarindenmus, Palmzucker, ¾ der Erdnüsse und die gerösteten Gewürze hinzufügen. Bei schwacher Hitze 60 Minuten köcheln lassen, bis das Fleisch weich und die Kartoffeln gerade gar sind. Das Curry abschmecken und mit den restlichen Erdnüssen bestreut servieren.

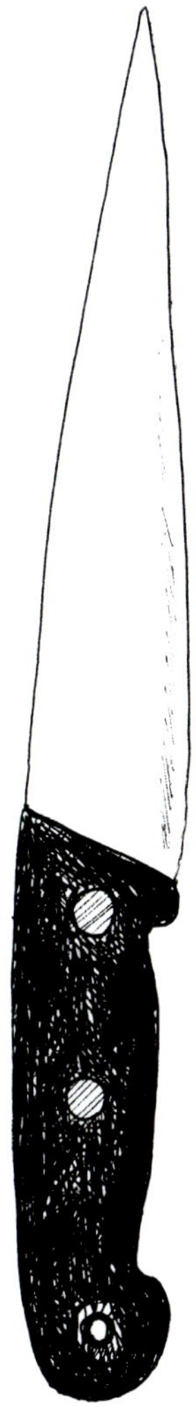

TEPPANYAKI
GEGRILLTES FLEISCH VON DER STAHLPLATTE

JAPAN

Japan ist wahrlich keine Nation von großen Fleischessern: Erst seit 1872 dürfen die Japaner Rindfleisch zu sich nehmen, davor war dessen Verzehr (wie im Buddhismus überhaupt) verboten. Erst der Meiji-Kaiser hob dieses Verbot auf – aufgrund einer Hungersnot und aufgrund der Annahme, dass die Amerikaner den Japanern wegen des Rindfleischverzehrs überlegen seien – und zog damit den Zorn konservativer Mönche auf sich.

Japan hat folglich keine originale und ausgeprägte Rindfleischküche. Deshalb müsste man Teppanyaki eigentlich als kalifornische Spezialität anführen, weil es dort seinen Ursprung haben dürfte. Japanische Köche haben sich dort vermutlich von spanischen oder portugiesischen Köchen das Grillen auf einer heißen Stahlplatte abgeschaut und für ihre Zwecke adaptiert. Da die Japaner aber eine eigene Garmethode entwickelt haben, soll das Gericht auch Japan zugeordnet werden.

Es gibt zwei Möglichkeiten der Zubereitung: Bei der ersten wird das Fleisch natur gebraten und mit einem speziellen Dip serviert, bei der zweiten, dem sogenannten Teriyaki, werden die Zutaten vor dem Grillen mariniert. Wichtig ist in beiden Fällen vor allem auch die Show, denn das appetitlich zugeschnittene Fleisch und die Gemüse werden in der Regel vor dem Gast zubereitet.

FÜR 4 PERSONEN

600 – 800 g leicht angefrorenes Rinderfilet, 200 g frische Shiitake-Pilze (harte Stielenden entfernen), 200 g zarte grüne Bohnen (etwa 7 cm lang) oder Zuckererbsenschoten, 8 Frühlingszwiebeln (äußere Blätter entfernen und in 5 – 7 cm lange Stücke schneiden)

NATUR GEBRATEN, MIT DIP

Das leicht angefrorene Rinderfilet in sehr dünne Scheiben schneiden und diese auf einer großen Platte anrichten; mit reichlich Pfeffer aus der Mühle und Salz bestreuen. Die Gemüse dazulegen und einen Stahlplattengrill heiß werden lassen.

Für jede Person separat: Grill einölen, ein Viertel des Fleisches auflegen, von beiden Seiten rösten, dann jeweils ein Viertel der Gemüse unter ständiger Bewegung braten, evtl. etwas Öl nachgeben. Alle Zutaten appetitlich auf einem Teller anrichten und mit folgendem Dip servieren: 250 ml japanische Sojasauce, vermischt mit 1 EL geraspeltem frischen Ingwer und 2 TL Zucker.

MARINIERT (TERIYAKI)

Die sogenannte Teriyaki-Sauce ist eine spezielle Grillsauce aus japanischer Sojasauce, die mit Sake (Reiswein), Reisessig, Zucker und Gewürzen (Ingwer, Knoblauch) aromatisiert wird; manchmal werden in modernen Rezepten zusätzlich Honig und/oder Austernsauce daruntergemischt, um dem Grillgut Glanz zu verleihen. Die Teriyaki-Sauce ist im gut sortierten Asia-Shop auch als Fertigprodukt erhältlich.

Ansonsten ist das Verfahren leicht: Das in Streifen, Würfel oder Scheiben geschnittene Fleisch wird in der Sauce mariniert und anschließend auf dem Teppan, der Stahlplatte, gegrillt.

MODERNE VERSION MIT SESAM-MARINADE

Das Besondere an dieser neuen japanischen Rezeptur ist der Dip, welcher mit dem sogenannten Shichimi togarashi – deutsch: Siebengewürz, bestehend aus grob gemahlenen Chiliflocken, japanischem Bergpfeffer (Sansho), weißen und schwarzen Sesamsamen, getrockneten Nori-Algen, getrockneten Mandarinen- oder Tangerinenstreifen und weißem Mohn – gewürzt wird.

FÜR 4 PERSONEN

600 – 700 g Rinderfilet (in 4 Steaks geschnitten), 2 – 3 EL japanische weiße Sesamsamen, 1 – 2 zerdrückte Knoblauchzehen, 4 cm geriebener frischer Ingwer, 3 EL japanische Sojasauce, 1 – 2 EL Sake, 1 TL feiner Zucker, Öl zum Bepinseln

Für den Dip: 125 ml japanische Sojasauce, 4 cm frischer Ingwer (der Länge nach in feine Streifen geschnitten), ½ – 1 TL Shichimi togarashi, 2 TL Dashi-Granulat (japanische Instant-Brühe), 2 EL Wasser

Alle Zutaten für den Dip verrühren, beiseitestellen.

Sesam in einer trockenen Pfanne 2 Minuten rösten, bis die Samen anfangen zu springen; die gerösteten Samen im Mörser zerstoßen. Sesam mit Knoblauch, Ingwer, Zucker, Sake und Sojasauce verrühren und die Steaks 30 Minuten in der Marinade ziehen lassen.

Fleisch dünn mit Öl bepinseln, auf jeder Seite 4 bis 5 Minuten braten, dann 5 Minuten ruhen lassen, bevor man das Fleisch schräg aufschneidet. Fleisch auf einer Platte anrichten und mit der Dip-Sauce beträufelt servieren. Sauce extra dazu reichen.

BULGOGI
RINDFLEISCH AUF KOREANISCHE ART

KOREA

Der für dieses Gericht verwendete hutförmige Grill stammt wahrscheinlich aus der Mongolei. Er hat den Vorteil, dass das Fleisch nicht im Bratensaft schmort, weil dieser abfließen kann. Es ist ein einfaches, aber schmackhaftes Rezept, für das es viele Varianten gibt. Hier zwei typische davon:

VARIANTE 1, DIE GANZ EINFACHE

Gut marmoriertes Rinderfilet (pro Person 250 g; es sollte gekühlt sein, so lässt es sich besser schneiden) quer zur Faser in dünne Scheiben schneiden, diese zusammen mit ein paar dünn geschnittenen Pilzscheiben auf dem hutförmig gewölbten Grill braten. Dazu serviert man eine leichte Sauce aus Sesamsamen, gestoßenem schwarzen Pfeffer, mittelgrobem Salz und Sesamöl.

Als Beilage dienen Reis und Kimchi (scharfer Chinakohlsalat mit Chili, Ingwer, Knoblauch, Frühlingszwiebeln und Zucker).

Zu diesem einfachen Bulgogi serviert man in Korea gerne eine Sauce namens Yangnyum Kanjang: 75 ml koreanische Sojasauce mit 1 EL Reiswein, 1 EL fein gehackte Frühlingszwiebel, 1 TL gehacktem Knoblauch, 2 TL gehackter Chilischote, 1 TL Chilisauce, 2 TL gerösteten und gemahlenen weißen Sesamsamen vermischen und einen Tag im Kühlschrank durchziehen lassen.

VARIANTE 2, DIE MARINIERTE

Für 2 Personen: 500 g gut gekühltes Rinderfilet in dünne Scheiben schneiden. 1 bis 2 EL weiße Sesamsamen trocken rösten, bis sie goldbraun sind; sofort aus der Pfanne nehmen und im Mörser zerstoßen. Filetscheiben mit 125 ml Sojasauce, 2 bis 3 fein gehackten Knoblauchzehen, 4 gehackten Frühlingszwiebeln und der Hälfte der Sesamsamen vermischen; 2 bis 3 Stunden marinieren lassen.

1 bis 2 EL Sesamöl mit 1 bis 2 EL neutralem Pflanzenöl vermischen, eine gewölbte Grillplatte damit einpinseln und das Fleisch bei großer Hitze portionsweise darauf braten – jeweils nicht länger als 1 Minute (zwischendurch immer wieder den Grill einölen). Die restlichen Sesamsamen auf die fertigen Steaks streuen und mit Kimchi (siehe Variante 1) servieren.

GEDÄMPFTES RINDFLEISCH „SZECHUAN"

CHINA

FÜR 4 PERSONEN

800 g mageres Rindfleisch aus der Lende (in sehr dünne Scheiben geschnitten), 2 Süßkartoffeln, 1 Schöpfkelle kalte Brühe, 1 – 2 Tassen Semmelbrösel, 3 EL feinst gehackte Frühlingszwiebel, Sesamöl nach Geschmack, Korianderblätter, Pfeffer aus der Mühle

Würzmischung: 1,5 EL Sojasauce, 3 EL milde Sojasauce, 1,5 TL Zucker, Pflanzenöl, etwa 5 cm fein gehackter Ingwer

Für das Gurken-Relish (Ajat): 1 Salatgurke, 80 g leicht geröstete Erdnüsse, 1 entkernte und fein gehackte kleine rote Chilischote, 4 – 5 EL Reisessig, 125 g Zucker, 1 TL Fischsauce

Die Süßkartoffeln schälen und in Würfel schneiden. Alle Zutaten für die Würzmischung gut miteinander vermengen, dann das Fleisch mit der Hälfte der Mischung 20 Minuten marinieren. Das Fleisch mit Brühe anfeuchten, danach jede einzelne Fleischscheibe sorgfältig mit Semmelbröseln panieren. Die Süßkartoffeln in der restlichen Gewürzmischung ziehen lassen.

Den Boden eines kleineren Bambusdämpfers mit Süßkartoffeln auslegen, danach das Rindfleisch daraufbetten. Bei starker Hitze 40 bis 45 Minuten dämpfen.

Kurz vor dem Servieren das Sesamöl erhitzen, die gehackten Frühlingszwiebeln dazugeben und das Ganze über das fertig gedämpfte Rindfleisch geben. Mit frisch gemahlenem Pfeffer und Koriandergrün bestreut servieren.

BRAISED BRISKET OF BEEF
GESCHMORTE RINDERBRUST

CHINA

Ein für die Hongkong-Küche typisches Rezept, denn die Art der Zubereitung ist chinesisch, doch die Kombination von Rindfleisch und Weißkohl letztlich doch *very british*!

FÜR 4 PERSONEN

800 g Rinderbrust, 1 kg Weißkohl, 2–3 Scheiben Ingwer (geschält), 1,5–2 TL Sojabohnenpaste, 2–3 Segmente Sternanis (wer das Aroma liebt, nimmt mehr), 1 kleine Zimtstange, 4–5 Knoblauchzehen, 3 EL Chiliöl, 3–4 EL dunkle Sojasauce, 1–1,5 TL Zucker, 4 TL Stärkemehl, 1,2 l Hühnerbrühe

Das Fleisch in dünne Scheiben schneiden. Öl in einem Wok heiß werden lassen und die Ingwerscheiben darin anbraten. Sojabohnenpaste dazugeben, dann auch Sternanis, Zimt, den fein geschnittenen Knoblauch, Chiliöl, Sojasauce und Zucker. Die Stärke mit der Hühnerbrühe anrühren und unter die Gewürze mischen. Die Sauce unter Rühren einige Minuten kochen lassen, abschmecken und durch ein Sieb seihen.

Den Weißkohl fein schneiden. Etwas Öl in einem Wok heiß werden lassen und den Weißkohl unter Wenden bei Mittelhitze darin anbraten, dann in einen Topf (möglichst aus Steingut, im Asia-Shop erhältlich) geben und die Fleischscheiben daraufbetten. Mit der Sauce begießen, danach zugedeckt bei milder Hitze 3 bis 4 Stunden schmoren lassen.

RINDFLEISCH-STREIFEN MIT CHILI UND TOFU

CHINA

Achtung: Feurig-Scharfes aus Schanghai!

FÜR 2 PERSONEN

200 g Rindfleisch, 6 rote Chilischoten, 1 Block getrockneter Tofu (etwa 400 g), ¼ TL Maisstärke, 1 EL Wasser, etwas fein gehackter frischer Ingwer, 1,5 – 2 TL Sojasauce, 1 Tasse Öl, Salz

Würzmischung: 1 Eiweiß, Sesamöl, 1 TL Maisstärke, Salz

Das Fleisch parieren, anschließend in Streifen schneiden und mit der Würzmischung gut vermengen. Den getrockneten Tofu sowie die Chilischoten ebenfalls in Streifen schneiden.

Öl in einem Wok erhitzen, Rindfleisch-Streifen darin rührbraten, bis sie gar sind, dann herausnehmen. Anschließend den Tofu pfannenrühren und ebenfalls herausnehmen. Schließlich die Chilis pfannenrühren und den Tofu zusammen mit etwas Wasser, gehacktem Ingwer nach Geschmack, Salz und Sojasauce dazugeben; 1 Minute rührbraten. Das Rindfleisch dazugeben und mit Sesamöl (und evtl. noch etwas angerührter Maisstärke) beträufeln; umrühren und sofort servieren.

HINWEIS:

Das Rezept schmeckt auch mit Brokkoli oder mit einer Gemüsemischung aus Grünspargel, Zuckerschoten und Brokkoli ausgezeichnet.

RINDFLEISCH MIT FERMENTIERTEN BOHNEN UND PAPRIKA

CHINA

Ein vorzügliches Gericht aus der Provinz Kanton: Der typische Geschmack schwarzer Bohnen harmoniert perfekt mit dem würzigen Rindfleisch und den pikanten Zutaten.

FÜR 2–3 PERSONEN

300 g Rindfleisch von der Keule, 3 grüne Paprikaschoten, ¼ TL Backpulver, ½ TL Wein (oder Sherry), Maisstärke, Sojasauce, Öl, Salz

Gewürze: 3–4 rote Chilischoten, 3 Frühlingszwiebeln, 3–4 Knoblauchzehen, 1–2 EL fermentierte schwarze Bohnen, 1 Karotte

Außerdem: Orangenscheiben, frisches Koriandergrün

Das Rindfleisch in dünne Scheiben schneiden und anschließend mit etwas Salz, Backpulver, Wein, ½ TL Maisstärke und ein paar Tropfen Wasser 1 Stunde marinieren. Die Paprika- und Chilischoten von Samen und weißen Adern befreien. Paprika in kleine Rauten schneiden, Chilischote recht fein hacken. Karotte putzen und in Scheiben, die Frühlingszwiebeln in feine Stifte schneiden.

Wenig Wasser in einem Topf zum Kochen bringen, Paprika zusammen mit einer Prise Salz bissfest garen.

Etwa 1 bis 2 EL Öl in einem Wok erhitzen. Chili, Karotte, Frühlingszwiebeln, gehackte Knoblauchzehen und schwarze Bohnen bei starker Flamme einige Sekunden pfannenrühren. Paprika und Fleisch dazugeben, kurz pfannenrühren, dann Salz und etwas Sojasauce dazugeben; rasch weiterbraten. Wenig Maisstärke (etwa ¼ TL) mit ½ TL Wasser anrühren, in die Pfanne geben und rasch vermischen. Das Gericht auf einer Platte anrichten und mit Orangenscheiben sowie frischen Korianderblättern garniert servieren.

KERALA KA BHUNA GOSHT
RINDFLEISCH-BHUNA AUF KERALA-ART

INDIEN

Dieses Gericht stammt aus Kerala, einem Staat im Südwesten Indiens, und das aus gutem Grund: Kerala ist der einzige Staat Indiens, in dem der Verkauf von Rindfleisch vollkommen legal ist.

Unter *bhuna* versteht man in der indischen Küche den Arbeitsschritt des Bräunens. Es ist daher für Bhuna-Gerichte typisch, dass sie leicht bräunlich und eher trocken aussehen.

FÜR 4 PERSONEN

1 kg entbeintes Rindfleisch zum Schmoren (3 x 3 cm große Würfel), 3 – 4 geschälte und fein gehackte große Schalotten, 2 gehäutete und gehackte große Tomaten, 6 – 8 geschälte und fein gehackte Knoblauchzehen, 5 cm Ingwerwurzel, 4 getrocknete scharfe rote Chilischoten, 15 frische Curryblätter, 2 EL Koriandersamen, 1 EL Kreuzkümmel, 1 EL Bockshornkleesamen, 1 EL Fenchelsamen, 1 EL Senfsamen, 6 EL Erdnussöl, Salz

Eine kleine gusseiserne Pfanne erhitzen, dann Kreuzkümmel, Senfsamen, Koriander, Chilischoten, Fenchel und Bockshornklee darin rösten. Etwas abkühlen lassen und im Mörser oder einer Gewürzmühle fein zermahlen.

Das Öl in einer großen Schmor-Kasserolle erhitzen, Schalotten und Knoblauch darin anbraten, bis sie goldbraun sind. Curryblätter, Ingwerwurzel und Tomaten hinzugeben, köcheln, bis die Tomaten dicklich eingekocht sind. Die gemahlene Gewürzmischung dazugeben, einige Minuten mitkochen lassen, dann auch das Fleisch mit etwas Salz untermischen. Nach weiteren 5 Minuten ca. 250 bis 300 ml Wasser angießen, zum Siedepunkt bringen. Einen gut schließenden Deckel auflegen und das Fleisch bei milder Hitze 1,5 Stunden schmoren.

Deckel abnehmen, bei hoher Temperatur unter ständigem Rühren die Sauce einkochen lassen, bis diese dickflüssig ist und am Fleisch haftet. Mit Reis und/oder Fladenbrot auftischen.

MADRAS-CURRY

INDIEN

Unter *curry* verstehen die Inder bekanntlich keine Gewürzmischung (die hat ihren Namen von den Briten), sondern eine spezielle Zubereitung. Rindfleisch gehört nicht zu den Standards der indischen Küche, weil aus religiösen Gründen in weiten Teilen des Landes verboten. Allerdings gibt es auch in Indien vereinzelt Regionen, wo Rindfleisch verzehrt wird. Obendrein bereiten indische Köche im Ausland für ihre Gäste Rindfleisch zu. Das bekannteste aller indischen Rindfleischrezepte ist sicherlich das folgende, welches sich durch seine feurige Schärfe auszeichnet:

FÜR 4 PERSONEN

1,2 – 1,5 kg Rindfleisch zum Schmoren (in 3 cm große Würfel oder 1,5 cm dicke Scheiben geschnitten), 1 große Zwiebel, 75 g Tomatenmark (doppelt konzentriert), 250 – 300 ml Fleischbrühe, Ghee (Butterschmalz) zum Anbraten

Für die Würzpaste: 1 EL frisch geriebener Ingwer, 1 EL zerdrückter Knoblauch, 2 – 3 frische Chilischoten (entkernt und fein zerrieben), 30 g gemahlener Koriander, 3 EL gemahlener Kreuzkümmel, 1,5 TL braune Senfkörner, 1 TL zerstoßene schwarze Pfefferkörner, 1 EL Chilipulver, 1 TL gemahlene Kurkuma, 3 – 4 EL heller Essig (z.B. Reisessig), Salz

Alle Zutaten für die Würzpaste in einer Schüssel vermischen, bis eine glatte Paste entsteht. Ghee in einem Schmortopf erhitzen, die fein gehackte Zwiebel darin anrösten, die Gewürzpaste dazugeben und eine Minute mitbraten. Dann das Fleisch in den Topf geben, verrühren, bis es mit den Gewürzen überzogen ist, anschließend Tomatenmark und Brühe untermischen und zugedeckt 1,5 Stunden leise schmoren lassen, bis das Fleisch sehr weich ist. Mit Gewürzreis (Zimtstange und Sternanis im Ganzen, Kardamomkapseln, Koriander, Rosinen, Mandeln etc.) auftischen.

VINDALOO-CURRY
SCHARF-SAURES CURRY

INDIEN

Die zweite weltberühmte Rezeptur neben dem Madras-Curry (siehe S. 87) ist wohl das sogenannte Vindaloo, welches ich persönlich im Geschmack noch besser finde.

FÜR 3–4 PERSONEN

1 kg Rindfleisch (Bug/Brust) in 3 – 4 cm großen Würfeln, 3 – 4 EL Ghee (Butterschmalz), 1 TL Kreuzkümmelsamen, 1 EL Koriandersamen, 1 TL Kardamomsamen, 1,5 TL Bockshornklee, 2 TL getrocknete rote Chilischote, 1 – 2 TL Senfkörner, 1 – 2 EL Kurkuma, 3 – 4 in feine Ringe geschnittene Zwiebeln, 5 – 6 zerdrückte Knoblauchzehen, 2 EL geschälter und fein gehackter frischer Ingwer, 1 Zimtstange, 6 EL Essig, 125 ml Brühe, 1 TL Zucker, Pfeffer aus der Mühle, Salz

Kreuzkümmel, Koriander, Kardamom, Bockshornklee, Chilischote und Senfkörner in einer Pfanne trocken rösten, bis die Gewürze duften, dann in einer Küchenmaschine zu feinem Pulver mahlen. Ghee in einem ausreichend großen Topf erhitzen, Fleisch darin anbraten, herausnehmen. Etwas frisches Fett dazugeben und die Zwiebeln mit den Gewürzen darin anrösten, Fleisch wieder dazugeben. Kurkuma, Zimtstange, Ingwer und Knoblauch hinzufügen, Deckel auflegen und alles 1 Stunde schmoren lassen. Dann auch Essig, Brühe, Zucker, Pfeffer aus der Mühle und Salz in den Topf geben und das Fleisch vollends weich kochen; die Sauce sollte nun dicklich sein und das Fleisch vollkommen überziehen.

TIPP:
Zur absoluten Delikatesse wird das Gericht, wenn man die Sauce mit Vadouvan (Mischung aus fermentierten Kräutern und Gewürzen, als Fertigprodukt erhältlich) verfeinert und das Vindaloo-Curry auch noch damit bestreut.

PASANDA KABAB
RINDFLEISCH-SPIESSCHEN

PAKISTAN

Mit Pasanda bezeichnet man in Pakistan in dünne Streifen geschnittenes Fleisch. Dieses Rezept bekam ich von der Frau eines Freundes in Islamabad. Bei einem längeren Besuch verriet sie mir die Zubereitung und meinte, man solle die Spieße in Fladenbrot gewickelt als Imbiss auftischen. Aber auch als Hauptspeise mit Reis und frischen Mangos schmecken sie vorzüglich.

FÜR 4 PERSONEN

1,5 kg Rindfleisch aus der Lende (oder Flanke), 1 in feine Ringe gehobelte Zwiebel, 2 kleinere, grob gehackte Zwiebeln, 3–4 fein gehackte Knoblauchzehen, 4–5 EL Joghurt natur, 1–2 EL Zitronensaft, 4 EL Senföl, 1 EL Mandeln (fein gerieben oder in Blättchen), 1,5 EL feinst gehackte Ingwerwurzel, 1,5 EL Cayennepfeffer, ½ TL gemahlene Muskatnuss, ½ TL gemahlene Muskatblüte (Macis), 1 EL gemahlener Koriander, 125 ml Erdnussöl, Salz

Erdnussöl in einer großen Pfanne erhitzen, die Zwiebelringe darin unter Rühren mittelbraun braten, danach mit einer Schaumkelle herausheben und das Öl aufbewahren.

Geröstete Zwiebel zusammen mit gehackten frischen Zwiebeln, Knoblauch, Joghurt, Zitronensaft, Senföl, Mandeln, Ingwer, Cayennepfeffer, Muskatnuss, Muskatblüte und Koriander in einen Mixer füllen und zu einer glatten Paste verarbeiten; abschmecken.

Das Fleisch quer zur Faser in 0,5 cm dünne Scheiben schneiden, diese in eine Schüssel legen und mit der Marinade gründlich einreiben. Abgedeckt einige Stunden im Kühlschrank ziehen lassen.

Das Fleisch zickzackförmig auf gewässerte Holzspießchen stecken (oder wenn verfügbar 4–6 flache schwertähnliche Spieße). Die Fleischscheiben müssen dabei dicht aneinandergeschoben werden, sodass sie ein festes Band von 5 cm Breite bilden. Danach das Fleisch mit dem zurückbehaltenen Fett der Zwiebelringe bepinseln.

Die Kebabs über Holzkohle grillen (in Pakistan gibt es dafür spezielle Wannen, über denen die Spieße genau 15 cm über der Glut garen). Wenn das Fleisch hellbraun ist, sind die Spieße fertig. Die Zwiebelringe darüberstreuen und servieren.

NARGOWURMA
RINDFLEISCHTOPF MIT KASTANIEN UND GRANATAPFEL

ASERBAIDSCHAN

Ein wunderbar aromatischer Rindfleischtopf, der zu den Nationalgerichten Aserbaidschans zählt. Zart schmelzende Kastanien, würzige Granatäpfel und duftender Safran umschmeicheln kräftiges Rindfleisch – wahrlich ein Luxusgericht der ehemaligen Seidenstraße!

FÜR 4–6 PERSONEN

1,25 kg durchwachsenes Rindfleisch (aus der Schulter), 400–500 g vorgekochte Esskastanien, 200 g Granatapfelkerne, 4–5 in Ringe geschnittene Zwiebeln, 1–2 g Safran, 125–150 g Butterschmalz, 50–75 g fein gehacktes frisches Koriandergrün, 1 kleiner, fein gehackter Bund Dille, schwarzer Pfeffer aus der Mühle, Salz

Den Safran am besten über Nacht in 100 ml lauwarmem Wasser einweichen. Danach das Rindfleisch in 15 bis 16 gleich große Stücke schneiden, würzen und anschließend in der Hälfte des Butterschmalzes rundherum anbraten. Die Esskastanien schälen und vierteln. Die Zwiebeln im restlichen Butterschmalz goldgelb anbraten. Fleisch, Kastanien und angebratene Zwiebeln in einen Schmortopf schichten, Safranwasser und 200 ml Wasser (oder Brühe) dazugeben und zugedeckt eine Stunde bei milder Hitze schmoren lassen.

Wenn das Fleisch und die Kastanien weich sind, die Granatapfelkerne hinzugeben und alles weitere 12 bis 15 Minuten schmoren lassen; abschmecken, Koriandergrün darüberstreuen und mit Plow (Pilaw-Reis) auftischen.

VARIANTE

Statt der Granatapfelkerne gewürfelte Quitten in das Ragout geben.

BASTURMIS MZWADI
MARINIERTER FLEISCHSPIESS MIT PFLAUMENSAUCE

GEORGIEN

Georgien ist für seine zuweilen recht deftige Küche bekannt, vor allem für riesige Fleischportionen. Die Küche ist dabei aber äußerst aromatisch, vielseitig und offenbar gar nicht so ungesund, denn kaum irgendwo leben mehr Hundertjährige als in Georgien. Nachstehendes Rezept schmeckt einfach wunderbar, denn das marinierte, aromatische Fleisch harmoniert einzigartig mit der herb-sauren Pflaumensauce.

FÜR 4–6 PERSONEN

1,5 kg schieres Rindfleisch (ohne Knochen, Fett und Sehnen), 4 große Zwiebeln, 1 EL grob gehackte Knoblauchzehen, 6–8 Lorbeerblätter, 1–1,5 TL grob gehackte schwarze Pfefferkörner, 125 ml Weinessig, Salz

Für die Sauce: 1 kg sehr saure Pflaumen (in Georgien verwendet man dafür die sogenannten Tqemali-Pflaumen; unreife Mirabellen gehen als Ersatz), 10–12 fein zerdrückte Knoblauchzehen, 1 Bund feinst gehacktes Koriandergrün, 1 Bund feinst gehackte Dille, 1 Bund feinst gehackte Minze, Pfeffer aus der Mühle, Salz

Außerdem: Granatapfelkerne, reichlich in Ringe geschnittene Zwiebeln, eingelegte grüne Tomaten, frische Tomaten, Frühlingszwiebeln, eingelegte Pimpernuss

Das Fleisch in mundgerechte Stücke schneiden und zusammen mit gehackter Zwiebel, Knoblauchzehen, Lorbeerblättern, Pfefferkörnern und Salz in eine säurefeste Schüssel legen. Den Essig 1:1 mit Wasser verdünnen, über das Fleisch gießen und dieses mehrere Stunden – am besten über Nacht – marinieren lassen. Am Tag der Zubereitung das Fleisch aus der Marinade heben, abtropfen lassen und auf Spieße gesteckt über sanfter Glut knusprig braun grillen. Mit den angegebenen Beilagen auftischen und folgende Sauce dazu reichen:

Die Früchte für die Sauce längs einschneiden, mit ca. 400 ml Wasser aufgießen und bei niedriger Hitze köcheln lassen, bis sich die Steine vom Fruchtfleisch lösen. Durch ein Sieb abgießen, Saft auffangen und die Steine ausklauben. Die Früchte durch das Sieb streichen, so viel vom Saft dazugeben, dass man eine sämige Sauce erhält und diese mit Knoblauch, Kräutern, Pfeffer und Salz würzig abschmecken. Kalt zum Fleisch reichen.

YUVARLAMA
JOGHURTSUPPE MIT HACKFLEISCHBÄLLCHEN UND KICHERERBSEN

TÜRKEI

Der Joghurt stammt mit ziemlicher Sicherheit ursprünglich aus der Türkei und so verwundert es wenig, dass er hier auch häufig für verschiedene herzhafte Gerichte verwendet wird.

FÜR 4 PERSONEN

Für die Suppe: 750 ml Fleischbrühe, 250 g türkischer Joghurt, 250 g vorgekochte Kichererbsen, 2 Eigelbe

Für die Fleischbällchen: 300 g Rinderhackfleisch, 1 Zwiebel, 2 – 4 Knoblauchzehen, 1 großes Ei, 1 gehäufter TL gehackte Minze, gemahlener Kreuzkümmel, 1 Prise Cayennepfeffer, Pfeffer aus der Mühle, Salz, Kichererbsenmehl zum Wenden, Olivenöl zum Braten, gehackte Petersilie zum Garnieren

Aus Rinderhack, fein geriebenen Zwiebeln, zerdrückten Knoblauchzehen, einem Ei, gehackter Minze, Kreuzkümmel, Cayennepfeffer, Pfeffer und Salz einen würzigen Fleischteig herstellen, aus diesem Bällchen formen. Die Fleischbällchen in Kichererbsenmehl wälzen, danach in Olivenöl rundherum knusprig braten; beiseitestellen.

Fleischbrühe in einem Topf erhitzen, Kichererbsen zufügen, die Fleischbällchen einlegen und 10 Minuten köcheln lassen. Topf vom Herd nehmen und die Suppe mit dem Joghurt, welcher mit den Eigelben verquirlt worden ist, legieren. Vor dem Servieren nochmals abschmecken und mit gehackter Petersilie oder Minze bestreuen.

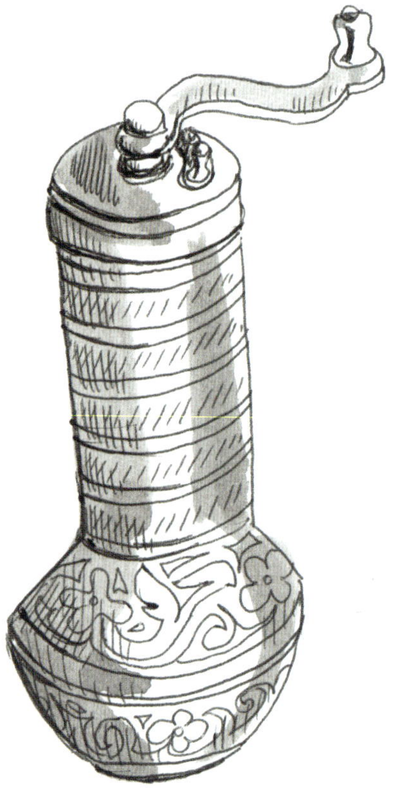

RINDFLEISCH MIT OKRA

VORDERER ORIENT

Im gesamten Vorderen Orient und dazu in der Türkei, in Ägypten und sogar Teilen Griechenlands wird man dieses Gericht in verschiedenen Varianten vorgesetzt bekommen. Am besten mundet es mit ganz jungen Okraschoten, welche nicht größer als 5 cm sind; man kann es aber auch mit größeren Exemplaren zubereiten. Das Besondere ist hier ein Gewürz namens Asa foetida (bei uns als Asant bekannt), dessen Aroma an Knoblauch und Fenchel erinnert – aber Vorsicht, nicht zu viel davon verwenden, es ist sehr intensiv.

FÜR 4 PERSONEN

1 kg Okraschoten (möglichst junge und kleine Exemplare), 750 g Rindfleisch (z.B. aus der Schulter), 2–3 feinst gehackte Zwiebeln, 2 Knoblauchzehen, 250 ml passierte Tomaten, 500 ml Fleischbrühe, 4 EL Butterschmalz, 1 Prise Asa foetida (Asant), 1 Schuss Essig, Pfeffer aus der Mühle, Salz, evtl. geröstete Chilifäden zum Garnieren

Das Fleisch abwischen und in 2 x 2 cm große Würfel schneiden, die Zwiebeln feinst hacken. Butterschmalz in einem Schmortopf erhitzen, das Fleisch darin kräftig anbraten, mit Salz und Pfeffer würzen. Die Zwiebeln dazugeben, kurz danach den Knoblauch, hellgelb werden lassen, dann mit Essig und Brühe ablöschen. Bei niedriger Hitze 30 Minuten köcheln lassen.

Die küchenfertig vorbereiteten Okraschoten (man kann auch solche aus dem Glas nehmen) zusammen mit den passierten Tomaten hinzufügen, untermischen und weitere 30 Minuten garen. Zum Schluss das Gericht mit Salz und Asa foetida abschmecken. Noch kurz ziehen lassen, dann mit Reis auftischen.

VARIANTE

Statt mit Asa foetida kann das Gericht auch mit Zimt und Kreuzkümmel gewürzt werden.

KÖFTE
RINDFLEISCH-SPIESSE

LIBANON

Zu den traditionellen Köfte bekommt man im Libanon Pitabrot und Tabbouleh. Dafür weicht man 250 g mittelfein geschroteten Bulgur für 10 Minuten in 500 ml Wasser ein, danach gut ausdrücken. Bulgur mit 1 Bund gehackter glatter Petersilie, 1 Bund gehackter frischer Minze, 5 fein gehackten Frühlingszwiebeln, 2–3 fein gehackten Tomaten, 3–4 EL Zitronensaft, Olivenöl nach Belieben, gemahlenem Pfeffer und Salz nach Geschmack vermischen.

FÜR 4 PERSONEN

800 g Rinderhackfleisch, 60 g mittelfein geschroteter Bulgur (in 250 ml Wasser eingeweicht), 1 fein gehackte Zwiebel, 2 – 3 fein gehackte Knoblauchzehen, 1 TL gemahlener Kreuzkümmel, ½ TL Zimtpulver, 30 g gehackte Pinienkerne, Pfeffer aus der Mühle, Salz

Aus dem ausgedrückten Bulgur, dem Fleisch und den übrigen Zutaten einen homogenen Teig bereiten, diesen in 12 gleich große Portionen teilen, jeweils zu Rollen formen und auf Spieße stecken. Die Fleischrollen bei guter Hitze grillen, bis sie gar und knusprig sind. Mit Pitabrot und Tabbouleh auftischen.

VARIANTE

Man kann die Fleischmasse auch in eingelegte Weinblätter hüllen und dann jeweils drei gefüllte Weinblätter längsseitig aneinandergelegt mit zwei Holzspießen zusammenstecken. Über sanfter Glut grillen und mit Knoblauchjoghurt auftischen.

RINDFLEISCH MIT SCHWARZKÜMMEL

ÄTHIOPIEN

Anders als man vom Namen her vermuten würde, ist der Schwarzkümmel gar nicht mit dem bei uns bekannten Kümmel verwandt. Schwarzkümmel hat einen sehr intensiven und würzigen Geschmack, der an Anis erinnert und wunderbar mit Zebu- oder Rindfleisch harmoniert.

Die hier verwendete Gewürzmischung Berbere stammt aus Äthiopien und beinhaltet Chilipfeffer, Ingwerpulver, Knoblauch, Nelke, Koriander, Piment, die getrockneten und gemahlenen Früchte der Weinraute, Ajowan (ein Gewürz, dessen Aroma an Thymian erinnert) und Stangenpfeffer (schmeckt wie schwarzer Pfeffer, ist aber feiner und delikater im Aroma).

FÜR 4 PERSONEN

800 g Rindfleisch (aus der Hüfte), 4 – 6 Zwiebeln, 4 – 6 Knoblauchzehen, 1 Stück Ingwer (ca. 10 – 12 cm), 1,5 – 2 TL Berbere (scharfe Gewürzmischung, als Fertigprodukt erhältlich), ½ – 1 TL Schwarzkümmel, 4 – 5 EL Butterschmalz, 4 EL Öl, schwarzer Pfeffer aus der Mühle, Salz

Das Fleisch in dünne Streifen schneiden. Geschälte Zwiebeln in feine Ringe schneiden, Knoblauch fein hacken, Ingwer schälen und reiben. Butterschmalz und Öl in einer Kasserolle erhitzen, Fleisch darin unter Wenden knusprig braten, dann aus der Pfanne nehmen. Zwiebelringe im Bratfett bräunen, Knoblauch und Ingwer dazugeben, kurz mitrösten. Fleisch wieder hinzugeben, die Gewürze einstreuen und alles mit 250 ml Wasser aufgießen. 20 Minuten garen, dann ist das Fleisch weich. Vor dem Servieren kräftig mit Salz und Pfeffer abschmecken.

VARIANTE

Ein weiteres berühmtes Rindfleischrezept Äthiopiens ist das sogenannte Zigni: 4 Zwiebeln in Ringe schneiden, in reichlich Öl oder Ghee bräunen, mit 3 EL Paprikapulver scharf stäuben; 6 mit Salz zerdrückte Knoblauchzehen, 250 g Tomatenmark und etwas Wasser hinzufügen; 20 Minuten kochen lassen. 750 g in Streifen geschnittenes Rindfleisch darin in einer Stunde weich kochen. Bei Bedarf Wasser zugeben. Vor dem Servieren mit frischem Ingwer und Salz abschmecken. Mit Fladenbrot und Reis auftischen.

TAGINE RINDERSCHMORTOPF

MAROKKO

Marokkaner lieben Fleisch, das wird bei diesem Gericht sehr deutlich! Früher galt die Tagine als ausgesprochenes Arme-Leute-Essen und war besonders unter unverheirateten Arbeitern weit verbreitet. Die Arbeiter packten billige Fleischstücke und reichlich Zwiebeln in ein Tongefäß namens Tagine und brachten dieses vor der Arbeit zu einem öffentlichen Backofen. Am Heimweg nahmen sie dann das duftend heiße gleichnamige Gericht mit und verzehrten es zu Hause mit knusprigem Brot. Heute ist das Gericht so etwas wie die Nationalspeise der Marokkaner und wird überall im Land in unzähligen Variationen angeboten – sogar in feinen Luxusrestaurants. Die Gewürzmischung Ras el Hanout wird beinahe allen marokkanischen Gerichten in der einen oder anderen Form zugefügt, hier hat jeder Koch und jeder Gewürzhändler sein eigenes Rezept; daher ist die angegebene Mischung nur als Richtlinie zu verstehen, bitte nach persönlichem Geschmack abändern!

FÜR 6 PERSONEN

1,5 – 2 kg preisgünstiges, nicht allzu fettes Rindfleisch (vorzugsweise Hals, Wade oder Schulter), 1,5 kg geschälte kleine gelbe Zwiebeln (nicht größer als ein Golfball), 8 gehackte Knoblauchzehen, 250 ml Rinderbrühe, 125 – 150 ml Olivenöl extravergine, fein gehackte frische Minze, Salz

Für die Ras el Hanout: 2 EL gemahlener Ingwer, 2 EL gemahlene Kurkuma, 1 EL frisch geriebene Muskatnuss, 1 EL Paprikapulver „edelsüß“, 1 TL frisch gemahlener schwarzer Pfeffer, 1 TL gemahlener Koriander, 1 TL gemahlener Kreuzkümmel, 1 Zimtstange, einige Safranfäden

In einer Schüssel alle Zutaten für die Ras el Hanout miteinander verrühren, danach mit Salz nach Geschmack, Knoblauch und Olivenöl vermischen. Das in große Stücke zerteilte Rindfleisch damit einreiben und beiseitestellen. Den Rest der Marinade mit der Rinderbrühe vermischen. Einen Bräter oder eine ausreichend große Tagine mit den Zwiebeln auslegen. Das Fleisch darauf verteilen und mit der gewürzten Brühe übergießen. Den Topf erst mit Alufolie, danach mit seinem Deckel verschließen (Tagine nur mit ihrem Deckel verschließen) – der Deckel muss möglichst dicht schließen! Das Gericht 5 bis 6 Stunden bei ca. 120 bis 140 °C schmoren lassen. Das Fleisch muss so weich sein, dass es beinahe von selbst zerfällt. Wer mag, schöpft überschüssiges Fett ab, bevor das Ganze mit reichlich frisch gehackter Minze bestreut wird. Mit knusprigem Landweißbrot auftischen.

VARIANTE

Sehr beliebt ist die Tagine auch mit einer Kombination aus Rindfleisch, getrockneten Marillen und Mandeln im Safranfond (siehe Bild). Weiters serviert man die Tagine in Marokko gerne mit Rindfleisch, Artischocken und Erbsen. Ich persönlich war von einer aromatisch gewürzten Tagine mit Rindfleisch, getrockneten Feigen, Datteln und Mandeln sehr angetan.

KARBAR BES BES
KLEINE HACKFLEISCH-BÄLLCHEN MIT FENCHEL

TUNESIEN

Nicht nur als Hauptspeise (z.B. mit Couscous oder Safranreis) geeignet, sondern auch als würziger kleiner Happen zwischendurch, der warm und kalt gleichermaßen gut schmeckt.

FÜR 2 – 4 PERSONEN

800 g Rinderhackfleisch, 1 EL Harissa, 1 – 2 EL Fenchelpulver (oder im Mörser zerstoßener Fenchelsamen), 6 geschälte, fein zerdrückte Knoblauchzehen, Pfeffer aus der Mühle, Salz, Olivenöl

In einer Schüssel alle Zutaten gut verkneten, daraus kleine (etwa walnussgroße) Kugeln formen. Gut einen halben Liter Wasser mit 1 bis 2 TL Salz und 3 bis 4 EL Olivenöl zum Kochen bringen, die Fleischbällchen darin 15 Minuten garen – fertig!

Dazu passt rotes Linsengemüse.

HINWEIS:
Ganz hervorragend schmecken diese Bällchen auch, wenn man statt des Fenchels das sogenannte Asa foetida (Asant, schmeckt nach Fenchel und Knoblauch) als Gewürz verwendet – sparsam einsetzen, denn es ist sehr intensiv!

T'FINA ARICHA
RINDERRAGOUT MIT WEIZEN

TUNESIEN

Ein für die tunesische Küche typisches Ragout, bei dem man nicht mit Safran und würzigem Harissa sparen darf.

FÜR 4 PERSONEN

1, 2 kg Rindfleisch aus der Schulter in groben Würfeln, 1 kleiner Kalbsfuß, 500 g Couscous (Hartweizen), ½ – 1 TL echter Safran, 1 – 1,5 TL Harissa, 1 kleine Zimtstange, 2 oder 4 Eier, Olivenöl bester Qualität, Pfeffer aus der Mühle, Meersalz

In einem ausreichend großen Topf den Kalbsfuß in 2 Liter kaltem Wasser aufsetzen, salzen und pfeffern; 30 Minuten bei mittlerer Hitze kochen, dann das gewürfelte Rindfleisch dazugeben und weitere 30 Minuten garen.

Den Weizen gut abspülen und am Boden eines großen (zweiten) Topfes verteilen; ein kleines Glas Öl angießen, sodass die Weizenschicht gut bedeckt ist. Nun Brühe samt Fleisch darübergießen und den in kaltem Wasser eingeweichten Safran, Zimtstange sowie das Harissa hinzugeben; gut salzen. Alles zum Kochen bringen, dann Hitze zurücknehmen und den Eintopf zugedeckt köcheln lassen. Nach etwa 1,5 Stunden die gut gewaschenen Eier mit der Schale ins Ragout setzen, 30 Minuten mitkochen lassen.

Nun den Eintopf abschmecken, die Eier herausnehmen, kalt abschrecken, schälen und halbieren. Alles auf einer großen Platte gefällig anrichten und mit den Eierhälften ausgarniert auftischen – schmeckt sensationell!

M'TOMA RINDERRAGOUT MIT KNOBLAUCH

TUNESIEN

Die Bezeichnung M'toma bedeutet auf Deutsch etwa „mit Knoblauch" – und damit ist beinahe alles zu diesem Gericht gesagt, denn es enthält tatsächlich Unmengen davon.

FÜR 4 PERSONEN

800 g Rindfleisch aus der hinteren Wade in Würfeln, mindestens 3–4 Knollen Knoblauch, 1 kg frischer Blattspinat, 1 Karde (*Cynara cardunculus*, die gebleichten Stängel), 500 g getrocknete Kichererbsen (über Nacht einweichen lassen, sonst aus der Dose), 1–2 EL gemahlener Koriander, 150 ml Olivenöl, schwarzer Pfeffer aus der Mühle, Salz

Am Tag der Zubereitung die Knoblauchzehen aus den Knollen lösen, schälen und entweder mit einer Presse oder mit dem Messerrücken unter Zugabe von einer Prise grobem Salz zerdrücken. Den Spinat in Streifen schneiden. Die harten Fasern und die weiße Haut der Karde abziehen und die Karde in Stücke schneiden.

Das gewürfelte Fleisch, Knoblauch, Spinat, Karde, Kichererbsen, Koriander, Olivenöl und 500 ml kaltes Wasser in eine Kasserolle füllen, gut salzen und pfeffern. Alles zusammen etwa 1 bis 1,5 Stunden zugedeckt leise köcheln lassen, bis das Fleisch weich ist. Mit Fladenbrot auftischen.

TIPP:
Das Gericht mit zwei Handvoll Oliven anreichern.

ZEBU-EINTOPF

WESTAFRIKA

In vielen afrikanischen Ländern findet man das Zebu, welches auch Buckelrind genannt wird. Mittlerweile werden die Tiere sogar vereinzelt in Österreich und Deutschland gezüchtet. Nachstehenden Eintopf findet man vor allem in Westafrika. Statt mit Zebu lässt sich der Eintopf auch problemlos mit Rindfleisch zubereiten.

FÜR 4 PERSONEN

1 kg Zebu-Fleisch (oder Rind, vorzugsweise Bug/Brust), 4 Zwiebeln, 5 Fleischtomaten, 300 g Okraschoten (größere Exemplare), Cayennepfeffer nach Geschmack, 250 ml Erdnussöl, Salz

Fleisch würfeln, Tomaten in Scheiben schneiden, Zwiebel schälen und fein hacken. 125 ml Erdnussöl in einer Kasserolle erhitzen, das Fleisch auf Mittelhitze von allen Seiten anbraten, dabei mit Salz und Cayennepfeffer würzen. Zwiebeln hinzugeben und glasig werden lassen. Gerade so viel Wasser zufügen, dass das Fleisch knapp bedeckt ist, die Tomaten einfüllen und zugedeckt 1 Stunde schmoren lassen.

Zwischenzeitlich die in Stücke geschnittenen Okraschoten in einer Pfanne in 125 ml Erdnussöl anrösten. Okras zum Rindfleisch geben und den Eintopf noch 15 Minuten garen lassen. Sehr würzig abgeschmeckt auftischen.

VARIANTE

Sehr beliebt ist in Afrika auch die Variante, das Rindfleisch (auch Wasserbüffel, Zebu u.a.) nicht mit Gemüse, sondern mit Früchten zu schmoren. So kennt man beispielsweise in Kamerun einen Fleischtopf, bei dem das Rindfleisch zusammen mit Zwiebel, Ananas, Mango, Kokosraspeln, Kokosmilch und Rosinen geschmort und anschließend mit Reis aufgetischt wird – gewürzt wird nur mit reichlich Currypulver, Salz und Pfeffer.

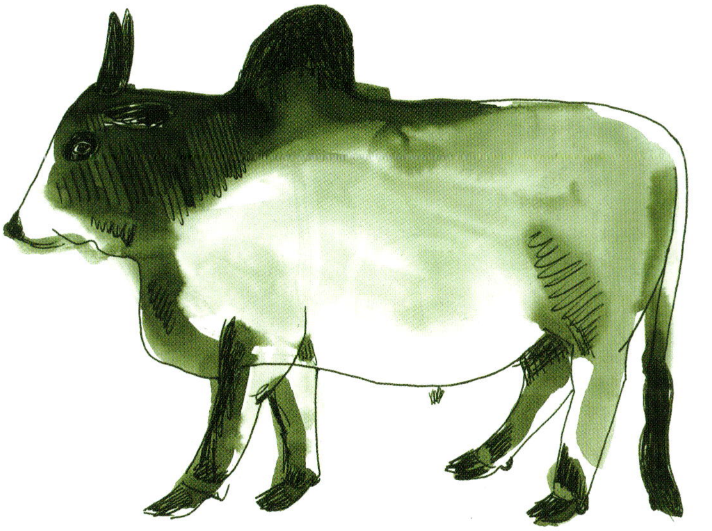

BRASILIANISCHE RINDFLEISCHPFANNE

BRASILIEN

Wie dieses Gericht wirklich heißt, konnte ich leider nicht herausfinden – ich habe kein „Originalrezept" für das würzige Fleisch gefunden. Kennengelernt habe ich das Gericht in Rio de Janeiro, wo es mir in einer kleinen Hafenkneipe als „Hausspezialität" zu Cachaça und Caipirinha aufgetischt wurde. Weil ich das Fleisch sehr würzig und aromatisch fand, notierte ich das Geschmacksbild. Es handelt sich also um meine eigene Version der Fleischpfanne.

FÜR 3 – 4 PERSONEN

800 g Rindfleisch von der Lende, 1 – 2 TL Cayennepfeffer, ½ TL Nelkenpulver, ½ TL Zimt, frisch gemahlener Pfeffer, 2 EL Rotweinessig, 1 große Zwiebel, 6 Knoblauchzehen, 1 Stück feinst gehackte Ingwerwurzel, ½ Bund Minze, 1 Bund Koriandergrün, 1 Bund glatte Petersilie, 1 – 2 TL Tomatenmark, 8 cl Cachaça oder weißer Rum, 2 – 3 EL Crème fraîche (oder Crème double), Olivenöl, grobes Meersalz

Das Fleisch in Streifen schneiden und mit Cayennepfeffer, Nelkenpulver, Zimt, Pfeffer und Essig vermischen. 1 Stunde marinieren lassen, zwischenzeitlich die Zwiebeln, Knoblauchzehen und Kräuter hacken.

Öl in einer schweren Pfanne rauchend heiß erhitzen, das im letzten Moment gut gesalzene Fleisch portionsweise darin scharf anbraten (jeweils nicht länger als 1 Minute); herausnehmen und warm stellen.

Im Bratfett (unter Zugabe von etwas frischem Öl) Zwiebeln braun werden lassen, Knoblauch und Ingwer dazugeben. Tomatenmark einrühren und kurz mitrösten, dann alles mit dem Schnaps ablöschen, den Bratensatz damit loskochen und die Créme fraîche einrühren. Fleisch und frische Kräuter in die Sauce geben, abschmecken und mit Bohnen-Reis (gekochte, in reichlich Fett – vorzugsweise ausgelassenem Speck – mit gehackten Zwiebeln geschmorte Bohnen mit gekochtem Reis vermengen; mit geriebenem Knoblauch, Chilipulver, Pfeffer und Salz abschmecken) servieren.

TIPP:
Ich gebe gerne noch geschnittene Paprika- und Chilischoten dazu. Die Crème fraîche kann auch weggelassen werden.

LA PARRILLADA

SÜDAMERIKA/KARIBIK

Auf dem venezolanischen Festland und den vorgelagerten Karibikinseln – insbesondere auf Margarita – ist die Parrillada ein kulinarisches Nationalheiligtum. Sie findet nahezu immer unter freiem Himmel statt, meist vor darauf spezialisierten Lokalen. Für die Parrillada wird verschiedenes Fleisch über Holzkohle langsam gegrillt. Das Spezielle dabei ist, dass das Fleisch auf langen Holzstangen über reichlich Glut, aus der durch das herabtropfende Fett manchmal Stichflammen emporzüngeln – was durchaus erwünscht ist –, aufgehängt wird und dadurch besonders subtil gart. Manche Griller werden auch mit rotglühenden Flusssteinen beheizt.

Zu einer richtigen Parrillada gehören immer mehrere Sorten Fleisch, vor allem Berge von Rindfleisch (vorzugsweise Rumpsteaks, Huftsteaks und Rostbraten, aber auch Bauchfleisch vom Rind oder Rinderrippen) und Innereien! Keine Parrillada ohne Leber, Nieren und/oder Stierhoden!

Zur Parrillada werden große Brotkörbe gereicht, Schüsseln mit dampfendem Maniok, Berge von Salaten und gebratenen Gemüsebananen sowie eine spezielle Sauce mit dem schönen Namen Guasacaca – Höllensauce!

GUASACACA PARA LA PARRILLADA
HÖLLENSAUCE FÜR FLEISCH VOM HOLZKOHLENGRILL

500 g entkernte grüne Paprikaschoten, 500 g eher milde entkernte Chilischoten, 1 Bund Petersilie, 1 Bund Koriandergrün, 20 – 30 geschälte Knoblauchzehen, 2 – 3 geschälte größere Zwiebeln, 10 scharfe Chilischoten, 250 ml Olivenöl, 500 ml Essig, 250 ml Wasser, Meersalz nach Geschmack

Alle festen Zutaten sehr fein hacken, dann in einer Schüssel mit den flüssigen Zutaten vermischen und verschlossen mehrere Tage durchziehen lassen. Zu über Holzkohle gegartem Fleisch reichen.

ARGENTINISCHE STEAKS

ARGENTINIEN

Argentinisches Rindfleisch, insbesondere das der Aberdeen Angus, verfügt über eine ganz ausgezeichnete Qualität. Dank des milden Klimas und der guten Böden entwickelt argentinisches Rindfleisch (sofern die Tiere nicht mit Gen-Mais gefüttert wurden) einen eigenen, unverwechselbaren Geschmack. Dieser wird dadurch verstärkt, dass das Fleisch – schon allein bedingt durch die längeren Transportwege – ausreichend ablagern darf (Tiefkühlware ist gut, aber nicht wirklich zufriedenstellend, daher Frischware ordern). Derart hochwertiges Fleisch sollte nur ganz puristisch zubereitet werden.

Das Spezielle an der argentinischen Garmethode sind zwei Dinge: Das Fleisch wird erstens mindestens 3 fingerdick geschnitten und zweitens beim Grillen nur einmal gewendet. Dadurch karamellisiert es stärker, bekommt eine köstliche Kruste und ein ganz intensives Aroma. Gewürzt wird mit Salz, Pfeffer und evtl. einer scharfen Chilisauce, dazu serviert man Brot oder gegrillte Kartoffeln.

CARBONADA CRIOLLA
ARGENTINISCHER RINDFLEISCHTOPF

ARGENTINIEN

Die Küche der lateinamerikanischen Kreolen, genau genommen der Nachfahren der im Lande geborenen Nachfahren der Konquistadoren, hat mittlerweile auf dem gesamten amerikanischen Kontinent – und darüber hinaus – einen ausgezeichneten Ruf. Die Zusammenstellung der Zutaten für dieses traditionelle Gericht wirkt auf den ersten Blick überraschend, aber das Ergebnis wird auch den feinen europäischen Gaumen verzücken.

Achtung: Eine Carbonada darf nicht suppig werden, das macht sie fad!

FÜR 6 PERSONEN

1,25 – 1,5 kg eher mageres Rindfleisch aus der Schulter oder Hüfte, 125 g Schweineschmalz, 3 mittelgroße Zwiebeln, 3 Knoblauchzehen, 1 grüne Paprikaschote, 1 gelbe Paprikaschote, 1 rote Paprikaschote, 4 vollreife, aber feste Tomaten (gehäutet), 1 Bund Suppengrün, 2 – 3 Stangen Staudensellerie, 4 – 6 Kartoffeln (man kann auch Süßkartoffeln nehmen), 300 – 350 g Kürbisfleisch, 3 Äpfel, 300 g Maiskörner (vorgegart, evtl. aus der Dose), 2 – 3 Pfirsiche, 300 g Weintrauben (vorzugsweise weiße und blaue gemischt), 2 Lorbeerblätter, ½ TL Pfefferkörner, Cayennepfeffer, Majoran, Thymian, gehackte Petersilie, 300 ml Weißwein, 500 ml Fleischbrühe (bei Bedarf etwas mehr), Salz

Das Fleisch in etwa 3 x 3 cm große Würfel schneiden und im Schmalz kräftig anbraten. Gehackte oder grob gewürfelte Zwiebel, gehackten Knoblauch, würfelig geschnittene Paprikaschoten (von Kernen und Scheidewänden befreit) sowie die geschnittenen Tomaten in einer Pfanne gesondert in etwas Schmalz rösten, dann zum Fleisch geben.

Suppengrün, geschnittene Selleriestangen und sämtliche Gewürze dazugeben, Wein und Brühe angießen und das Gericht etwa 60 Minuten bei mäßiger Hitze dünsten. Gewürfelte und geschälte Kartoffeln, gewürfeltes Kürbisfleisch und Äpfel dazugeben, nach weiteren 15 Minuten auch die Maiskörner, mundgerecht geschnittene Pfirsiche und Weintrauben hinzufügen. Fertig gegarte Carbonada abschmecken und vorzugsweise in einer ausgehöhlten Kürbishälfte angerichtet auftischen. Reis als Beilage reichen.

HINWEIS:
Das Rezept lässt sich ganz nach persönlichem Geschmack abwandeln, so verwenden manche Köche in Argentinien auch Papaya, Mango oder andere exotische Früchte für ihre „Carbonada criolla".

Mitunter wird der Reis (für das angegebene Rezept braucht man etwa 150 – 200 g) auch nicht ganz fertig vorgekocht, einige Minuten vor dem Auftischen unter das Gericht gehoben und mitgegart.

ASADO

ARGENTINIEN/URUGUAY

Unter Asado versteht man im spanischen Sprachraum eigentlich alles Gegrillte, aber auch Grillfeste. In Argentinien und Uruguay gehört das Asado zum täglichen Leben. Man würde in diesen Ländern nur sehr ungern auf die tägliche Grillmahlzeit verzichten.

Das Besondere am Asado ist weniger die Tatsache, dass gemischte Fleischstücke und Innereien vom Rind langsam über Holzkohle gegart werden, sondern die Art und Weise der Vorbereitung.

In seiner traditionellsten Form wird das Fleisch nämlich samt Haut als sogenanntes *asado con cuero* (Grillfleisch mit Haut) zubereitet, wobei große Fleischstücke auf Spieße gesteckt werden, welche man kreuzförmig um ein loderndes Feuer platziert – so gart das Fleisch in Glut und Flamme zugleich.

In moderneren Varianten wird das Fleisch – vorzugsweise durchwachsene Stücke – mit grobem Meersalz eingerieben, das man einige Stunden (oder über Nacht) einziehen lässt; danach wird das überschüssige Salz abgewaschen, die Fleischteile trocken getupft und langsam über sanfter Glut gegart – mit Olivenöl bestrichen auftischen und kräftig mit Chili oder schwarzem Pfeffer aus der Mühle würzen. Dazu gibt es viele verschiedene Salate.

HINWEIS:
Wichtig für ein echtes Asado sind zwei Dinge:

1. Das Fleisch wird langsam gegart – oft mehrere Stunden, denn es ist (von darauf spezialisierten Lokalen einmal abgesehen) auch ein gesellschaftliches Ereignis; die Hitze der Glut also zähmen!
2. Es werden immer mehrere Fleischteile zubereitet, die unterschiedlich lange garen, so hat man immer etwas zu essen. Wichtig: unbedingt auch Innereien, vor allem Nieren, Hoden und Fettdarm (Kutteln) einplanen!

LOMO SALTADO
PERUANISCHES RINDERGESCHNETZELTES

PERU

FÜR 4 PERSONEN

800 g Rindfleisch zum Kurzbraten (etwa Lende, Hüfte), 3 rote Zwiebeln, 4 Tomaten, 2 – 3 Chilischoten, 2 – 4 Knoblauchzehen, 1 EL scharfes Paprikapulver (wer es milder mag, nimmt „edelsüß“), 1 – 2 TL Kreuzkümmel, 1 – 2 TL Oregano, 3 EL Essig (vorzugsweise Rotweinessig), 3 EL Rotwein, Öl zum Braten, Pfeffer aus der Mühle, Salz

Das Rindfleisch und die geschälten Zwiebeln in gleichmäßige Streifen schneiden, Tomaten achteln. Chilischote nach Wunsch entkernen und fein hacken, den geschälten Knoblauch hacken oder pressen. Öl in einer sehr großen Pfanne erhitzen, das Rindfleisch portionsweise darin anbraten, dabei mit Pfeffer, Paprika, Kreuzkümmel und Oregano würzen. Wenn das Fleisch fertig gebraten ist, salzen und beiseitestellen.

Zwiebel zusammen mit Knoblauch und Chili im Bratenrückstand 2 Minuten sautieren, mit Rotweinessig und Rotwein ablöschen, Tomaten hinzugeben und alles vorsichtig vermengen. Nach zwei Minuten das Fleisch dazugeben und abschmecken. Mit Reis, Potato Weges (siehe S. 54) oder Pommes frites (siehe S. 42) auftischen.

KLASSIKER AUS ALLEN KULTUREN

Es ist müßig, über die „Klassiker" der internationalen Rindfleischküche zu viele Worte zu verlieren. Die Rezepte sprechen ohnehin für sich – sie bieten Fleischeslust pur! Dabei sind die meisten Gerichte recht einfach zuzubereiten, weil sie aus der Tradition der gutbürgerlichen Küche, der mitteleuropäischen Hausmannskost, der einfachen Bistros oder auch der italienischen *cucina casalinga* entstammen.

Ganz speziell möchte ich an dieser Stelle auf drei Zubereitungsarten hinweisen, welche ich persönlich ganz besonders liebe:

1. das Entrecôte der Franzosen (weil es mit Fleisch vom Charolais-Rind einfach unwiderstehlich gut schmeckt),
2. die Bistecca alla fiorentina (weil das Chianina-Rind das zarteste Fleisch für die zugehörige Lust liefert) und
3. das Freiburger Gulasch mit Spätzle (weil es schöne Kindheitserinnerungen in mir weckt).

In diesem Kapitel finden sich aber auch alle anderen, zum Teil weltberühmten Klassiker, welche die Küche für die Zubereitung von Rindfleisch kennt.

So bleibt mir nur, einen guten Appetit zu wünschen und Ihnen zu empfehlen, möglichst alle Rezepte auszuprobieren!

LAHMACUN
HACKFLEISCHFLADEN

TÜRKEI/ARMENIEN

Die Küchen der Türkei und Armeniens sind sich – naturgemäß insbesondere im Grenzgebiet – sehr ähnlich und viele Gerichte tragen geschmackliche Einflüsse aus beiden Ländern in sich. Eines der bekanntesten Gerichte, das es mittlerweile zu weltweiter Verbreitung geschafft hat, ist jene orientalische „Pizza", die unter der Bezeichnung Lahmacun in vielen Kebab-Buden als Fast-Food-Imbiss angeboten wird, in ihrer Originalversion aus dem Holzofen kommend aber geradezu fantastisch mundet.

FÜR 12 STÜCK

Für den Teig: 500 g Mehl, 500 ml Wasser, 40 g Hefe, 1 Prise gemahlener Kreuzkümmel, 1 EL Salz

Für den Belag: 500 g Rinderhackfleisch (nicht zu mager), 6 – 8 fein gehackte Frühlingszwiebeln, 4 sehr fein gehackte rote Zwiebeln, 3 Bünde sehr fein gehackte glatte Petersilie, 1 Bund sehr fein gehacktes Koriandergrün, 4 fein gewürfelte Fleischtomaten, 4 lange grüne Paprikaschoten (entkernt und sehr klein gewürfelt), gemahlener Kreuzkümmel (etwa ½ TL), 1 EL Sumach (Essigbaumgewürz), 1 EL scharfer, grob gemahlener Paprika, 4 – 5 EL Olivenöl, Pfeffer aus der Mühle, Salz

Mehl, Hefe, die Hälfte des Wassers, etwas Kreuzkümmel und Salz zu einem homogenen Teig vermischen, diesen 30 Minuten an einem warmen Ort ruhen lassen, anschließend das restliche Wasser einarbeiten und 10 Minuten mit etwas Mehl kneten; erneut 30 Minuten gehen lassen.

Gemüse und Petersilie sollten sehr fein gewürfelt bzw. gehackt sein, bevor man sie mit dem Hackfleisch, dem Öl und Gewürzen zu einer Farce vermischt.

Den Teig nochmals durchkneten, in 12 gleich große Portionen teilen, Kugeln formen, diese dünn ausrollen und mit dem Belag bestreichen. Die „Pizzas" etwa 10 bis 15 Minuten im auf 275 °C vorgeheizten Ofen (vorzugsweise Holzofen oder ein Kugelgrill mit Schamott-Steinen) backen.

TIPP:
Recht ähnlich gewürzte Fleischmischungen (allerdings mit gar keinem bis wenig Gemüse im Fleischteig) werden für Kebab auch um breite Spieße geformt, welche man über Holzkohle grillt und anschließend – mit Garnitur in ein Fladenbrot gehüllt – als Imbiss verspeist.

WODINÓ PAFÍTIKO
IM TONTOPF GEGARTES RINDFLEISCH

ZYPERN

Ein ganz einfaches, aber sehr schmackhaftes Gericht von der Insel Zypern, das nach einem sagenhaften König benannt wurde. Sagenhaft ist auch der Duft, wenn man den Tontopf bei Tisch öffnet.

FÜR 4 PERSONEN

1 – 1,2 kg Rindfleisch zum Schmoren (durchzogene Stücke von Nacken, Bauch, Brust, Wade etc.), 150 – 200 ml Olivenöl, 1 Bund Oregano, 6 – 8 Lorbeerblätter, 1 TL im Mörser grob zerstoßener Kreuzkümmel, 1 TL im Mörser grob zerstoßene Fenchelsamen, 1 Knoblauchzehe, im Mörser zerstoßene Pfefferkörner, grobes Meersalz

Das Fleisch in 4 grobe Stücke zerteilen und in einen Römertopf schichten. Das Olivenöl darübergießen und sämtliche Gewürze hinzugeben. Etwa 100 ml Flüssigkeit (Fleischbrühe, trockener Weißwein oder auch nur Wasser) angießen, Deckel auflegen und das Ganze bei 140 – 160 °C mindestens 3 Stunden im Ofen schmoren lassen. Topf erst bei Tisch (!) öffnen und das Gericht mit Weißbrot und Lorbeerkartoffeln genießen.

VARIANTE 1

Das Fleisch mit ein wenig Zitronensaft, einigen schwarzen Oliven, 4 Knoblauchzehen, abgeriebener Orangenschale (ohne das Weiße), Minze, Olivenöl, Pfeffer und Salz schmoren.

VARIANTE 2

Dicke Scheiben vom Rostbraten (ausglöste Hochrippe) mit geschälten Tomaten, Zwiebelringen (evtl. vorher in Butter oder Olivenöl gedünstet), Knoblauch, reichlich Kräutern nach Wahl (z.B. Thymian, Rosmarin, Oregano, Minze), Olivenöl und wenig Wein oder Schnaps (Ouzo passt vortrefflich) langsam dämpfen.

KÖTTBULLAR
FLEISCHKLÖSSCHEN MIT SAUCE

SCHWEDEN

Nicht erst durch ein berühmtes Möbelhaus sind diese leckeren Fleischbällchen zum Inbegriff der schwedischen Küche geworden!

FÜR 3 – 4 PERSONEN

500 g feines Rinderhackfleisch, 100 g Kartoffelpüree, 4 EL fein gehackte Zwiebel, 3 EL Semmelbrösel, 5 EL Sahne, 1 EL gehackte Petersilie, 1 Ei, Salz

Außerdem: Öl und Butter zum Braten, 1 – 2 EL Mehl, 150 – 200 ml Sahne für die Sauce, evtl. 1 Prise Muskatnuss oder Piment, Pfeffer, Salz

Zwiebel in ein wenig Öl glasig dünsten. Hackfleisch, Kartoffelpüree, angedünstete Zwiebel, Semmelbrösel, Sahne, gehackte Petersilie, Ei und eine kräftige Prise Salz gründlich vermengen. Aus dem Teig kleine Klöße formen, diese abgedeckt 60 Minuten kalt stellen. In einer Bratpfanne 2 bis 3 EL Öl mit 2 bis 3 EL Butter erhitzen und die Fleischbällchen darin unter kräftigem Rütteln partienweise braun braten. Fertige Klößchen warm stellen. Sind alle Fleischbällchen zubereitet, überschüssiges Fett aus der Pfanne abgießen, einen Stich frische Butter dazugeben und das Mehl einrühren. Unter Rühren das Mehl hellbraun rösten, dann mit Sahne aufgießen und zu einer sämigen Sauce verkochen (wenn die Sauce zu sehr eindickt, mit etwas Brühe verdünnen). Sauce würzen und zu den Fleischbällchen reichen.

VARIANTE

Ein anderes schwedisches Nationalgericht ist das Biff Lindström, benannt nach dem bekannten Schauspieler Carl-Gustav Lindström (1818 – 1893).

Es handelt sich hierbei um ein feines Hacksteak mit Roter Bete (zubereitet aus 500 g Rinderhack, 2 fein gehackten Scheiben eingelegter Roter Bete, 1 geriebenen Zwiebel, 1 gehackten Essiggurke, 8 gehackten Kapern, 8 EL in 250 ml Milch eingeweichten Semmelbröseln, Pfeffer aus der Mühle und Salz), welches langsam in Butter gebraten und anschließend mit Spiegelei und Bratkartoffeln aufgetischt wird.

BORSCHTSCH
ROTE-BETE-SUPPE

RUSSLAND

Vom berühmten Borschtsch, dem Nationalgericht der Russen (aber auch der Ukrainer, Polen etc.) gibt es hunderte Varianten mit oder ohne Fleisch, mit verschiedenen Fleischsorten oder auch mit Fisch. Immer enthält der Borschtsch jedoch die Rote Bete, welche für seinen typischen Geschmack und die Farbe sorgt. Hier eine recht fleischreiche Variante:

FÜR 4 – 6 PERSONEN

750 g Rindfleisch zum Kochen oder Schmoren, 500 – 600 g Rote Bete, 2 große Karotten, 1 – 2 weiße Rüben, 250 g Weißkohl, 1 große Zwiebel, 1,5 – 2 l Fleischbrühe, 4 – 6 EL guter Essig (vorzugsweise Rotweinessig), 2 – 4 Lorbeerblätter, 1 Bund Petersilie, 1 Bund Dille, 1 TL Zucker, 50 g Butter, schwarzer Pfeffer aus der Mühle, Salz, saure Sahne zum Servieren

Sämtliches Gemüse putzen und zusammen mit dem Rindfleisch in mundgerechte Würfel schneiden. Butter in einer Kasserolle schmelzen lassen, Fleisch, Karotten, Rübe und Zwiebel darin 10 Minuten dünsten. Die Rote Bete hinzugeben, etwas Brühe angießen und den Essig, Zucker sowie Lorbeerblätter hinzugeben; mit Pfeffer und Salz würzen. Zugedeckt etwa 45 bis 60 Minuten ganz leise köcheln lassen.

Petersilie und Dille zusammenbinden und mit dem Weißkohl in den Topf füllen. Alles noch weitere 30 Minuten garen, dann Lorbeerblätter und Kräutersträußchen entfernen. Suppe gut durchrühren, abschmecken und mit einem guten Klecks saurer Sahne garniert auftischen.

HINWEIS:

In Russland kennt man unter der Bezeichnung „Salat is gowjadiniy“ auch einen Salat aus gebratenem Rindfleisch, Roter Bete, Knoblauch, Salzgurken, eigenlegten Pflaumen und Meerrettich. Er ist üblicherweise Bestandteil einer Sakuska (in Russland beliebte, üppig gestaltete, gemischte Vorspeisenplatte).

KLASSITSCHESKIJE MJASNYJE KOTLETY
GEBACKENE FLEISCHFLADEN MIT BUTTERFÜLLUNG

RUSSLAND

Sie haben richtig gelesen: Die Fladen werden tatsächlich mit reiner Butter gefüllt. Ein Essen für kalte Wintertage also, von denen es in Russland bekanntlich ganz besonders viele gibt ...

Die Zubereitung erfordert ein wenig Fingerspitzengefühl, denn die ovalen Fladen müssen so geformt werden, dass sie innen einen Hohlraum bilden, in denen sich der Fleischsaft sammeln kann (also Vorsicht beim Hineinbeißen!).

FÜR 4 PERSONEN

1 kg mageres, feines Rinderhackfleisch, 1 entrindete altbackene Semmel (Brötchen), 250 ml Vollmilch, 1 große Zwiebel, 2 – 4 zerdrückte Knoblauchzehen, 300 – 350 g feinste Butter, geriebene Muskatnuss (noch besser: gemahlener Piment), Pfeffer aus der Mühle, Salz

Außerdem: Eiswasser oder gestoßenes Eis, Mehl, verquirltes Ei und Semmelbrösel zum Panieren

Zwiebel schälen, feinst hacken und in etwas Butter glasig dünsten; Semmel in Milch einweichen und anschließend gut ausdrücken. Rinderhack mit ausgedrückter Semmel und 100 g weicher Butter verrühren, so viel Eiswasser dazugeben, dass man eine saftige, aber nicht wässrige Masse erhält. Gedünstete Zwiebel dazugeben, ebenfalls zerdrückten Knoblauch, anschließend mit Muskat, Pfeffer und Salz würzen.

Mit nassen Händen aus der Masse etwa handtellergroße Fladen formen, diese auf eine bemehlte Arbeitsfläche legen und mit 5 bis 10 g eiskalter Butter belegen. Den Fleischteig an den Rändern hochziehen und locker zusammendrücken, damit sich innen ein Hohlraum für den anfallenden Fleischsaft bilden kann.

Zu ovalen Laibchen formen, diese in Mehl, verquirltem Ei und Semmelbröseln panieren, anschließend in heißer Butter rundherum goldbraun backen; die Fladen sollten schön aufgehen und knusprig werden. Mit Bratkartoffeln oder Kartoffelpüree und Salat oder Gemüse servieren.

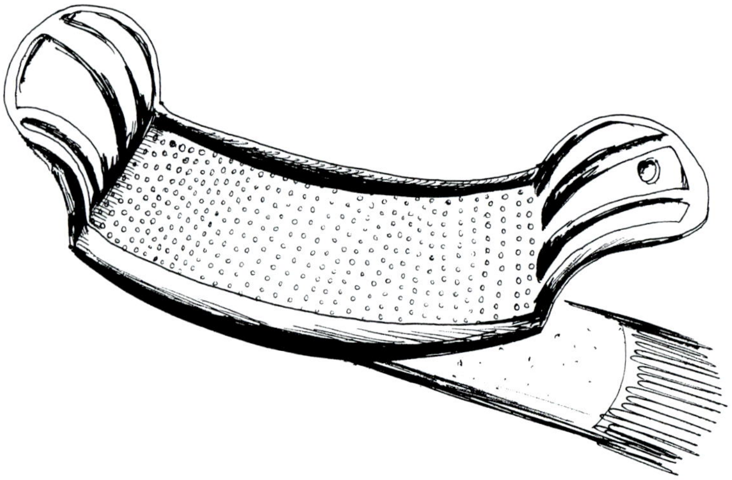

SCHARKOJE IS GOWJADINY W TESTE
RINDERBRATEN NACH HUSAREN-ART

RUSSLAND

Die Russen lieben saftige und vor allem große Braten. Dies ist ein solcher, allerdings auch recht aufwendig in der Zubereitung:

FÜR 4 – 6 PERSONEN

1,25 kg Rinderlende (ein möglichst gleichmäßiges Stück ohne Knochen), gut 1 kg Roggenbrotteig (beim Bäcker bestellen), 2 Zwiebeln, 200 g Steinpilze (ersatzweise Champignons), 375 – 400 g Schwarzbrotbrösel, 200 – 250 ml saure Sahne, 125 ml Sahne, 50 g geriebener Parmesan, 1 Bund Petersilie, feinst gehackter frischer Rosmarin, 250 – 500 ml kräftige Fleischbrühe, 150 g Butter, schwarzer Pfeffer aus der Mühle, Salz

Das Fleisch waschen, trocknen, mit Salz und Pfeffer würzen und anschließend in einer Kasserolle mit der Butter von allen Seiten bräunen. Überschüssige Butter abgießen, 250 ml Brühe angießen und das Fleisch 30 bis 45 Minuten bei 200 °C im Rohr braten. Das fertig gebratene Fleisch herausnehmen und abkühlen lassen.

Zwischenzeitlich die Füllung vorbereiten: dafür die fein gehackten Zwiebeln in Butter anschwitzen, die in Scheiben geschnittenen Pilze dazugeben und mit Schwarzbrotbröseln nach Bedarf bestreuen; alles zusammen braten. Mit saurer Sahne verrühren und so viel Brühe dazugeben, dass man eine geschmeidige Masse erhält. Nach Belieben mit Salz, Pfeffer und geriebenem Parmesan abschmecken, danach auskühlen lassen.

Den abgekühlten Braten quer zur Faser in eher dünne Scheiben schneiden, jede Scheibe gleichmäßig mit Füllung bestreichen und den Braten zur ursprünglichen Form zusammensetzen. Den Roggenbrotteig fingerdick ausrollen, Braten daraufsetzen und sorgfältig darin einschlagen (es darf kein Bratensaft ausrinnen). Den Teig nach Belieben mit Teigresten verzieren.

Eingepackten Braten auf ein gefettetes oder mit Backpapier ausgelegtes Blech setzen und die Teigoberfläche mit kaltem Wasser bepinseln; bei 175 bis 180 °C 40 bis 45 Minuten backen.

Inzwischen den Bratensatz aus der Kasserolle mit Sahne loskochen, diese einkochen lassen und mit Rosmarin, Pfeffer und Salz würzen. Den fertigen Braten auf einer Platte anrichten und aus der oberen Hälfte des Teiges einen Deckel schneiden. Die aromatisierte Sahne in den Brotlaib (über den Braten) gießen und alles mit gehackter Petersilie bestreuen; den Deckel wieder auflegen und das Ganze mit Bratkartoffeln umkränzt auftischen.

VARIANTEN

Die russische Küche kennt für diesen fürstlichen Braten verschiedene Abwandlungen, so wird er mitunter gar nicht in Brotteig geschlagen oder die Füllung basiert entweder auf Meerrettich (200 g Meerrettich, 2 Eier, 6 EL saure Sahne, 3 – 4 EL Semmelbrösel, Zucker, Pfeffer und Salz) oder auf Hering (1 gewässerter, filetierter und gehackter Salzhering, 4 fein gehackte Frühlingszwiebeln, 1 Ei, 1 EL Butter, 150 g Semmelbrösel und Pfeffer).

HINWEIS:
In Österreich kennt man unter der Bezeichnung „Fächerbraten" ein recht ähnliches Gericht. Der Fächerbraten wird allerdings nicht in Brotteig gehüllt. Das Fleisch (meist Rinderfilet) wird drei bis viermal längs aufgeschnitten (nicht durchgeschnitten) und die Taschen nach Belieben mit Speck, Schinken, Käse, Pilzen u.a. gefüllt. Anschließend wird der Braten gebunden und im Ofen gebraten.

FILET DE BŒUF SAUTÉ STROGANOFF/ BEF STROGANOFF RINDERFILET STROGANOFF

FRANKREICH/RUSSLAND

Dieses Gericht einem Land zuzuordnen, ist etwas schwierig. Es wurde zweifellos von einem französischen Koch für einen russischen Grafen kreiert, doch in der einschlägigen Kochbuchliteratur wird das Rezept der russischen Küche zugeschrieben – warum auch immer. Wir wollen die Erfindung beiden Ländern zugestehen.

Genauso strittig ist die Frage, ob das Stroganoff mit oder ohne Champignons zubereitet wird. Ich persönlich finde die Variante ohne Champignons feiner, da der edle Fleischgeschmack besser zur Geltung kommt. Auch auf Tomatenmark in der Sauce würde ich persönlich verzichten.

Unstrittig ist die Tatsache, dass ein echtes Stroganoff aus Rinderfilet zubereitet wird – und zwar ausschließlich! Und es darf auch nicht an reichlich guter Butter fehlen.

TIPP:
Wer mag, bindet die Sauce mit ein wenig Mehlbutter ab (1 EL Butter mit 1 EL Mehl verkneten und kalt stellen).

FÜR 4 PERSONEN

1 kg Rinderfilet (vorzugsweise die Spitzen verwenden), 125 g Butter, 4 große Zwiebeln, 300 ml stark konzentrierte Fleischbrühe, 2 Becher saure Sahne, 1 EL Dijonsenf, evtl. Saft einer halben Zitrone, Pfeffer aus der Mühle, Salz

Das Filet vorsichtig quer zur Faser in dicke Streifen schneiden.

Die Hälfte der Butter in einer möglichst großen Pfanne auf großer Flamme erhitzen, die Filetstreifen partienweise jeweils nicht mehr als 1 Minute unter ständigem Wenden darin anbraten. Das angebratene Fleisch warm stellen (am besten auf einem Gitter, damit man den Saft auffangen kann).

Die Zwiebeln sehr fein hacken und mit der restlichen Butter in einer zweiten Pfanne goldbraun dünsten. Dann die reduzierte Fleischbrühe dazugeben und zum Kochen bringen; beiseitestellen.

Die Fleischpfanne wieder zur Hand nehmen und den Bratenrückstand mit einem Schuss Wasser (ich nehme hier gerne Cognac) ablöschen; den abgetropften Bratensaft von Fleisch und Zwiebeln dazugeben. Alles etwas einkochen lassen, dann auch das Fleisch in die Pfanne geben.

Senf mit ein wenig Wasser und Zitronensaft verrühren, die saure Sahne glatt rühren und alles unter das Fleisch mischen. Das Gericht wärmen, aber nicht mehr aufkochen lassen! Zum Stroganoff serviert man in Butter geschwenkte Nudeln oder – in Russland – auch Bratkartoffeln!

VARIANTE

Unter der Bezeichnung Rinderfilet à la Nishnij Nowgorod kennt man in der klassischen Küche Russlands ein schnell sautiertes Rindergeschnetzeltes, welches mit Roter Bete, Salzgurken und Steinpilzköpfen sautiert wird. Dazu reicht man Kabulsauce, saure Sahne und frische Kräuter (Dille und Petersilie).

GULYÁS
GULASCHSUPPE

UNGARN

Beinahe auf der ganzen Welt gilt das Gulasch als die ungarische Spezialität schlechthin, dabei bedeutete das Wort *gulyás* ursprünglich nur Rinderhirt, das Essen wurde indessen *gulyáshús* (Hirtenfleisch) genannt. Heute bezeichnet man mit *gulyás* sowohl den Rinderhirten als auch die Gulaschsuppe.

Erst Ende des 18. Jahrhunderts fand die Gulaschsuppe den Weg vom Lagerfeuerkessel der Rinderhirten in die Kochtöpfe der Wohlhabenden: Durch die von Kaiser Josef II. eingeführten tiefgreifenden Reformen sahen die Ungarn ihre kulturelle Identität bedroht. Als Folge gewann alles Nationale stark an Bedeutung und man wollte die ungarische Eigenständigkeit sogar in der Gastronomie beweisen, wodurch die Gulaschsuppe in Mode kam.

Eine Gulaschsuppe lässt sich auf verschiedene Arten zubereiten und jede Methode hat ihre Anhänger. Einig sind sich aber alle darin, dass nicht an Fleisch und Kartoffeln gespart werden darf. Keinesfalls gehört Mehl zum Binden hinein, das reichlich verwendete Paprikapulver sorgt für ausreichend sämige Konsistenz.

FÜR 6 PERSONEN

1,2 kg Rindfleisch (aus Nacken oder Schulter), 500 – 750 g Kartoffeln, 2 – 3 große Zwiebeln, 3 – 4 Knoblauchzehen, 3 – 4 grüne Spitzpaprika, 3 – 4 kleine Tomaten, 1 – 2 mittelgroße Karotten, 1 mittelgroße Petersilienwurzel, 100 g Schmalz, 1 TL Kümmel, reichlich Paprikapulver (edelsüß), Salz

Fleisch in etwa 2 x 2 cm große Würfel schneiden. Die Zwiebeln schälen und sehr fein hacken. Schmalz in einer Kasserolle erhitzen und die Zwiebeln darin glasig braten. Mit dem Messerrücken zerdrückte Knoblauchzehen und grob gehackten Kümmel dazugeben, ebenfalls andünsten. Topf vom Herd nehmen, alles dick mit Paprikapulver bestäuben, salzen und rasch das gewürfelte Fleisch untermischen (damit der Paprika nicht bitter wird). Ein wenig Wasser untergießen und auf kleiner Flamme zugedeckt dünsten lassen.

Die weiteren Zutaten wie das geputzte und klein gewürfelte Wurzelgemüse, die entkernten und in Ringe oder Stücke geschnittenen Paprikaschoten und die geviertelten Tomaten erst dazugeben, wenn das Fleisch nach ca. 30 bis 45 Minuten halb gar ist. Mit gut 2 Liter Wasser aufgießen und 10 Minuten köcheln lassen, dann auch die geschälten und klein gewürfelten Kartoffeln zufügen. Weitere knappe 10 Minuten köcheln lassen, bis Fleisch und Kartoffeln vollends gar sind.

Die Gulaschsuppe sehr heiß servieren. Dazu reicht man in Ungarn frisches Weißbrot, getrocknete scharfe Paprikaschoten zum Nachwürzen und Rotwein!

TIPP:
Ich gebe gerne noch etwas gehackten Liebstöckel und Selleriegrün dazu!

HINWEIS:
Recht ähnlich wird das sogenannte Bográcsgulyás (*bogrács* = Kessel) zubereitet, allerdings fügt man dem Kesselgulasch noch gewürfeltes Rinderherz hinzu.

BORSOS TOKÁNY
PFEFFERTOKANY

UNGARN

Das Tokány stammt wahrscheinlich aus Siebenbürgen und ist wie Pörkölt (Gulasch) und Paprikás (Gulasch-Variante mit saurer Sahne) ebenfalls ein Verwandter des Gulyás (Gulaschsuppe). Der kleine – aber entscheidende – Unterschied liegt hier im Detail: Das Fleisch für Tokány wird in kurze, dünne Streifen geschnitten (für Pörkölt in dicke Würfel) und außerdem wird Tokány mit wesentlich weniger Sauce serviert. Auch die Wahl des Fleisches ist entscheidend: Für Paprikás nimmt man mageres Fleisch von Kalb, Huhn oder Kaninchen, für Pörkölt eher Geflügel, Kalb und Schwein, während man Tokány bevorzugt aus Wild und Rind zubereitet. Und auch der ansonsten in der ungarischen Küche beinahe omnipräsente Paprika fehlt im Tokány nahezu immer.

FÜR 4 PERSONEN

800 g Rindfleisch aus der Oberschale, 2 mittelgroße, sehr fein gehackte Zwiebeln, 2 zerdrückte Knoblauchzehen, 250 ml trockener Weißwein, Tomatenmark, 50 g Schmalz, schwarzer Pfeffer aus der Mühle, Salz

Das Fleisch in etwa 0,5 cm dicke und 5 cm lange Streifen schneiden. Die Zwiebeln im Schmalz anrösten, bis sie goldgelb sind, dann das Fleisch dazugeben. Alles unter Wenden anbraten, salzen und gut pfeffern.

Knoblauch und Wein zum Fleisch geben, zugedeckt bei schwacher Hitze schmoren lassen. Bei Bedarf etwas Wasser oder Brühe hinzugießen. Wenn das Fleisch halb gar ist, 1 bis 2 EL mit etwas Wasser glatt gerührtes Tomatenmark unterrühren. Das Fleisch vollends weich schmoren. Das Gericht sollte über eine sämige, bräunliche Sauce verfügen und wird mit Salzkartoffeln, Reis oder Polenta serviert.

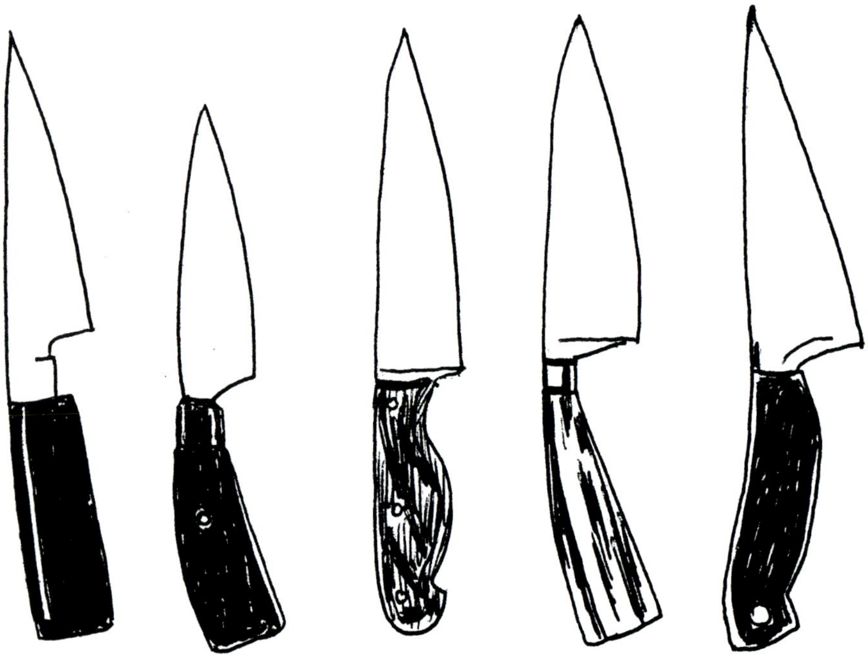

KELKÁPOSZTÁS RÁCPAPRIKÁS
RAIZENPAPRIKASCH MIT WIRSING

UNGARN

Viele ungarische Gerichte (übrigens auch Ortsnamen) tragen die Bezeichnung „nach Art der Raizen" (*rác*), was sich auf die Serben bezieht, die im Laufe der Jahrhunderte immer wieder vor feindlichen Übergriffen nach Ungarn flohen. Sie ließen sich vor allem Anfang des 18. Jahrhunderts entlang der Donau nieder und in Buda gab es beim Gellért-Berg sogar eine eigene Raizen-Stadt. All diesen „Raizen-Gerichten" ist ihre Herkunft vom Balkan deutlich anzumerken: Räucherspeck, frische Paprikaschoten und reife Tomaten – niemals jedoch findet man darin das in Ungarn so beliebte Paprikapulver!

FÜR 4–6 PERSONEN

800 g Oberschale vom Rind in Scheiben (dünne Rinderschnitzel), 800 g Wirsing, 800 g Kartoffeln, 300 g Paprikaschoten (rot und grün), 200 g reife, aber feste Tomaten, 1–2 mittelgroße Zwiebeln, 50 g Schmalz, Salz

Die dünn geklopften Fleischscheiben leicht salzen, den Wirsing vom Strunk befreien und in feine Scheiben schneiden, die geschälten Kartoffeln würfeln, die Tomaten und die vom Kerngehäuse befreiten Paprikaschoten in Scheiben schneiden. Zwiebel schälen und fein hacken, danach in einer Kasserolle in Fett anrösten.

Das Fleisch im Zwiebelfett anbraten und eventuell unter Zugabe von Wasser halb gar schmoren. Dann die vorbereiteten Paprikaringe, Tomatenscheiben und den Wirsing hinzugeben, einen Deckel auflegen und alles weiter garen. Nach etwa 10 Minuten auch die Kartoffelwürfel hinzufügen. Alles gar kochen, dabei die Flüssigkeit etwas einkochen und diese beim Anrichten als Sauce reichen.

VARIANTE (Bild)

Das Fleisch ohne Kartoffeln zubereiten und anschließend mit in Butter geschwenkten Nockerln/Spätzle (Teig aus 400 g Mehl, 1 Ei, Wasser nach Bedarf und Salz) auftischen.

ESTERHÁZY-ROSTÉLYOS
ESTERHÁZY-ROSTBRATEN

UNGARN

Viele bekannte ungarische Gerichte tragen den Beinamen à la Esterházy zu Ehren von Fürst Pál Esterházy, einem großen Gourmet des 19. Jahrhunderts. Doch der berühmte Esterházy-Rostbraten ist nach Fürst Miklós Esterházy benannt, einem Kunstförderer und Mäzen, der in Schloss Fertőd ein wahrhaft barockes Leben führte. Niemand Geringerer als Joseph Haydn war drei Jahre lang sein Kapellmeister.

Nach 1950 verschwand der köstliche Braten von den ungarischen Speisekarten und sogar aus Kochbüchern, denn im Realsozialismus war kein Adel geduldet, auch nicht in der Küche. Dennoch vergaß man nicht auf das wunderbare Gericht und gab ihm den Namen Puschkin-Rostbraten, die Esterházygasse in Budapest war bereits in Puschkingasse umbenannt. Die Gasse heißt immer noch so, doch der Rostbraten bekam seinen adeligen Namen zurück!

FÜR 4 PERSONEN

4 Scheiben Rostbraten von jeweils 180 – 200 g, 2 Karotten, 1 gelbe Rübe, 2 Petersilienwurzeln, 2 mittelgroße Zwiebeln, 25 g Kapern, 250 ml saure Sahne, 1 – 2 TL scharfer Senf, Saft von 1 Zitrone, 4 EL Mehl, 40 – 50 g Butter, 75 g Schmalz, Wasser oder Brühe, Pfeffer aus der Mühle, Salz

Die Fleischscheiben leicht klopfen, salzen und anschließend in heißem Schmalz beidseitig anbraten; aus der Pfanne nehmen. 1 Karotte und 1 Petersilienwurzel in dünne Scheiben schneiden und zusammen mit den fein geschnittenen Zwiebeln im Bratenfett andünsten. Das Mehl einrühren, mit Wasser (oder Brühe) ablöschen und aufkochen lassen; salzen, pfeffern. Die Rostbraten-Scheiben in die Sauce legen und darin zugedeckt weich schmoren.

Das restliche Wurzelgemüse in feine Julienne (Streifen) hobeln und in zerlassener Butter weich dünsten; bei Bedarf etwas Wasser oder Brühe zugeben.

Wenn das Fleisch gar ist, dieses aus der Kasserolle heben und warm stellen. Den Bratenfond passieren und mit saurer Sahne, gehackten Kapern, Senf, Zitronensaft, Pfeffer und Salz abschmecken. Die Sauce einmal kurz erhitzen, dann über das angerichtete Fleisch gießen. Das Buttergemüse daraufsetzen und evtl. Butternudeln als Beilage reichen.

ĆEVAPČIĆI NA UŽIČKI NAČIN
CEVAPCICI NACH UŽICER ART

SERBIEN

Die serbische Stadt Užice ist namensgebend für eine ganz besonders feine Rindfleischzubereitung, die allerdings erst durch den sogenannten Kajmak die einzigartige Geschmacksnote erfährt. Leider ist dieser besondere Frischkäse auch in Serbien mittlerweile eine beinahe vergessene Rarität. Und nicht nur der Kajmak ist rar geworden, auch das Rezept selbst. Wirtschaftlich arbeitende Tourismusausspeisungen benutzen den berühmten Namen für verkümmerte Fleischwürste, die mit den echten Cevapcici nichts mehr zu tun haben.

FÜR 3 – 4 PERSONEN

1 kg Rindfleisch (am besten wenig fettes Nackenfleisch), schwarzer Pfeffer aus der Mühle, Salz

Garnitur: echter Kajmak (ersatzweise saure Sahne), Jungzwiebeln, frische knackige Fleischtomaten, Gurkenräder, reichlich gehackter Zwiebel, klein geschnittener *kiseli kupus* (eingelegter, vergorener Weißkohl), *vruca proja* (spezielles, frisch gebackenes Maisbrot)

Das Rindfleisch wird zweimal durch die grobe Scheibe des Fleischwolfs gedreht, damit es klebrig wird, anschließend wird es noch ein weiteres Mal durch die mittlere Scheibe gewolft. Gewürzt werden die original Užicer Cevapcici nur mit Salz (vorzugsweise Meersalz) und reichlich Pfeffer aus der Mühle. Nun wird der Fleischteig mit den Händen kräftig durchgearbeitet. Fleischmasse in einen Spritzsack mit großer Lochtülle füllen und gleichmäßige, dicht nebeneinander liegende Fleischrollen von jeweils 5 bis 7 cm Länge auf ein Holzbrett drücken.

Cevapcici nur ganz kurz auf dem sehr heißen Rost braun grillen, sodass sie außen knusprig, innen aber schön saftig sind. Fertige Cevapcici auf Teller legen und mit einem guten Klecks Kajmak garnieren. Dieser dringt schmelzend in die Kruste ein und sorgt für ein einzigartiges Geschmackserlebnis! Dazu – wie in den Zutaten angegeben – die Beilagen reichen.

CARPACCIO DI CIPRIANI
ROHE RINDERFILET-SCHEIBEN NACH CIPRIANI

ITALIEN

Hinter der Bezeichnung *carpaccio* verbirgt sich eines der berühmtesten Rezepte der italienischen Küche, obwohl es nicht wirklich „typisch italienisch" schmeckt. Um zu verstehen, warum das Carpaccio so heißt und so zubereitet wird, lohnt sich ein kurzer Blick in die Geschichte:

In den 1950er Jahren war eine gewisse Amalia Nani Mocenigo, eine Dame aus dem venezianischen Hochadel, Stammgast in der damals noch vom Gründer Guiseppe Cipriani geführten Harry's Bar, einer bekannten American Bar in Venedig. Eines Tages kam die etwas blutarme Gräfin vom Arzt und erzählte, dass dieser ihr eine Diät empfohlen habe, bei der sie viel rohes Rindfleisch zu sich nehmen solle. Daraufhin kreierte Cipriani jene schlichte, aber geniale Speise, die heute als Carpaccio weltberühmt ist. Den Namen bekam das Gericht, weil zu jener Zeit gerade eine große Ausstellung des venezianischen Malers Vittore Carpaccio zu bestaunen war, der für seine leuchtenden Rottöne berühmt ist. In Anlehnung daran nannte Guiseppe Cipriani seine Kreation „Carpaccio di Cipriani"!

In Harry's Bar verwendet man das sogenannte Contre-filet (Roastbeef, Lende, Beiried) für das Carpaccio, man kann aber auch Filet nehmen.

FÜR 4 PERSONEN

400 – 500 g gut gekühltes Contre-filet/Roastbeef oder Filet bester Qualität (nicht tiefgefroren!), feines Meersalz

Majonäse: 2 große Eigelb, 350 – 400 ml eher mildes Olivenöl extravergine, ¼ TL Senfpulver, 2 TL Weißweinessig, frisch gepresster Zitronensaft, weißer Pfeffer aus der Mühle, Salz

Außerdem für die Sauce: 200 ml Majonäse, 2 TL Worcestersauce, ein paar Tropfen Tabasco (fakultativ), 1,5 TL frisch gepresster Zitronensaft, 3 EL Milch, weißer Pfeffer aus der Mühle, Salz

Zunächst die Majonäse vorbereiten: Eigelbe, Olivenöl und Weinessig müssen Zimmertemperatur haben. Die beiden Eigelbe, den Weinessig, Senfpulver, etwas Pfeffer und eine Prise Salz in eine saubere Rührschüssel geben und mit einem Schneebesen verrühren. Dann das Olivenöl tropfenweise unter ständigem Rühren einarbeiten, bis eine eher feste Emulsion entstanden ist. Die Majonäse mit frisch gepresstem Zitronensaft, frisch gemahlenem Pfeffer und einer Prise Salz abschmecken.

Für das Carpaccio: Das sehr sorgfältig parierte Contre-filet (oder Rinderfilet) gut kühlen, aber niemals tiefkühlen!

Das Fleisch vorzugsweise mit einem sehr scharfen Messer (ersatzweise darf eine Aufschnittmaschine verwendet werden) in hauchdünne Scheiben schneiden und damit vier Teller (vorzugsweise eiskalt) nicht überlappend belegen. Leicht salzen und für 3 bis 5 Minuten in den Kühlschrank stellen.

Für die Sauce: Majonäse in einer separaten Schüssel mit Worcestersauce und dem Zitronensaft vermischen. Wer mag, fügt auch ein paar Tropfen Tabasco hinzu. Die Konsistenz mit Milch regulieren (die Sauce sollte den Löffelrücken gut überziehen und dabei sämig abfließen). Sauce mit frisch gemahlenem weißen Pfeffer und Salz abschmecken, falls notwendig, auch nochmals mit Worcestersauce und Zitronensaft.

Anrichten: Das Fleisch aus dem Kühlschrank nehmen und die Sauce mit einem Löffel in einem unregelmäßigen Gittermuster über das Fleisch träufeln. Sofort servieren; dazu schmecken Grissini!

GEKOCHTES RINDFLEISCH, MEDITERRAN MARINIERT

ITALIEN

Am besten schmeckt dieses leichte Sommergericht, wenn man Salzzitronen dafür verwendet, welche besonders aromatisch sind. Salzzitronen kommen aus Nordafrika: Zitronen werden sorgfältig mit Meersalz eingesalzen, anschließend in Gläser geschichtet und reifen darin mindestens 3 Monate. Besonders aromatisch ist übrigens das Einlegewasser.

FÜR 3 – 4 PERSONEN

600 g kaltes vorgekochtes Rindfleisch (am besten Schulterscherzel oder Tafelstück), 1 Bund Koriandergrün (oder glatte Petersilie), halber Bund Minze, Saft von 2 Zitronen oder 1 Salzzitrone mit 3 – 4 EL Einlegewasser, Olivenöl extravergine nach Geschmack, Pfeffer aus der Mühle, Salz

Das Fleisch sollte am Vortag gekocht werden und über Nacht im Kühlschrank liegen. Das gut gekühlte Fleisch am Tag der Zubereitung, vorzugsweise mit einer Aufschnittmaschine, sehr dünn aufschneiden.

Olivenöl mit etwas Zitronensaft (bzw. dem Einlegewasser der Salzzitronen) verrühren. Eine Servierplatte mit dieser Mischung einstreichen und das aufgeschnittene Fleisch darauf anrichten. Mit der restlichen Mischung beträufeln, salzen (ist bei der Verwendung von Salzzitronen nicht mehr notwendig), pfeffern und im Kühlschrank 20 Minuten marinieren lassen.

Fleisch aus dem Kühlschrank nehmen und mit frischem Zitronensaft (bzw. Einlegewasser der Salzzitronen) und Olivenöl beträufeln. Wenn man Salzzitronen verwendet, so schneidet man 1 bis 2 Stück fein auf und bestreut das Fleisch damit. Nochmals 15 bis 20 Minuten marinieren lassen. Mit frisch gehacktem Koriander (oder glatter Petersilie) bestreut auftischen.

POLPETTINI ALLA SALVIA
FLEISCHBÄLLCHEN MIT SALBEI

ITALIEN

Wer liebt sie nicht, die kleinen aromatischen Fleischbällchen, welche in beinahe jeder italienischen Osteria als Imbiss zum Wein gereicht werden. Hier eine eher unbekanntere Variante:

FÜR 2 – 4 PERSONEN

500 g mageres Rinderhackfleisch, 12 fein geschnittene Salbeiblätter, 1 – 2 feinst gehackte Knoblauchzehen, 40 – 50 g Butter, 2 – 3 EL geriebener Grana Padano, Meersalz

Außerdem: Mehl für die Hände, 2 – 3 EL Butter zum Braten, 6 – 8 EL Marsala

Das Hackfleisch in einer Schüssel mit den fein geschnittenen Salbeiblättern, den gehackten Knoblauchzehen, der Butter, Parmesan und einer Prise Salz vermischen; alles zu einem glatten und homogenen Teig verarbeiten und die Gewürze etwa 30 Minuten lang einziehen lassen.

Mit bemehlten Händen (für jede Teigkugel neu einmehlen) eher kleine Klößchen formen, diese in Mehl wenden. Butter in einer großen Pfanne erhitzen, die Polpettini darin 5 bis 10 Minuten unter ständigem Wenden bei Mittelhitze rundherum goldbraun braten. Dann mit dem Marsala beträufeln, diesen verdampfen lassen und die Polpettini mit dem Bratenfond beträufelt auf einer Platte anrichten. Sofort mit Weißbrot und Wein auftischen.

VARIANTE

Ganz besonders gut schmecken die Polpettini, wenn man sie zusätzlich mit 3 bis 4 abgespülten Salzkapern füllt!

Hackfleischbällchen werden in Italien auch gerne mit geriebenem Pecorino gewürzt und in Tomatensauce mit Oregano und Muskatnuss (siehe Bild) geschmort aufgetischt.

SOÇA
ÜBERBACKENES RINDERRAGOUT

ITALIEN

Die Soça ist ein traditionelles Festtagsgericht aus dem Aostatal. Insbesondere zu Feierlichkeiten, bei denen sehr viele Gäste erwartet werden, wird die Soça aufgetischt. Wie bei so vielen Schmorgerichten und Braten gilt auch hier: je größer die zubereitete Menge, desto besser das Ergebnis!

FÜR ETWA 8 PERSONEN

2 kg Rindfleisch zum Braten oder Schmoren, 2 – 4 Knoblauchzehen (je nach Geschmack), 1 Sträußchen Salbei, 2 – 5 Lorbeerblätter (je nach Geschmack), grobes Meersalz

Außerdem: 1,2 – 1,5 kg Kartoffeln, 1 Weißkohl (ca. 500 g), 2 – 3 Stangen Lauch, 150 g Fontina in Scheiben, 100 – 150 g zerlassene Butter

Das Bratenstück rundherum mit Salz einreiben und zusammen mit zerdrückten Knoblauchzehen, Salbei und Lorbeerblättern in eine verschließbare Schüssel legen. Deckel aufbringen und das gut verschlossene Gefäß in den Kühlschrank stellen. Das Fleisch mindestens 3 Tage ziehen lassen, damit es die Aromen annehmen kann.

Am Tag der Zubereitung: Weißkohl und Lauch klein schneiden. Das Fleisch von der Salzkruste befreien (gut abwischen, nicht abspülen) und in mundgerechte Würfel von etwa 4 bis 5 cm Kantenlänge schneiden.

Ein Glas Wasser in einem ausreichend großen Schmortopf erhitzen, Fleischwürfel und fein geschnittenes Gemüse darin andünsten. Lorbeerblätter hinzugeben, salzen und pfeffern. Den Topf verschließen und das Ganze 50 bis 60 Minuten auf kleiner Flamme schmoren lassen.

In der Zwischenzeit die Kartoffeln schälen und in feine Scheiben hobeln. Die Kartoffelscheiben die letzten 30 bis 40 Minuten mitgaren. Sobald die Kartoffeln und das Fleisch weich sind, den Eintopf in eine feuerfeste Auflaufform umfüllen. Mit den Käsescheiben belegen und mit reichlich zerlassener Butter übergießen. Die Soça im heißen Backofen knusprig überbacken und anschließend sehr heiß auftischen.

PEPOSO
RINDFLEISCH IN CHIANTI

ITALIEN

Der Name dieses pikanten Gerichts aus Impruneta bei Florenz (Toskana) stammt von dem italienischen Wort für Pfeffer ab. Die Zubereitung könnte einfacher nicht sein: Die Zutaten werden in einen Topf gefüllt und einige Stunden langsam gegart – fertig! Das Fleisch hierfür sollte unbedingt aus der Keule stammen und keinesfalls pariert sein, weil dieses Fleisch den schmackhaften Leim enthält, der eine gute Sauce macht. Die verwendeten Mengen von Pfeffer und Knoblauch erscheinen auf den ersten Blick enorm, doch braucht dieses Gericht das kräftige Aroma, um authentisch zu schmecken.

Zu einem Peposo wird gerne viel Chianti getrunken – vorzugsweise den gleichen Wein auftischen, der sich auch in der Sauce befindet! Man kann das Gericht natürlich in einem Schmortopf (vorzugsweise aus Steingut oder Email) auf dem Herd garen (ganz kleine Flamme), empfehlenswerter ist aber die Verwendung eines Römertopfes.

FÜR 4–6 PERSONEN

2 kg Rindfleisch aus der Keule und Wade (ohne Knochen), 1 l sehr guter Chianti, 15–20 geschälte Knoblauchzehen, 1 Handvoll schwarze Pfefferkörner, Meersalz, evtl. kleine gebratene Fenchelkollen zum Garnieren

Das Fleisch in grobe Würfel von 5 bis 6 cm Kantenlänge schneiden, aber nicht parieren. Die Fleischwürfel in einen Römertopf füllen. Großzügig salzen und mit den Pfefferkörnern bestreuen. Die Knoblauchzehen darauf verteilen und alles mit Chianti auffüllen. Einen Deckel auflegen und bei sehr milder Hitze 3 bis 4 Stunden im Ofen schmoren, ohne zu wenden oder umzurühren. Nach der vorgesehenen Garzeit den Deckel abnehmen, die Hitze erhöhen und die Sauce zur gewünschten Konsistenz einkochen. Der Peposo wird am besten in seinem Kochgeschirr aufgetischt, dazu gehören geröstete Scheiben Landweißbrot und viel Chianti!

HINWEIS:
Wer den Geschmack des Knoblauchs abmildern will, der verwendet ungeschälte Knoblauchzehen. Wer den Geschmack des Pfeffers intensivieren will, der zerstößt einen Teil der Pfefferkörner im Mörser. Wer eine zusätzliche Beilage wünscht, nimmt gekochte Kartoffeln oder auch in Tomatensauce geschmorte Bohnen, mit Knoblauch und Rosmarin aromatisiert.

BRUSCIULUNI
GEFÜLLTER ROLLBRATEN

ITALIEN

Der Brusciuluni wird auch *farsumagru* (dt.: mager oder ärmlich gefüllt) genannt und gehört zu den traditionellen Rezepten der sizilianischen Küche des Landesinneren, wo Fische schwer zu erhalten waren und/oder sehr teuer. Aufgrund seines relativ hohen Arbeitsaufwandes ist er heute leider auch in Sizilien nur mehr selten erhältlich. Schade eigentlich, sind doch sein Duft und sein Aroma geradezu unwiderstehlich.

FÜR 6–8 PERSONEN

3 große Schnitzel aus der Rinderkeule (Rouladenfleisch, insgesamt knapp 1 kg), 75–100 g hauchdünne Scheiben Pancetta, schwarzer Pfeffer aus der Mühle

Farce: 400–500 g Rinderhackfleisch (man kann auch gemischtes Hackfleisch nehmen), 2 in Fleischbrühe eingeweichte Semmeln (altbackene Brötchen), 2 frische Eier, 3 hart gekochte Eier (geschält), 100 g frisch geriebener Pecorino, 100 g gekochter Schinken in 3 mm dicken Scheiben (vorzugsweise Praga), 1 Zwiebel, 4–6 Knoblauchzehen, 2–3 EL Olivenöl extravergine, 1–2 EL gehackte glatte Petersilie, 1 EL Oregano, Salz

Außerdem: 50–75 g Pancetta, 1 Zwiebel, 2–4 Knoblauchzehen, 1 kleine Karotte, 2 Stangen Staudensellerie, 2 EL Tomatenmark, 500 ml kräftiger Weißwein, Olivenöl extravergine

TIPP:
Man kann diesen schmackhaften Braten auch aus einer einzigen sehr großen Fleischscheibe (aus der Keule geschnitten) zubereiten, diese sollte aber mindestens 800 g schwer sein und muss gut ausgeklopft werden. Statt halbierter hart gekochter Eier kann man auch Eier im Ganzen in den Braten füllen.

Die Rindfleisch-Scheiben nebeneinander auf einer Arbeitsfläche ausbreiten und mit der glatten Seite des Fleischklopfers (oder mit dem Boden einer schweren Pfanne) vorsichtig flachklopfen. Die Fleischscheiben dann so übereinanderlegen, dass man eine rechteckige Fläche erhält. Die Hälfte der Speckscheiben darauf auslegen und gut pfeffern.

Für die Farce das Hackfleisch und die gut ausgedrückten Semmeln in eine Schüssel geben und locker vermengen, dann geriebenen Käse, 2 Eier und klein gewürfelten Schinken daruntermischen. Eine abgezogene Zwiebel sehr fein hacken und zusammen mit den fein gehackten Knoblauchzehen in etwas Olivenöl bei Mittelhitze weich dünsten, die gehackte Petersilie dazugeben und die Mischung zusammen mit Oregano nach Geschmack zur Farce geben. Mit Salz und Pfeffer aus der Mühle herzhaft abschmecken (ich gebe noch eine Prise Muskatnuss dazu) und die Farce auf der Fleischfläche verteilen, aber nicht ganz bis zum Rand.

Die hart gekochten Eier längs halbieren und in der Mitte des Rollbratens platzieren. Das Fleisch darüberschlagen und von der Längsseite her locker zusammenrollen, damit sich die Füllung beim Garen ausdehnen kann. Den Rollbraten mit Küchengarn binden.

In einer ausreichend großen Kasserolle einige Esslöffel Olivenöl erhitzen, den in Streifen geschnittenen Speck darin auslassen. Die Fleischrolle dazugeben und bei nicht zu starker Hitze rundherum schön anbraten. Wenn die Roulade überall hellbraun ist, eine fein gehackte Zwiebel, ein paar Knoblauchzehen (mit dem Handballen angedrückt), klein gewürfelte Karotte und fein gehackte Sellerie dazugeben und mitrösten. Wenn das Gemüse gut angeröstet ist, das Tomatenmark einrühren und ebenfalls kurz durchrösten; anschließend alles mit Wein aufgießen.

Einen Deckel auflegen und den Braten im vorgeheizten Backofen bei 100 bis 110 °C rund 2 Stunden schmoren lassen; zwischenzeitlich überprüfen, ob genug Flüssigkeit vorhanden ist, bei Bedarf mit etwas Brühe oder Wein aufgießen.

Den fertigen Braten aus der Kasserolle heben und warm halten. Den Bratenfond mit etwas Brühe oder Wein loskochen, abschmecken und mit einem guten Schuss Olivenöl verrühren. Braten aufschneiden, auf Tellern oder einer Platte anrichten und mit der aromatischen Sauce auftischen. Dazu isst man Weißbrot.

NOULTINA
ROULADEN MIT ARTISCHOCKEN

ITALIEN

Eine ganz besonders delikate Version der allseits beliebten Rinderrouladen kommt aus Sizilien, denn hier werden sie mit jungen, ganz frischen Artischocken und Rohschinken gefüllt. Diese Rouladen werden im Sizilianischen auch *braciulini* genannt und auf der gesamten Insel – überall etwas unterschiedlich – zubereitet. Hier eine Art Standardrezept:

FÜR 4 PERSONEN

8 Scheiben Rindfleisch aus der Oberschale von jeweils 125 g, 4 frische junge, küchenfertig vorbereitete Artischocken (oder 12 Artischockenherzen aus dem Glas), 125 – 150 g italienischer Rohschinken (mindestens 8 große Scheiben), 1 feinst gehackte Zwiebel, 250 ml trockener Weißwein, 75 – 100 ml Olivenöl extravergine, schwarzer Pfeffer aus der Mühle, Meersalz

Wenn man frische Artischocken zur Verfügung hat, so werden von diesen die äußeren harten Blätter entfernt, das Heu im Inneren herausgekratzt, die Stiele geschält und die Enden abgeschnitten. Alle Schnittflächen der Artischocken mit Zitronensaft beträufeln, damit sie sich nicht verfärben. Die so vorbereiteten Artischocken längs in 6 Scheiben schneiden. Wenn man eingelegte Artischockenherzen verwendet, so werden diese geviertelt. Die einzelnen Fleischscheiben zwischen zwei Lagen Küchenfolie legen und vorsichtig ausklopfen; sie sollten flacher und größer werden, aber nicht reißen. Den Schinken in breite Streifen schneiden.

Fleischscheiben mit Salz und Pfeffer würzen, mit Schinkenstreifen und jeweils 2 bis 3 Artischockenscheiben (bzw. 1,5 Artischockenherzen) belegen, zu Rouladen aufrollen und mit Holzspießchen feststecken.

Olivenöl in einer schweren Kasserolle (oder Pfanne mit Deckel) erhitzen, die Rouladen zusammen mit fein gehackter Zwiebel hineingeben und bei Mittelhitze rundherum gleichmäßig anbraten. Den Wein dazugießen und zugedeckt 20 bis 30 Minuten bei milder Hitze schmoren, bis das Fleisch weich ist. Jeweils zwei Rouladen auf einem Teller anrichten und mit dem Bratensaft beträufeln. Etwas frisches Olivenöl darübergeben und mit Weißbrot servieren.

VARIANTE

Es gibt in der Toskana ein recht ähnliches Gericht, das Involtini al carciofo genannt wird. Dabei kommt vor dem Schinken noch eine Farce aus Rinderhackfleisch, Parmesan, Ei, Pfeffer aus der Mühle und Salz auf das Rouladenfleisch.

MANZO ALLA PIZZAIOLA
RINDERSCHNITZEL MIT TOMATEN UND OREGANO

ITALIEN

Dieses schmackhafte Rezept erhält sein charakteristisches Aroma durch den besonders aromatischen Oregano. In Kampanien – vor allem in Neapel – wird das Gericht besonders geschätzt, weil es die typischen Aromen der Region auf den Teller bringt.

FÜR 4 PERSONEN

800 g zartes, eher mageres Rindfleisch (z.B. Rostbraten oder Rinderschnitzel), 500 – 600 g sehr reife gehäutete Eiertomaten, 2 – 4 Knoblauchzehen, 1 Glas trockener Weißwein, 1 Glas Olivenöl extravergine (100 – 200 ml), frischer Oregano nach Geschmack, schwarzer Pfeffer aus der Mühle, Meersalz

Das Fleisch in möglichst dünne Scheiben schneiden. Olivenöl in einer sehr großen Pfanne erhitzen und den feinst gehackten Knoblauch hinzugeben. Sobald der Knoblauch leicht Farbe nimmt, das Fleisch in die Pfanne geben und beidseitig anbraten; danach das Fleisch herausnehmen und warm stellen.

Die geschälten Tomaten entkernen und grob gehackt zum Bratensatz geben. Salzen, pfeffern und mit reichlich Oregano aromatisieren. Hitze erhöhen, den Wein angießen und einen Deckel auflegen. Sauce einige Minuten kochen, danach den Deckel wieder entfernen und die Sauce eindicken lassen; ständig rühren, aber aufpassen, dass die Tomaten nicht gänzlich verkochen.

Das Fleisch wieder in die Sauce legen und noch einige Minuten darin ziehen lassen. Abschmecken und sehr heiß auftischen. Weißbrot oder Pizzabrot mit Knoblauch dazu reichen.

STRACOTTO
GESCHMORTES RINDFLEISCH

ITALIEN

Wörtlich übersetzt bedeutet *stracotto* „verkocht“, was viel über die Zubereitung dieses italienischen Klassikers verrät: Das Gericht muss sehr langsam gegart werden und dabei lange vor sich hin köcheln. Eine besonders schmackhafte Sauce erhält man, wenn man ein Stück Schinkenschwarte (vom Parmaschinken) mitgaren lässt.

FÜR 6 PERSONEN

1 Bruststück vom Rind (1,5 – 2 kg), 125 – 150 g Parmaschinken (mit viel Fett; man kann auch nur Schinkenfett nehmen), 100 g Schinkenschwarte am Stück, 2 mittelgroße, feinst gehackte Zwiebeln, 2 klein gewürfelte Karotten, 3 klein gewürfelte Stangen Staudensellerie, 12 Wacholderbeeren, 24 Pfefferkörner, 4 – 6 Lorbeerblätter, 1,2 – 1,5 l trockener Weißwein, 1 l Rinderbrühe, 50 – 75 g Butter, 4 – 5 EL Olivenöl extravergine, Meersalz

Den Schinken in feine Streifen schneiden und zusammen mit dem Olivenöl in einem schweren Topf erhitzen. Sobald der Schinken glasig ist, diesen mit einer Schaumkelle herausheben und beiseitelegen. Das Fleisch rundherum anbraten, bis es leicht gebräunt ist, anschließend ebenfalls herausnehmen und beiseitestellen.

Fein gehackte Zwiebeln, gewürfelte Karotten und Staudenselleriestangen, Wacholderbeeren, Pfefferkörner, Lorbeerblätter und den angebratenen Schinken in den Topf geben und braten, bis das Gemüse weich und leicht gebräunt ist. Das Fleisch zusammen mit Schinkenschwarte, Wein, Brühe und etwas Salz hinzugeben und alles zum Kochen bringen. Die Hitze reduzieren und das Fleisch zugedeckt – je nach Gewicht – etwa 2 bis 3 Stunden leise köcheln lassen, bis es sehr zart ist (evtl. etwas Wein nachgeben). Zum Prüfen des Garzustandes einen Metallspieß ins Fleisch stechen; ist es weich, so leistet es kaum Widerstand. Wenn notwendig noch etwas weiter köcheln lassen. Am Ende der Garzeit sollte die Flüssigkeit verdunstet sein.

Das Fleisch herausnehmen und recht viel Butter unter das nunmehr sehr weiche Gemüse rühren. So viel Wein und Brühe nachgießen, dass sich eine sämige Sauce ergibt, die man durch ein Sieb streicht. Das Fleisch in dünne Scheiben geschnitten mit der Sauce servieren. Dazu isst man Weißbrot.

MANZO BRASATO ALLA MODA DI TRENTO
RINDERSCHMORBRATEN NACH TRENTINER ART

ITALIEN

Ein herrliches Rezept aus dem Norden Italiens (Trentino), das insbesondere an kalten Wintertagen das Genießerherz erfreut. Eigentlich eher untypisch für die leichte Küche Italiens wird dieser Schmorbraten mit Sahne, Milch und viel Butter zubereitet.

Ein ganz ähnliches Rezept findet man in der Lombardei unter der Bezeichnung Manzo alla California. Dies hat nichts mit dem amerikanischen Bundesstaat zu tun, sondern verweist auf ein kleines Dorf nördlich von Mailand, das den Namen California trägt.

FÜR 4 – 6 PERSONEN

1,2 – 1,5 kg Rindfleisch vom Bug, 125 g Speck in dünnen Scheiben, 500 – 600 ml frische Vollmilch, 200 – 250 ml Sahne, 300 ml trockener Weißwein (oder 1 Glas sehr guter Weißweinessig), Fleischbrühe nach Bedarf, 1 feinst gehackte Zwiebel, 2 – 3 Rosmarinzweige, 125 g Butter, 2 – 3 TL Mehl zum Bestäuben, schwarzer Pfeffer aus der Mühle, Salz

Das abgewischte Fleisch wird mit Speckscheiben umwickelt und fest gebunden. In einem Schmortopf (vorzugsweise aus Steingut) die Butter zerlassen und die feinst gehackte Zwiebel darin andünsten. Fleisch und Rosmarin dazugeben, bei schwacher Hitze 10 Minuten rundherum anbraten. Die Hitze höher drehen, mit Mehl bestäuben und den Wein (Essig) angießen; diesen verdampfen lassen.

Sahne und Milch in den Schmortopf gießen, Salz hinzufügen und das Fleisch bei milder Hitze etwa 1,5 bis 2 Stunden garen. Sollte die Sauce zu sehr eindicken, mit etwas Fleischbrühe verdünnen.

Das Fleisch aus der Kasserolle heben und warm stellen. Sauce durch ein feines Sieb streichen und nochmals aufkochen lassen; abschmecken. Das Fleisch in Scheiben schneiden und noch einige Zeit in der Sauce nachziehen lassen. Auf einer Platte anrichten und mit frisch zubereiteter, kochend heißer Polenta auftischen.

TIPP:
Den auf dem Teller angerichteten Braten mit etwas Olivenöl oder zerlassener Butter beträufeln.

HINWEIS:
Im Allgäu (und anderen Teilen Bayerns) gibt es den sogenannten Buttermilchbraten, welcher recht ähnlich zubereitet wird. Das Bratenfleisch legt man 3 bis 4 Tage mit Aromaten (Karotte, Zwiebeln, Lorbeer, Wacholder, Pfeffer und Salz) in Buttermilch ein. Dann wird das Fleisch zusammen mit Röstgemüse (Zwiebel, Lauch, Karotte, Sellerie) in Butterschmalz angebraten und mit der Buttermilchmarinade übergossen weich geschmort. Die Sauce passieren und mit Salz, Pfeffer und Essig abgeschmeckt über das Fleisch gießen.

FILETTO ALLA SARDA
RINDERFILET MIT SARDELLENSAUCE

ITALIEN

Normalerweise sollte man das zarte Rinderfilet eher schonend behandeln und roh essen oder maximal als Steak kurz braten. Allerdings schmeckt dieses Rezept derartig gut, dass man durchaus einmal eine Ausnahme machen kann.

FÜR 4 PERSONEN

800 g Rinderfilet (Mittelstück im Ganzen), 3 – 4 in Salz eingelegte Sardellen, 2 – 4 Knoblauchzehen, Saft von 1 – 2 Zitronen, 1 Bund glatte Petersilie, 300 – 400 ml trockener Weißwein, 100 ml Olivenöl extravergine, Pfeffer aus der Mühle, Meersalz

Das Filet in eine Kasserolle geben, mit Wein begießen und die mit dem Handballen zerdrückten Knoblauchzehen dazugeben. Salzen, pfeffern und den Petersilienbund hinzufügen, danach einen Deckel auflegen und das Fleisch 4 bis 6 Stunden marinieren lassen, dabei öfters wenden.

Das Olivenöl darübergießen und einen Deckel auflegen. Kasserolle auf den Herd stellen und das Fleisch bei sehr milder Hitze ganz langsam garen, ab und zu wenden; falls erforderlich etwas Wasser oder Wein ergänzen.

Das Filet herausnehmen, sobald es sehr weich ist (nach ca. 1,5 bis 2 Stunden), in Alufolie wickeln und etwas auskühlen lassen. Das Filet in dünne Scheiben schneiden, diese auf einer vorgewärmten Platte anrichten.

Die Sauce durch ein feines Sieb passieren, wieder auf den Herd stellen und die gewaschenen, filetierten, klein geschnittenen Sardellen hineingeben. Mit frisch gepresstem Zitronensaft abschmecken, einmal kräftig aufkochen lassen und sehr heiß über das Fleisch gießen; evtl. mit Artischocken, Fenchel, Oliven, Kapern, Anchovis etc. dekorieren und sofort servieren.

TIPP:
Diese Zubereitung schmeckt auch ausgezeichnet mit Zunge, nur muss diese dafür vorgekocht und gehäutet werden.

COTECHINO IN GALERA
MIT COTECHINO GEFÜLLTER RINDERBRATEN

ITALIEN

Der Cotechino ist eine aus der Emilia-Romagna stammende spezielle italienische Schlackwurst, die besonders aromatisch gewürzt wird und ganz ausgezeichnet schmeckt. Allerdings braucht der Cotechino rund 3 Stunden Kochzeit, bis er wirklich gar ist und sein typisches Aroma entwickelt. Daher wird man auch in der Emilia-Romagna dieses Rezept nur mehr selten vorgesetzt bekommen.

Wichtig: Zu diesem feudalen Essen sollte der beste Lambrusco getrunken werden, den man bekommen kann. Auch ein exzellenter Rotweinsekt passt perfekt dazu.

FÜR 4–6 PERSONEN

1 Scheibe Rindfleisch aus der Oberschale von 750–800 g, ca. 800 g Cotechino (eine große oder 2 kleinere Würste), 3–4 große Scheiben gekochter Schinken (z.B. Praga), 2 mittelgroße feinst gehackte Zwiebeln, 1–2 Lorbeerblätter (fakultativ), 500 ml sehr guter Rotwein, 500 ml Fleischbrühe, 5–6 EL Olivenöl extravergine, schwarzer Pfeffer aus der Mühle, Salz

Den Cotechino mehrmals mit einer Nadel einstechen, in ein Tuch wickeln und in einem Topf vollständig mit Wasser bedeckt mindestens 1 Stunde leise köcheln lassen; danach die Wurst herausnehmen, abtropfen lassen und noch in warmem Zustand das Tuch entfernen; auskühlen lassen.

Das Rindfleisch flach ausklopfen, leicht würzen und mit dem Schinken belegen. Den Cotechino mittig aufsetzen, alles zu einer Roulade einrollen und mit Küchengarn fest umwickeln. Olivenöl in einer Kasserolle erhitzen, gehackte Zwiebeln dazugeben und 5 Minuten dünsten. Danach die Fleischrolle hinzufügen und von allen Seiten gleichmäßig anbräunen.

Wein und Fleischbrühe angießen, mit Salz und Pfeffer würzen und evtl. 1 oder 2 Lorbeerblätter dazugeben. Einen Deckel auflegen und geschlossen schmoren, bis das Fleisch sehr weich ist. Die fertige Roulade aus der Kasserolle heben und kurz ein wenig abkühlen lassen. Den Bindfaden entfernen, den Braten vorsichtig mit einem sehr scharfen Messer in Scheiben schneiden. Auf einer vorgewärmten Platte anrichten und mit Bratenfond übergossen sofort servieren.

HAMIM
RINDERBRUST MIT KLÖSSCHEN UND BOHNEN

ITALIEN

Die Geschichte der Stadt Ferrara in der Emilia-Romagna wurde schon immer von ihrer großen jüdischen Gemeinde beeinflusst. Doch dies gilt nicht nur für die Geschichte der Stadt, sondern ebenso für ihre Kochtöpfe. Bald sprach sich nämlich auch in der christlichen Gemeinde herum, dass die jüdische Küche Gerichte kennt, die ganz besonders delikat schmecken – und diese Hochgenüsse wollte man sich nicht entgehen lassen. Eine ganz besonders traditionelle und repräsentative Speise ist der sogenannte Hamim, ein delikater Schmortopf mit Rinderbrust und reichhaltiger Garnitur.

FÜR 4–6 PERSONEN

1 kg Rinderbrust, 500 g Rinderhackfleisch, 2 Salsicce, 2 frische Eier, 2 hart gekochte Eier, 1,5 kg Mangold, 750 g getrocknete Bohnen (weiße Bohnen oder Bortolotti-Bohnen), 50 g Semmelbrösel, Olivenöl extravergine, Pfeffer aus der Mühle, Salz

Den Mangold von harten Stängeln befreien und in einer (vorzugsweise beschichteten) Pfanne mit etwas Olivenöl dünsten lassen. Die Bohnen mit eher wenig Wasser und etwas Olivenöl in eine Kasserolle geben und bei niedriger Hitze 1 Stunde köcheln. Dann den Mangold, die Rinderbrust und die Salsicce hinzufügen. Zudecken und alles bei sehr niedriger Flamme gute 4 Stunden garen.

Zwischenzeitlich aus zwei aufgeschlagenen Eiern, Semmelbröseln, Hackfleisch, Pfeffer aus der Mühle und Salz eine homogene Masse herstellen, aus dieser kleine Klöße formen. Hackfleischklößchen in Wasser und etwas Olivenöl kochen. Sobald die Fleischklößchen gar sind, diese zum Fleisch und dem Mangold geben; abschmecken.

Das fertig gegarte Rindfleisch in Scheiben schneiden und mit den hart gekochten, ebenfalls in dünne Scheiben geschnittenen Eiern garnieren. Mit Mangold, Bohnen und Fleischklößchen servieren.

GAROFOLATO
NELKENBRATEN

ITALIEN

Wie Coda alla vaccinara (siehe S. 156) ist auch dieses Rezept ein Klassiker aus der traditionellen Küche der „ewigen Stadt“ Rom.

FÜR 4 PERSONEN

1–1,2 kg Rinderbraten (Schulter, Hüfte etc.), 50 g Pancetta (ungeräucherter Bauchspeck), 600–700 g passierte Tomaten (*polpa di pomodoro*), 1 Zwiebel, 1 Karotte, 1 Selleriestange, 1,5–2 l kräftiger Rotwein, 5–12 Gewürznelken (je nach gewünschter Intensität), 1–2 EL frische Majoranblätter, Olivenöl extravergine, schwarzer Pfeffer aus der Mühle, Salz

Den Rinderbraten in eine Schüssel aus Glas oder Porzellan legen und mit Rotwein übergießen. Zwei bis drei Gewürznelken hinzufügen und die Schüssel abdecken. Das Fleisch an einem kühlen Ort mindestens 24 Stunden – besser 3 bis 4 Tage – marinieren lassen.

Nelken, Majoran und Speck zusammen fein hacken, danach im Mörser breiartig zerstoßen; salzen und pfeffern. Das Fleisch aus der Beize heben, gut abtropfen lassen und trocken tupfen. Den Rinderbraten mit der Speck-Gewürz-Mischung kräftig einreiben.

Zwiebel, Karotte und Sellerie sehr fein hacken und in einer Kasserolle in Olivenöl andünsten. Den Braten dazugeben und ebenfalls rundherum anbraten. Etwa 250 ml Marinade durch ein Sieb zum Braten in die Kasserolle gießen und einkochen lassen, danach das Tomatenpüree hinzugeben. Bei wenig Hitze gut 3 Stunden schmoren.

Den fertigen Braten in Scheiben schneiden und mit der Tomatensauce und mit geschmorten Bohnen sowie gebratenen Polentascheiben angerichtet auftischen.

CODA ALLA VACCINARA
OCHSENSCHWANZ AUF RÖMISCHE ART

ITALIEN

Dieses Rezept besticht durch seine einfache Zubereitung und seinen sensationellen Geschmack, für dessen vielschichtige Aromen eine exzellente Zartbitterschokolade verantwortlich zeichnet.

Seinen Namen hat dieses Traditionsgericht von den sogenannten *vaccinari*, wie die Rindermetzger in Rom genannt wurden. Die Metzger verkauften für gewöhnlich die „edleren“ Fleischteile, weil diese mehr Geld einbrachten, und verspeisten die „unpopulären“ Delikatessen wie Innereien, Rippen, Kopf oder Schwanz selbst.

FÜR 4 – 6 PERSONEN

2 kg Ochsenschwanz, 1 Stange Staudensellerie, 1 Stange Lauch, 1 Karotte, 3 – 4 Lorbeerblätter, 2 Zweige Thymian, Salz

Für die Sauce: 1 kg passierte Tomaten (*polpa di pomodoro*), 1 Stange Staudensellerie, 150 – 200 g Parmaschinken (oder ein anderer sehr guter Rohschinken), 1 große Zwiebel, 1 Zweig Majoran, 40 g Bitterschokolade, 1 EL Rosinen, 1 EL Pinienkerne, 200 – 250 ml trockener Weißwein, Olivenöl extravergine, Zimt, Muskatnuss, schwarzer Pfeffer aus der Mühle, Salz

Den Ochsenschwanz in Stücke schneiden und in Salzwasser 10 Minuten blanchieren. Die abgetropften Fleischstücke in eine Kasserolle füllen und mit kaltem Wasser bedecken, salzen und zum Kochen bringen. Lauch, Selleriestange, Karotte, Lorbeerblätter und Thymianzweige hinzufügen, salzen und etwa 2,5 Stunden köcheln lassen.

In der Zwischenzeit die Sauce vorbereiten. Hierfür den Schinken, die Zwiebel und den abgezupften Majoran fein hacken. Olivenöl in einer ausreichend hohen und großen Pfanne (oder einer Kasserolle) erhitzen und die gehackten Zutaten darin anbraten. Vorgegarten Ochsenschwanz aus dem Sud heben und gut abgetropft zum Angebratenen geben. Weißwein angießen und diesen einkochen lassen. Die passierten Tomaten hinzufügen, salzen, pfeffern und gut vermischen; mindestens 1 Stunde sanft garen.

Die Zartbitterschokolade reiben und in einer Schüssel mit einer Schöpfkelle von der Sauce verrühren, anschließend die Sauce damit binden. Die Selleriestange aus dem Kochwasser des Ochsenschwanzes blanchieren, fein hacken und zusammen mit Rosinen und den in einer beschichteten Pfanne leicht angerösteten Pinienkernen unter die Sauce mischen; evtl. nachsalzen. Mit einer Prise Zimt und geriebener Muskatnuss verfeinert auftischen. Dazu schmecken Weißbrot und heiße Polenta.

HINWEIS:
Das oben angeführte Rezept ist eine moderne Edelversion. Es gibt auch ganz einfache Zubereitungen, bei denen der gekochte Ochsenschwanz in einer Sauce aus gewürfelten Tomaten, Zwiebel, Knoblauch, Karotte, Sellerie, Wein, Olivenöl, Salz und Pfeffer aufgetischt wird.

TAGLIATA CON REGGIANO E RUCOLA
RINDERFILET MIT REGGIANO UND RUCOLA

ITALIEN

Genau genommen bezeichnet die italienische Küche als *tagliata* in Scheiben aufgeschnittenes fertig gegartes (!) Fleisch. Doch wie so oft bestätigen Ausnahmen die Regel: In diesem Fall handelt es sich um dünn aufgeschnittenes Rinderfilet, das auf ganz spezielle Art nur kurz gegart wird. Eine Regel gilt aber gewiss: je besser die Zutaten, desto delikater das Ergebnis. Dazu passt Refosco oder auch ein nicht zu schwerer Chianti.

FÜR 4 PERSONEN

8 dünne Scheiben Rinderfilet (oder sauber parierte Lende) mit Meersalz und Pfeffer aus der Mühle würzen, danach entweder in einer Pfanne rasch in Olivenöl abbraten (nur eine Seite garen) oder auf einen mit Olivenöl bestrichenen heißen (!) Terracotta-Teller legen und auf diesem garen. Die Fleischscheiben mit grob geriebenem Reggiano bestreuen, diesen etwas zerfließen lassen, danach mit frischen Rucolablättern bestreut auftischen. Olivenöl darüberträufeln und gut pfeffern.

VARIANTE

Statt Rucola eine Handvoll gemischte frische Kräuter (Rosmarin, Oregano, Thymian etc.) nehmen.

SAUCE BOLOGNESE

ITALIEN

Wahrscheinlich der Saucen-Klassiker für Pasta schlechthin. Leider wird der Sauce heute vielfach Unrecht angetan, vor allem aber lässt man ihr zu wenig Zeit zum Kochen. Eine wirklich gute Bolognese ist ein Festmahl, bestehend aus den feinsten Zutaten, welche mindestens 5 bis 6 Stunden miteinander geköchelt haben, um der Sauce ihr volles Aroma zu verleihen. Es gibt mittlerweile so viele Rezepte für die Bolognese wie Köche, die etwas auf sich halten. Daher soll an dieser Stelle ein recht traditionelles Rezept angeführt sein, das ich aber nach meinem persönlichen Geschmack variiert habe:

FÜR 12 PERSONEN

800 g gehacktes, schieres Rindfleisch, 125 g Hühnerleber (fein geschabt), 75 g Pancetta, 1 Karotte, ½ Stange Staudensellerie, 2 Dosen geschälte Tomaten (San Marzano), 4 Schalotten, 2–4 Knoblauchzehen (hängt von der Sorte und dem persönlichen Geschmack ab), 1,5 EL bestes Tomatenmark (dreifach konzentriert), 300 ml sehr kräftige Rindsuppe, ½ Flasche kräftiger Weißwein (original wäre Rotwein, ich ziehe in dieser Sauce aber Weißwein vor), 2 EL Aceto balsamico, 2 Gläser Olivenöl extravergine (keinesfalls mit Öl sparen!), 2 Lorbeerblätter, 1 getrocknete Chilischote (zerrieben), Muskatnuss, 2 Stück Würfelzucker, schwarzer Pfeffer aus der Mühle, Meersalz

Das Rindfleisch in einer weiten Pfanne in etwas Olivenöl richtig gut anbraten (etwa 20 Minuten). Zwischenzeitlich sämtliches frisches Gemüse putzen und klein würfeln, die Schalotten und Knoblauchzehen schälen; Schalotten feinst hacken, Knoblauch mit Meersalz zerdrücken.

In einem hohen und weiten Topf die Schalotten in einem halben Glas Olivenöl und feinst geschnittenem Pancetta auf milder Flamme dünsten, bis die Schalotten weich sind und der Speck leicht goldbraun ist. Danach die Karotten- und Selleriewürfel dazugeben und kurze Zeit mitrösten. Das gut angebratene Fleisch dazugeben und alles zusammen einige Minuten dünsten, bis sich am Topfboden eine hellbraune Kruste gebildet hat.

Mit reichlich gutem und kräftigem Wein ablöschen, Kruste vom Boden loskochen und anschließend die grob gehackten Tomaten (samt Einlegeflüssigkeit) dazugeben. Rindsuppe, Lorbeerblätter, Chilischote, Tomatenmark, Würfelzucker, Aceto balsamico, Prise Muskatnuss, gute Prise Salz und ein weiteres halbes Glas Olivenöl hinzufügen, alles gut durchmischen, einmal aufkochen lassen. Hitze zurücknehmen und die Sauce bei ganz kleiner Flamme 1 Stunde köcheln lassen, dann erst den zerriebenen Knoblauch und ein weiteres halbes Glas Olivenöl dazugeben. Hitze so gering wie möglich halten und die Sauce mindestens 3 bis 4 (besser 6 bis 8) Stunden garen (hierbei wird die Flüssigkeit nahezu vollständig reduziert), regelmäßig umrühren.

Wenn die Sauce richtig gut reduziert ist und ein intensives Aroma hat, wird sie mit geschabter Hühnerleber vollendet. Weitere 5 bis 10 Minuten ziehen lassen, dann mit Muskatnuss, Pfeffer aus der Mühle und Salz abschmecken. Hierzu isst man ausschließlich (hausgemachte) Tagliatelle; niemals mehr Sauce zu den Nudeln geben, als diese aufnehmen können. Bei Tisch unbedingt frisches Olivenöl darüberträufeln und Pfeffer darübermahlen!

VARIANTE

Hühnerleber weglassen, die Sauce über Nacht stehen lassen und am nächsten Tag kurz vor dem Servieren in frischem Olivenöl braten – so hat man ein ganz besonders intensives Geschmackserlebnis.

TIPP:

Wer eine noch geschmacksintensivere Sauce möchte, der gibt zusammen mit dem Knoblauch noch einen Zweig Rosmarin, zwei Zweige Thymian und einen halben TL Oregano (getrocknet) dazu.

BISTECCA ALLA FIORENTINA
FLORENTINER STEAK

ITALIEN

Das italienische Wort *bistecca* leitet sich vom englischen *beefsteak* ab. Eine Bistecca alla fiorentina ist von sensationeller Fleischqualität und, damit diese kulinarische Sensation in vollen Zügen genossen werden kann, sehr groß!

Für eine echte toskanische *bistecca* nimmt man bevorzugt Fleischstücke, welche im angelsächsischen Raum als T-Bone-Steak bezeichnet werden. Diese T-Bone-Steaks werden mindestens 3 cm dick geschnitten und stammen von im Ganzen abgehangenen Rinderhälften der toskanischen Chianina-Rinder. Als Ersatz für das Fleisch der Chianina-Rinder kann sehr gut abgehangenes Fleisch von biologisch gehaltenen Weideochsen genommen werden. Wegen der sehr puristischen Zubereitung spielt die Fleischqualität die entscheidende Rolle für den Geschmack.

Gegart wird vorzugsweise über offenem Feuer, weil dies den feinen Geschmack des Fleisches besonders gut zur Geltung kommen lässt. Notfalls geht auch eine schwere gusseiserne Pfanne auf einem Gasherd. Wichtig ist in jedem Fall, dass die Hitze so hoch ist, dass sich sofort eine Kruste bilden kann.

FÜR 1 – 2 PERSONEN

1 T-Bone-Steak (mindestens 3 cm dick und 1,2 kg schwer), feines Meersalz (vorzugsweise Fleur de Sel), Olivenöl extravergine, schwarzer Pfeffer aus der Mühle (fakultativ), Zitrone (fakultativ)

HINWEIS:
Wenn man die Bistecca alla fiorentina in Streifen aufschneidet, so nennt man das Gericht *tagliata* (das gilt übrigens auch für andere *bistecche*, welche aufgeschnitten serviert werden); dazu reicht man dann zumeist kurz sautierte Steinpilze, geschmorte Bohnen (evtl. mit Tomaten und Kräutern), Spinat oder auch nur eine Salatgarnitur.

Das Fleisch kauft man vorzugsweise am Tag der Zubereitung. Das Fleisch niemals waschen, sondern nur mit Küchenkrepp (oder einem Tuch) trocken abwischen. Das Fleisch muss für eine perfekte Zubereitung Zimmertemperatur haben, damit es gleichmäßig gart, daher gut 2 Stunden vor der Zubereitung aus dem Kühlschrank nehmen. Für das Garen bieten sich drei Möglichkeiten an:

1. Hat man die Möglichkeit über offenem Feuer zu grillen, so sollte man eine Glut aus Eichenholz vorbereiten. Es sollte eine große Menge Glut vorhanden sein, damit das Fleisch bei starker Hitze rasch und stark angebraten werden kann. Den Grillrost etwa 10 cm über der Glut positionieren.
2. Hat man eine Grillplatte – im italienischen *piastra* genannt – so wird diese möglichst stark erhitzt.
3. Bei Verwendung einer Gusseisenpfanne auf einem Gasherd muss die Pfanne sehr gut vorgeheizt werden.

Das Fleisch wird – ohne vorher irgendwie gewürzt zu werden – ohne zusätzliches Fett auf den Grill gelegt und ohne jegliche Berührung 3 bis 5 Minuten gegrillt. Dann das Fleisch wenden, ohne es anzustechen, und die gegrillte Seite salzen. Sobald auch die zweite Seite fertig ist, das Fleisch vom Grill nehmen, wenden und auch die zweite Seite salzen.

Das fertig gegrillte Fleisch auf ein Holzbrett legen und etwas ruhen lassen, damit sich der Fleischsaft sammeln und das Fleisch entspannen kann. Eine *bistecca* wird im Ganzen serviert, dazu reicht man feines Meersalz, Olivenöl extravergine, eine Pfeffermühle und Zitronenschnitze. Wahre Kenner belassen es dabei, das Fleisch zart zu salzen.

Bistecca alla fiorentina wird fast ausschließlich *al sangue* (also blutig) genossen, *al punto* (medium) gilt als Frevel und wird in der Toskana nur „Fremden" aufgetischt. Auch Teilen ist unsportlich: Ein g'standenes Mannsbild isst so eine *bistecca* alleine, Frauen dürfen teilen. Echte Fleischliebhaber verzichten hier auf alle Arten von Beilagen und genießen ihre *bistecca* ausschließlich mit frisch gebackenem Toskanabrot und einer Flasche vom guten Chianti.

BISTECCHE ALLA SICILIANA
STEAKS MIT SIZILIANISCHEN AROMEN

ITALIEN

Für dieses traumhaft aromatische Rezept aus Sizilien kann man verschiedene Fleischteile vom Rind verwenden, welche sich zum Kurzbraten eignen. Am besten gelingen die *bistecche* jedoch mit Steaks vom Rostbraten (Hochrippe) oder Rinderfilet – ich persönlich empfehle Rostbraten. Zu einem ganz besonderen Geschmackserlebnis wird das Gericht, wenn man frischen Wilden Fenchel, der überall in Sizilien wächst, über das fertige Gericht streut.

FÜR 4 PERSONEN

4 jeweils 2–3 cm dicke Steaks vom Rostbraten (Hochrippe, vorzugsweise mit Fettauge), 100 g halbierte und entkernte schwarze Oliven, 4 in Essig eingelegte Paprikaschoten, 4 sehr reife, geschälte Eiertomaten, 2–3 Knoblauchzehen, 1 Stange Staudensellerie, 2 EL abgespülte Salzkapern, 1 EL Oregano, Wilder Fenchel (ersatzweise Fenchelgrün), Olivenöl extravergine, schwarzer Pfeffer aus der Mühle, Meersalz

Die geschälten Tomaten entkernen und grob hacken. Paprikaschoten ebenfalls entkernen (sofern notwendig) und in kleine Stücke schneiden, Sellerie klein hacken.

In einer großen und recht hohen Pfanne reichlich Olivenöl (mindestens ½ Glas) erhitzen und den mit dem Handballen zerdrückten Knoblauch darin Farbe nehmen lassen. Sobald der Knoblauch braun ist, diesen entfernen und das Fleisch (es muss staubtrocken abgewischt sein) portionsweise (nicht mehr als 2 Scheiben auf einmal) darin beidseitig scharf anbraten; fertig gebratenes Fleisch herausnehmen und warm stellen.

Oliven, Paprika, Tomaten, Sellerie und Kapern in die Pfanne geben, kurz durchschwitzen. Mit Oregano, Pfeffer aus der Mühle und Meersalz würzen; das Ganze bei mäßiger Hitze einige Minuten eindicken lassen. Die Steaks nochmals in die Pfanne geben, kurz ziehen lassen, danach mit Fenchel garniert sehr heiß auftischen. Dazu reicht man einen kräftigen Rotwein und Weißbrot.

VARIANTE

In Sizilien serviert man *bistecche* auch gerne mit einer sogenannten salmoriglio. Für diese aromatische Sauce werden 100 ml allerbestes Olivenöl in einem großen Mörser mit wenig heißem Wasser vermengt. Dann kommt der Saft von 2–3 Zitronen dazu. Nun nacheinander portionsweise 1 Handvoll gehackte Petersilie, ½ TL getrockneten Oregano und 3–4 mit grobem Salz zerstoßene Knoblauchzehen (wenn der Knoblauch sehr mild ist, die Menge verdoppeln) dazugeben und sorgfältig einarbeiten. Sauce mit Salz abschmecken und vor dem Servieren eine Stunde kalt stellen.

RINDERWADE IN BIERSAUCE

ITALIEN/SÜDTIROL

Ein herrliches Rezept aus Südtirol, das italienische und österreichische Kochkunst in sich vereint.

FÜR 6 PERSONEN

1 ausgelöste Rinderwade im Ganzen (1,5 – 2 kg), 250 g Speck, 4 – 5 große Zwiebeln, 500 ml Fleischbrühe, 500 ml dunkles Bier, 2 – 3 EL Senf, 1 TL getrockneter Thymian, 50 g Butter, Olivenöl, 1 – 1,5 TL Speisestärke, Salz

Die Rinderwade sauber parieren, den Speck in kleine Stifte schneiden und in den Fleischtaschen und -falten verteilen, damit der Braten nicht austrocknet. Die Zwiebeln schälen (Schalen aufheben) und recht grob hacken.

Butter und Öl in einer ofenfesten Kasserolle erhitzen und die Zwiebeln darin schön braun dünsten. Ein paar Zwiebelschalen dazugeben, sie verleihen der Sauce später eine appetitliche und schöne Färbung.

In der Zwischenzeit die gut gesalzene Rinderwade in einer großen Pfanne in etwas Öl von allen Seiten scharf anbraten. Das gebräunte Fleisch zu den Zwiebeln in die Kasserolle geben, Bier hinzugießen und etwa 15 Minuten einreduzieren lassen; danach die Brühe dazugießen. Etwas Stärke mit kaltem Wasser verrühren und die Flüssigkeit im Schmortopf damit leicht abbinden. Mit Senf, Thymian und Salz kräftig abschmecken.

Den Topf verschließen und den Braten im Rohr bei 140 bis 150 °C etwa 2 bis 3 Stunden fertig schmoren; währenddessen das Fleisch von Zeit zu Zeit wenden und mit Sauce übergießen.

Nach Ende der Garzeit den Braten aus der Kasserolle nehmen und in Alufolie gewickelt warm stellen. Die Sauce durch ein feines Sieb streichen und nach Geschmack mit Butter verfeinern.

Das Fleisch in Scheiben schneiden, auf einer Bratenplatte anrichten und mit der Biersauce übergossen auftischen. Dazu passen Speckknödel (Speckklöße) oder Nockerln (Spätzle).

STEIRISCHER RINDFLEISCHSALAT

ÖSTERREICH

Für dieses Gericht ausschließlich steirisches Kürbiskernöl mit dem Siegel „g.g.A.“ (geschützte geografische Angabe) verwenden – es garantiert allerbeste Qualität!

FÜR 2–3 PERSONEN

500 g vorgekochter und erkalteter Tafelspitz (oder Schulterscherzel oder Meisel), 2 EL vorgekochte Käferbohnen, 2 in feine Ringe geschnittene große rote Zwiebeln, 1 entkernte und klein gewürfelte gelbe Paprikaschote, 1 entkernte und gewürfelte Fleischtomate, 2 hart gekochte Eier, Feldsalatblätter, evtl. gerissener Meerrettich

Dressing: Mostessig, steirisches Kürbiskernöl g.g.A., Schnittlauchröllchen, Pfeffer aus der Mühle, Salz

Das Rindfleisch mit einer Aufschnittmaschine in dünne Scheiben schneiden und auf vier Tellern gefällig anrichten. Mit Käferbohnen, Paprika- und Tomatenwürfeln, jeweils einem halben hart gekochten Ei, Meerrettich, feinen Zwiebelringen und einigen Feldsalatblättern dekorieren. Aus Mostessig, Kernöl, Schnittlauchröllchen, schwarzem Pfeffer aus der Mühle und Salz eine Marinade bereiten und diese über das Rindfleisch träufeln. Mit Brot servieren, Kernöl extra dazu reichen.

TIPP:
Die Marinade mit einem Schuss Buttermilch verfeinern oder den Salat mit grünem Paprika oder gerösteten Speckwürfeln abwandeln. Man kann das derart marinierte Rindfleisch auch mit Bratkartoffeln auftischen.

RINDSUPPE MIT EINLAGE

ÖSTERREICH

Anhand von alten Kochbüchern lässt sich feststellen, welch wichtige Rolle die Rindsuppe in der Wiener Küche schon immer gespielt hat. In vielen davon steht nämlich, dass man die gesottenen Knochen der Suppe vom Vortag für die Suppe des darauffolgenden Tages durchaus noch einmal verwenden könne. Daraus lässt sich schließen, dass die Rindsuppe zum täglichen Speiseplan zählte. Und das hat sich bis heute nicht geändert.
Typisch für die Wiener Rindsuppe sind die zahlreichen Einlagen, welche entweder aus Resten gefertigt werden oder aus übrig gebliebenen Kleinteilen wie z.B. Innereien. Es gibt in Wien unzählige Varianten von Suppeneinlagen, etwa Eierschöberln, Schinkenschöberln, Hirnschöberln, Eintropfteig (Reibgerstl), Suppennudeln, Leberreis, Milzschnitten, Lungenstrudel, Luftstrudel, Fritatten, Backerbsen, Markkrusteln, Bröselknöderln, Markknöderln, Leberknödel, Speckknödel oder die weltberühmten Grießnockerln. Nun aber zur Suppe:

FÜR CA. 4 LITER

1,5 kg Rinderknochen, 1,5 kg Rindfleisch für Suppe (vorzugsweise von der Brust oder den Schenkeln, z.B. Brustspitz, Brustkern, Scherzel oder Deckel), 250 g in Scheiben geschnittene Rinderleber, 1 Stück Milz, 1 große Zwiebel samt Schale (halbiert), 1 in Ringe geschnittene Zwiebel, 1 gelbe Rübe, 1 Petersilienwurzel, 1 Stück Lauch, 1 größere Scheibe von einer geschälten Sellerieknolle, Stängelabschnitte von einem Blumenkohl (wenn vorhanden), einige getrocknete Steinpilze, 1 kleine Tomate, etwas Rinderfett, 1 – 2 Lorbeerblätter, einige Pfefferkörner, Salz

Zuerst das Gemüse putzen und in dicke Scheiben schneiden. Die Knochen und das Fleisch waschen, abtrocknen. Die halbierte Zwiebel auf einem Stück Alufolie direkt auf der Herdplatte rösten, bis die Schnittflächen dunkelbraun sind. Zwiebelringe in Rinderfett gelb rösten, dann die Leberscheiben dazugeben, ebenfalls abrösten und schließlich mit etwas Wasser ablöschen, dabei aufpassen, dass die Leber nicht bitter wird.
Die gewaschenen Knochen zusammen mit 4 Liter kaltem Wasser in einen ausreichend großen Topf füllen und erhitzen. Wenn das Wasser zu sieden beginnt, Hitze zurücknehmen und die Knochen zunächst einmal 5 Stunden auskochen lassen.
Nun etwas Salz, einige Pfefferkörner, das vorbereitete Suppengemüse, evtl. Blumenkohl und Pilze, die gerösteten Zwiebelhälften, das geröstete Zwiebel-Leber-Gemisch, die angerissene Tomate, Lorbeerblätter, Milz sowie das Fleisch in den Topf geben (evtl. muss etwas Wasser nachgefüllt werden). Hitze erhöhen, und wenn alles einige Minuten stark gesiedet hat, die Suppe langsam bei ganz milder Hitze ruhig weitersieden lassen. Den aufsteigenden Schaum nicht abschöpfen, man würde der Suppe nur Geschmack nehmen.
Während des Siedens die Suppe immer wieder mit wenig eiskaltem Wasser abschrecken, dadurch wird sie nicht nur klarer, sondern auch geschmackvoller. Nach ca. drei Stunden dürfte das Fleisch gar sein, herausnehmen (es kann geschnitten als Suppeneinlage oder auch für kalte Speisen verwendet werden). Die restliche Suppe noch eine weitere Stunde sieden lassen.
Schließlich die Suppe langsam durch ein Sieb seihen und das Fett abschöpfen; dann die Suppe an einem kühlen Orte stehen lassen. Es ist ratsam, die Suppe samt Ingredienzien erst am nächsten Tag zu verwenden, weil die Suppe kräftiger wird und auch das kalte Fett, welches sich oben abgesetzt hat, leicht abgehoben werden kann. Zudem setzen sich Trübstoffe am Grund des Topfes ab. Vor dem Gebrauch die Suppe noch durch ein Etamin (oder ein mit Küchenkrepp ausgelegtes Sieb) gießen und so klären. Auf keinen Fall sämtliches Fett entfernen, denn eine echte Rindsuppe braucht Fettaugen! Die Rindsuppe wird mit einer (oder mehreren) ihrer typischen Einlagen serviert.

GRIESSNOCKERLN

50 g Butter mit einem Ei schaumig schlagen, 50 g Grieß (in Wien gibt es einen speziellen Nockerlgrieß) einarbeiten und alles leicht salzen. Masse eine halbe Stunde ruhen lassen, dann mit zwei Kaffeelöffeln Nockerln ausstechen und diese in heißer Rindsuppe 10 bis 15 Minuten langsam ziehen lassen.

TIPP:
Gar sind die Grießnockerln, wenn sie oben schwimmen. Wichtig ist, dass sie außen flaumig und zart sind, innen aber noch über leichten Biss verfügen.

KAISERSCHÖBERLN

2 Eier trennen, die Eiweiße zu steifem Schnee schlagen, dabei salzen. Nun die Eigelbe vorsichtig unterziehen. 25 g geriebenen Käse (Parmesan) mit 40 g Mehl vermischen, unter die Masse heben und noch 10 g flüssige Butter einträufeln lassen. Die Schöberlmasse auf ein mit Backpapier ausgelegtes Backblech streichen und etwa 10 bis 15 Minuten bei 200 °C backen. Nach dem Auskühlen in Würfel oder Rauten schneiden.

LEBERKNÖDEL

100 g Rinderleber fein schaben (pürieren), danach mit 2 eingeweichten und gut ausgedrückten Semmeln durch den Fleischwolf drehen. 1 fein gewiegte Zwiebel in Fett (Schmalz) goldgelb rösten, anschließend zur Lebermasse geben. Ein Ei untermischen und die Masse mit gehackter Petersilie, Majoran, Salz und Pfeffer würzen. Eine Handvoll Semmelbrösel darüberstreuen und die Masse ziehen lassen. Nochmals gut durchmengen, Konsistenz bei Bedarf mit Semmelbröseln regulieren, zu kleinen Knödeln (Klößen) formen und diese in Salzwasser oder Rindsuppe 10 Minuten zugedeckt kochen.

FRITATTEN

180 g Mehl, 2 Eier, 350 ml Milch und eine Prise Salz zu einem recht dünnflüssigen Teig verquirlen. Etwas Butter in einer Pfanne erhitzen, dann den Pfannenboden dünn mit Teig überziehen und anbacken lassen. Wenn die Unterseite schön gebräunt ist, wenden und auch die zweite Seite goldbraun ausbacken. Fertige Palatschinken auf Tellern stapeln. Der Teig ergibt etwa 10 dünne Palatschinken. Nach dem Abkühlen werden die Palatschinken zusammengerollt und in feine Streifen geschnitten.

MARKKNÖDERLN

60 – 75 g ausgelöstes Mark in eine Schüssel krümeln, mit 2 EL feinst gehackten Schalotten, 1 – 2 gepressten Knoblauchzehen, 2 EL fein gehackter glatter Petersilie, 2 Eiern, 3 EL Hartweizengrieß und 2 EL Semmelbröseln vermischen; Masse mit Muskatnuss, weißem Pfeffer aus der Mühle und Salz abschmecken. Sollte der Teig nicht ausreichend binden, etwas Brühe dazugeben. Masse zu kleinen Knödeln (Klößen) formen und diese in kochender Suppe 4 Minuten leise ziehen lassen.

TELLERFLEISCHSUPPE

ÖSTERREICH

Eine Sonderform des Rindsuppentopfes ist die sogenannte Tellerfleischsuppe. Ihren Namen bekam sie, weil man erst die Suppe aus dem Topf schlürfen kann (und darf!) und anschließend das saftige Fleischstück samt Beilage – auf dem dazu gereichten Teller angerichtet – genießt.

Im Gegensatz zu den edleren Rindfleischsorten wie Tafelspitz & Co. wird bei der Tellerfleischsuppe auf preiswerteres Rindfleisch zurückgegriffen, etwa Brustkern, Kügerl oder anderes herzhaftes Suppenfleisch. Wichtig ist auch das ausgewogene Verhältnis der Ingredienzien: ⅓ Fleisch, ⅓ Nudeln und ⅓ Gemüse samt Brühe. Wer mag, reicht Senf, frisch gerissenen Kren (Meerrettich) und Brot dazu.

PRO PERSON

1 in Brühe schön mürbe vorgegarte Scheibe Brustkern (oder kräftiges Suppenfleisch), 2 Markknochen, 1 große Handvoll frisch zubereitete Suppennudeln (oder Bandnudeln), 1 Karotte, 1 gelbe Rübe, 1 kleines Stück Knollensellerie, 1 Stange Lauch, 500 ml kräftige Rindsuppe (siehe S. 166), 1 EL gehackter Schnittlauch

Das Gemüse putzen und in mundgerechte Stücke schneiden. Suppe erhitzen, Gemüse darin einige Minuten bissfest kochen. Hitze zurücknehmen, Markknochen und Fleisch in der Suppe erwärmen. Nudeln separat in Salzwasser bissfest kochen, abgießen.

Eine schöne Suppenschale zunächst mit Nudeln und Markknochen auslegen, das Fleisch auf den Markknochen anrichten und das Gemüse darauflegen. Alles mit der Suppe begießen, mit Schnittlauch oder Petersilie bestreuen und heiß auftischen. Separat zum Suppentopf einen Teller reichen.

VARIANTE

Im deutschen Schwabenland gibt es ein ähnlich geartetes Gericht, welches Gaisburger Marsch genannt wird. Hierbei handelt es sich um einen gehaltvollen Rindsuppentopf, bestehend aus kräftiger Rinderbrühe, gekochtem Rindfleisch (vorzugsweise Ochsenbrust), in Brühe bissfest gegartem Wurzelgemüse, echten Hausmacherspätzle und frischen Kräutern. Manchmal kommen auch noch Kartoffelwürfel dazu.

TAFELSPITZ MIT KLASSISCHEN BEILAGEN
GESOTTENES RINDFLEISCH NACH WIENER ART

ÖSTERREICH

Der Tafelspitz ist kein Rezept im eigentlichen Sinne, sondern die Bezeichnung für einen speziellen Teil des Rinderschlögels. Tatsächlich kennt gerade die Wiener Küche unzählige Fleischteile, welche sich zum Sieden – Wiener Rindfleisch wird nämlich nicht gekocht, sondern gesotten – eignen, wie z.B. Schulterscherzel, Beinfleisch, Kruspelspitz, Kavalierspitz oder mageres und fettes Meisel. Der Tafelspitz wurde zum Sinnbild der Wiener Rindfleischküche, weil sich Kaiser Franz Joseph Zeit seines Lebens nahezu ausschließlich von gesottenem Rindfleisch ernährte. Tafelspitz und Beinfleisch waren seine präferierten Gustostückerln. Zum Rindfleisch serviert man in Wien eingebranntes Gemüse (Gemüse in einer recht molligen Mehlsauce; zumeist Spinat, Wirsing, Blumenkohl oder grüne Bohnen), geröstete Kartoffeln, Apfelkren und Schnittlauchsauce. Dazu gereichtes gebähtes (geröstetes) Schwarzbrot mit kurz in Rindsuppe blanchiertem Knochenmark gilt als Delikatesse.

Bis heute herrscht in Wien unter den Köchen eine Art Glaubenskrieg, ob denn das Rindfleisch nur in Salzwasser gegart werden solle oder doch zusammen mit Gemüse und Gewürzen, um anschließend auch gleich eine gute Suppe zu haben. Ich persönlich bin der Meinung, dass Suppe Suppe bleiben sollte und edles Rindfleisch nur in Salzwasser gekocht werden darf, um seinen Eigengeschmack nicht zu zerstören (insbesondere Karotten haben nämlich die Eigenschaft, das Fleisch geschmacklich zu beeinflussen). Wer dazu gerne Gemüse essen will, der schöpfe kurz vor Ende der Garzeit des Fleisches etwas Kochbrühe ab und gare darin Scheiben von geputztem Wurzelgemüse (Karotte, gelbe Rübe, Sellerie, Petersilienwurzel). Optimalste Ergebnisse erzielt man, wenn man zuvor eine Knochenbrühe bereitet hat und das Fleisch in dieser gart – doch das ist für den Privathaushalt eher aufwendig.

FÜR 6 – 8 PERSONEN

Mindestens 2 – 2,5 kg Rindfleisch zum Sieden (Tafelspitz, Schulterscherzel, Kruspelspitz, Meisel, Beinfleisch, Kavalierspitz, Ochsenschwanz, Bürgermeisterstück, Brustkern, Querrippe etc.), einige gewaschene leere Markknochen, einige Lorbeerblätter, ½ Handvoll Pfefferkörner, Salz

Um ein perfektes Ergebnis zu erzielen, sollte das ausgewählte Fleischstück (insbesondere Tafelspitz und Schulterscherzel) mindestens 2,5 kg wiegen, weil es sonst zu sehr auslaugt. Der Fettrand beim Tafelspitz ist nicht nur optisch erwünscht, sondern auch entscheidend für den Wohlgeschmack.

Den Boden eines großen Topfes mit den sauber gewaschenen Markknochen (mit der Öffnung nach oben) auslegen; dies bewirkt, dass das Fleisch nicht am Boden aufliegt und gleichzeitig wirken die Markknochen wie Schornsteine, sodass das heiße Wasser das Fleisch ständig umzirkelt. Wasser dazugießen, dieses aufkochen lassen und salzen. Das sauber abgewischte Stück Rindfleisch ins kochende Wasser legen (noch besser in eine am Vortag zubereitete Knochenbrühe: hierfür werden 2 kg Rindfleischknochen 8 bis 12 Stunden in siedendem Wasser ausgelaugt); bei Bedarf so viel kochendes Wasser dazugeben, dass das Fleisch gerade bedeckt ist. Hitze zurücknehmen und das Fleisch etwa 3 Stunden knapp unter dem Siedepunkt gar sieden; wer mag, gibt während des Garens ein Lorbeerblatt und ein Tee-Ei mit einigen Pfefferkörnern dazu.

Das fertige Fleisch sollte zart, mürbe und trotzdem schnittfest sein und wird quer zur Faser aufgeschnitten. Ich bestreue vor dem Servieren gerne mit etwas feinem Meersalz. Üblicherweise werden in Wien alle (!) im Folgenden genannten Beilagen zum Rindfleisch serviert.

WIENER CREMESPINAT

500 g verlesene und gewaschene Spinatblätter in Salzwasser blanchieren, danach kalt abschrecken, ausdrücken und passieren. Aus 50 g Butter und 40 g Mehl eine Einmach zubereiten, diese mit etwas Rinderbrühe (etwa 250 ml) aufgießen und zu einer dicken Sauce verkochen lassen. Den passierten Spinat und 125 bis 150 ml Sahne dazugeben, nach Geschmack salzen und pfeffern; je nach Gusto mit ein oder zwei zerdrückten Knoblauchzehen und einer Prise Muskatnuss verfeinern.

DILL-RAHMFISOLEN

1 kg grüne Bohnen waschen, in mundgerechte Stücke schneiden und in reichlich Salzwasser nicht ganz weich kochen. Bohnen abtropfen lassen, das Kochwasser aufheben.

Eine geschälte und fein gehackte Zwiebel in 50 bis 75 g Butter anschwitzen, wenn die Zwiebel glasig ist, mit 50 g Mehl bestäuben und dieses kurz abrösten. Mit etwas Kochwasser von den Bohnen und kräftiger Rinderbrühe aufgießen und anschließend zur gewünschten dicklichen Konsistenz verkochen. Die Bohnen dazugeben. 250 ml saure Sahne mit 1 TL Mehl möglichst klumpenfrei verrühren, durch ein Sieb zu den Bohnen streichen. Das fertige Gemüse nach Wunsch mit Essig oder Zitronensaft säuern und zuletzt mit viel frisch gehackten Dillspitzen, Salz und Pfeffer vollenden.

GERÖSTETE ERDÄPFEL

1 kg in der Schale gekochte und geschälte Kartoffeln nach dem Auskühlen mit einem Reibeisen in grobe Stifte hobeln. 2 fein gewiegte Zwiebeln in reichlich Butter oder Schmalz andünsten. Die Kartoffeln dazugeben und alles weiterbraten, bis die Kartoffeln leicht knusprig sind und eine ansehnliche Farbe haben. Zum Schluss noch nach Geschmack salzen.

APFELKREN

2 Äpfel schälen, entkernen und möglichst fein reiben, sofort mit Zitronensaft vermischen. Danach 2 EL fein geriebenen Meerrettich dazugeben und mit Zucker, Salz und etwas Öl abschmecken.

HINWEIS:
Es gibt in Wien auch Varianten des Apfelkrens, die aus gedünsteten Äpfeln hergestellt werden.

SCHNITTLAUCHSAUCE

250 ml saure Sahne, mit etwas Obers (süße Sahne) verrühren, danach mit Zitronensaft, ein wenig gepresstem Knoblauch, Salz und weißem Pfeffer würzen. Reichlich gehackten Schnittlauch darunterheben und vor dem Servieren nochmals abschmecken.

GEBÄHTES BROT MIT MARKSCHEIBEN

Das Mark von einigen schönen Markscheiben ausdrücken und in kaltes Wasser legen. Kurz vor dem Servieren das in dicke Scheiben geschnittene Mark kurz in heißer Rinderbrühe blanchieren und auf gebähte Brotscheiben (dünne Scheiben von Roggen- oder Mischbrot im Ofen geröstet oder getoastet) legen, salzen und pfeffern.

KOCHSALAT MIT ERBSEN

1 kg Kochsalat (Romana-Salat), 1 Tasse vorgegarte Erbsen, 2 EL fein gehackte Zwiebel, 2 zerdrückte Knoblauchzehen, 75 g Schmalz, 40 – 50 g Mehl, Rinderbrühe, Salz und Pfeffer

Den Kochsalat in feine Streifen schneiden. Gehackte Zwiebel im Schmalz anrösten, mit dem Mehl stäuben, danach die Rinderbrühe angießen und die Sauce dicklich einkochen. Den geschnittenen Kochsalat dazugeben, würzen und weich dünsten. Vorgekochte Erbsen untermischen, mit Knoblauch, Salz und Pfeffer abschmecken.

KOHLGEMÜSE

1 großer Kohlkopf (Grünkohl), 80 – 100 g Schmalz, 75 g Mehl, 1 Zwiebel, 2 – 4 Zehen Knoblauch, Rinderbrühe, Zucker (nach Wunsch), Kümmel, Salz und Pfeffer

Den Grünkohl putzen und in vier Teile zerlegen, danach den Strunk entfernen. Kohl in Salzwasser weich kochen, dabei nicht zudecken, damit er seine Farbe behält.

Aus dem Schmalz und Mehl eine dunkle Einbrenn (Mehlschwitze) bereiten, die fein gewiegte Zwiebel dabei mitrösten. Knoblauch mit Salz zerdrücken, dazugeben. Mit der Rindbrühe vergießen und den weich gegarten Kohl hineingeben. Alles mit Zucker, Kümmel, Salz und Pfeffer nach Geschmack würzen und noch etwas verkochen lassen.

VARIANTEN:

GEKOCHTES RINDFLEISCH MIT SEMMELKREN

Insbesondere gesottenes Beinfleisch oder auch das saftige Schulterscherzel werden in Wien (wie eigentlich in ganz Österreich) gerne mit sogenanntem Semmelkren aufgetischt. Das Fleisch wird dabei wie angegeben gegart, allerdings zusammen mit Wurzelgemüse und einer an den Schnittflächen angerösteten Zwiebel. Statt des Gemüses serviert man Semmelkren: 4 altbackene Semmeln (Brötchen) zerbröckelt in 250 bis 300 ml Milch einweichen, dann aufkochen lassen und dabei mit einem Schneebesen pürieren. Konsistenz mit Fleischbrühe regulieren, sodass man eine sämige Sauce erhält, welche mit gerissenem Meerrettich, Muskatnuss, Pfeffer und Salz abgeschmeckt wird.

GEKOCHTES RINDFLEISCH MIT FRANKFURTER GRÜNER SAUCE

Ein Klassiker der hessischen Küche ist die sogenannte Grüne Sauce, für die man zuerst 3 hart gekochte Eigelbe durch ein Sieb streicht und die drei Eiweiße feinst hackt. Die Eigelbe mit 3 bis 4 EL mildem Weinessig, 1 großen EL mittelscharfem Senf, etwas Zucker, Pfeffer aus der Mühle, einer guten Prise Salz sowie 6 bis 8 EL Sonnenblumenöl zu einer Sauce aufschlagen. 250 g Crème fraîche unterrühren, dann auch das gehackte Eiweiß und 2 bis 3 feinst gehackte Schalotten einarbeiten. 1 sehr großen Bund gemischte Kräuter (Petersilie, Kerbel, Schnittlauch, Sauerampfer, Borretsch, Pimpernelle und Kresse) feinst hacken und unter die Sauce mischen. 1 Stunde im Kühlschrank ruhen lassen, dann mit gekochtem Rindfleisch, hart gekochten Eiern und (Brat-)Kartoffeln auftischen.

WACHAUER MARILLENFLEISCH

Mageres Meisel wie beschrieben kochen, etwas erkalten lassen und quer zur Faser in schöne Scheiben schneiden, mit etwas abgeseihter Brühe benetzt im Ofen warm halten.

Reife Wachauer Marillen (Aprikosen) waschen, halbieren und entkernen; gehackte Schalotten in Butter hellgelb dünsten, Marillen dazugeben und mit eingelegten roten und grünen Pfefferkörnern und Salz würzen, mit einem Schuss Wachauer Marillenschnaps verfeinern. Marillen abschmecken und auf Tellern verteilen. Rindfleisch daraufsetzen und mit der Bratbutter von den Marillen beträufelt servieren. In Butter geschwenkte Schupfnudeln dazu reichen.

AROMATISCHES SIEDEFLEISCH VOM RIND

Den fertig gegarten Kruspelspitz (hier passen auch Ochsenbrust, Tafelspitz oder Meisel) mit einer kalten Sauce aus klein gewürfelter (gekochter) Zunge, klein gewürfelten (entkernten) grünen Oliven, Tomatenwürfelchen, gehackten Anchovis, kleinen Kapern, fein geschnittenem Fenchelgrün, Olivenöl, Rotweinessig, im Mörser zerstoßenem Kreuzkümmel, Pfeffer aus der Mühle und Meersalz auftischen.

GRATINIERTE FLEDERMAUS

Die Fledermaus ist ein ganz besonders delikater Fleischteil vom Kreuzbein des Rindes und in dieser Form eigentlich nur in Österreich bekannt. Die Fledermaus wird auf die übliche Art in Knochenbrühe gesotten, anschließend lässt man das Fleisch erkalten. Fledermaus in dicke Scheiben schneiden, auf einem feuerfesten Teller anrichten und mit folgender Meerrettich-Sauce übergießen:
2,5 EL Mehl in 2 EL Butter rösten, mit etwas Milch verkochen und 250 ml Sahne einrühren. Mit wenig Brühe zu einer dicken Sauce verkochen, vom Herd nehmen und 1 Handvoll Semmelbrösel, 1 bis 2 Eigelbe, 1 Handvoll frisch geriebenen Meerrettich, 1 Prise Muskatnuss und etwas kalte Butter einarbeiten. Fledermaus damit überziehen, Semmelbrösel daraufstreuen und mit Butterflocken belegen. Unter einem Salamander (oder auch im 220 °C heißen Ofen) gratinieren, bis die Sauce leicht goldgelb ist; dazu serviert man gekochtes Wurzelgemüse und Erdäpfelschmarren.

KAVALIERSPITZ MIT ROTER BETE IN SALZKRUSTE

Einen Kavalierspitz im Ganzen in Rinderbrühe (mit Gemüse) kochen. Das fertig gegarte Fleisch etwas auskühlen lassen, dann fingerdick aufschneiden und auf einer Platte anrichten. Zwischenzeitlich 4 Rote Beten (je ca. 150 g schwer) putzen. 2,5 kg grobes Meersalz mit 15 g Kümmel, 15 g Schwarzkümmel, 15 g Kreuzkümmel und 300 ml Wasser vermischen. Mit 1/3 der Salzmischung auf einem mit Alufolie ausgelegten Backblech 4 Podeste bauen, die Beten daraufsetzen und mit Salz komplett einhüllen; bei 200 °C ca. 1 Stunde backen. Beten vom Salz befreien und zum Fleisch servieren. Dazu schmeckt Rettichsalat (Rettich, Zwiebel, Kümmel, Meerrettich, Öl, Essig, saure Sahne, Pfeffer, Salz).

WIENER SAFTGULASCH

ÖSTERREICH

Das Besondere am Wiener Saftgulasch ist, dass es nicht mit Mehl, Brot oder Ähnlichem gebunden wird. Der Saft erhält seine mollige Konsistenz allein durch die zerkochten Zwiebeln.

Wichtig: Ausschließlich die vordere Wade vom Rind liefert das richtige Fleisch für Saftgulasch, da die darin enthaltenen Sehnen und der Leim für einen guten „Saft" (Sauce) benötigt werden.

FÜR 6–8 PERSONEN

2 kg vorderer Wadschunken (Hesse), 2 kg Zwiebeln, 6–8 zerdrückte Knoblauchzehen, 300 g Schweineschmalz, 1,5 EL Paprikapulver (edelsüß), 1–3 TL scharfes Paprikapulver, 2–3 EL Tomatenmark (fakultativ), 2–3 EL Gulasch-Gewürzmischung (bestehend aus frischem Majoran, Kümmel und Zitronenschale, die zusammen verhackt werden), Salz

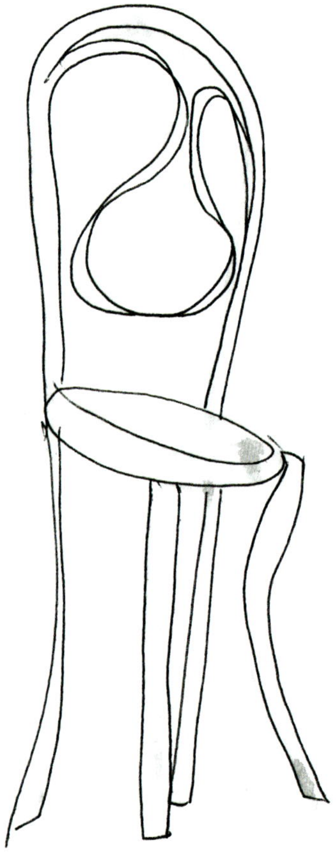

Das Fleisch in mundgerechte Stücke schneiden (Fett, Sehnen und Flachsen dranlassen). Die Zwiebeln schälen und sehr fein schneiden, danach in einer Kasserolle im Schmalz langsam rösten, bis sie goldgelb (nicht braun!) gefärbt sind. Dann Topf vom Herd nehmen, mit den beiden Paprikapulvern bestäuben und das grob gewürfelte Fleisch dazugeben. Salz nach Geschmack, zerdrückten Knoblauch, Tomatenmark und das Gulaschgewürz hinzufügen. Das Fleisch nun im eigenen Saft weich schmoren, dabei öfters umrühren; nur bei Bedarf etwas Flüssigkeit zugeben.

Erst wenn das Fleisch weich ist, wird mit so viel Wasser aufgegossen, dass man einen molligen Saft erhält, der etwa gleich hoch mit dem Fleisch steht. Abschmecken und mit weißem Gebäck (Salzstangen oder Semmeln) servieren.

VARIANTEN

Zur Gruppe der ähnlich wie Gulasch zubereiteten Speisen gehört auch das Wiener Zwiebelfleisch. Im Grunde genommen handelt es sich um ein Gulasch ohne Paprika und meist auch ohne Tomate, welches streng genommen die „klassische" Variante des Saftgulaschs ist, weil der Paprika erst Ende des 19. Jahrhunderts in Europas Töpfen heimisch wurde. Allerdings wird das Zwiebelfleisch sehr wohl mit Mehl gebunden und vor dem Servieren nach Belieben mit Essig abgeschmeckt.

Auch das sogenannte Majoranfleisch kann zu dieser Gruppe von Gerichten gezählt werden. Es ist ein traditionelles Wiener „Beiselgericht", das überaus aromatisch schmeckt: 400 g fein gehackte Zwiebeln in 125 g Schweineschmalz (oder 150 g ausgelassenem Bauchspeck) andünsten, bis sie schön hellbraun sind. 800 g klein geschnittenes Rindfleisch (aus Keule oder Schulter) mit etwas Majoran, Pfeffer aus der Mühle und Salz dazugeben und mit 200 ml Weißwein (vorzugsweise einem „Gemischten Satz") aufgießen. Wenn der Wein verkocht ist, mit 3 EL Mehl bestäuben und mit Rindsuppe (oder Wasser) aufgießen. Fertig dünsten, vor dem Servieren mit Essig säuern und mit frischem Majoran bestreuen. Wer mag, serviert mit einem Klecks saurer Sahne.

GEBACKENE BEIRIEDSCHNITTE MIT ERDÄPFELSALAT

ÖSTERREICH

In der österreichischen Bundeshauptstadt Wien liebt man Gebackenes, und durchaus nicht nur Schnitzel, Leber und Hendel. Auch verschiedene Formen von gebackenem Rindfleisch sind verbreitet, so z.B. dieses Rezept, für welches das Fleisch aber kompromisslos gute Qualität haben muss.

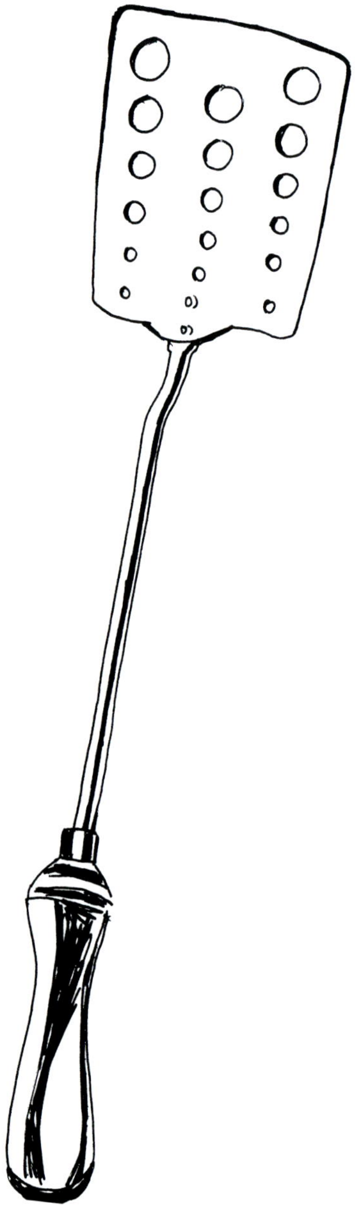

FÜR 4 PERSONEN

4 schöne, etwa 3 cm dicke Tranchen von einem perfekt abgelagerten Beiried, Dijon- oder Estragonsenf, Mehl zum Wenden, 2 – 3 verquirlte Eier, Semmelbrösel zum Panieren, Butterschmalz zum Ausbacken, Salz

Für den Kartoffelsalat: 1 kg festkochende Kartoffeln (vorzugsweise Sieglinde), 1 rote Zwiebel, Hesperidenessig, kaltgepresstes Sonnenblumenöl, 1 Prise Zucker, Pfeffer aus der Mühle, Salz

Zuerst den Erdäpfelsalat zubereiten: Hierfür die Kartoffeln in der Schale in Salzwasser kochen, dann noch warm schälen und in Scheiben schneiden. Erdäpfelscheiben mit einer Marinade aus mit 3 Teilen Wasser verdünntem Hesperidenessig (oder Apfel- oder Mostessig), einer Prise Zucker, Pfeffer und Salz übergießen. Wenn die Marinade eingezogen ist, mit Sonnenblumenöl, gehackter Zwiebel und Salz nachwürzen; ruhen lassen.

Das Fleisch wird eine Stunde bei Zimmertemperatur liegen gelassen, danach gut abgetrocknet und leicht gesalzen. Eine Seite mit Dijonsenf bestreichen, danach die Beiriedschnitte wie ein Schnitzel in Mehl, verquirltem Ei und Semmelbröseln panieren. In heißem Butterschmalz langsam beidseitig goldbraun ausbacken, abtropfen lassen und mit (nochmals gut abgeschmecktem) Kartoffelsalat auftischen; Senf für den Salat dazu reichen.

VARIANTE

Unter dem Altwiener Backfleisch versteht man vorgekochte Stücke von der Rinderwange, Schulterscherzel, Zunge, Kruspelspitz u.a., welche wie oben beschrieben paniert und ausgebacken werden (zuweilen vor dem Panieren einseitig mit Senf bestreichen); es werden dabei immer drei bis vier verschiedene Fleischteile serviert.

WIENER ZWIEBELROSTBRATEN

ÖSTERREICH

Im Gegensatz zu anderen Ländern wird der traditionelle Wiener Zwiebelrostbraten nicht kurzgebraten, sondern – wie so vieles nach alter Wiener Manier – butterweich gedünstet. Während der Rostbraten schön weich wird, hat der Saft (die Sauce) die notwendige Zeit, die Aromen aufzunehmen.

FÜR 4 PERSONEN

4 Stück Rostbraten (à 200 – 250 g), 4 große, in Ringe geschnittene Zwiebeln, Fett zum Ausbacken und Braten, Rinderbrühe nach Bedarf, Mehl zum Wenden, Butter nach Bedarf, Pfeffer aus der Mühle, Salz

Für die Bratkartoffeln: 600 – 800 g geschälte vorgekochte Kartoffeln (festkochend), Öl zum Ausbacken, Salz

Die Rostbraten klopfen, am Rand mehrmals einschneiden, leicht salzen und pfeffern. Rostbraten in Mehl wenden, dann beidseitig in Fett braten (nicht mehr als zwei Stücke auf einmal). Wenn alle Scheiben geröstet sind, das Fleisch warm stellen und das Fett aus der Pfanne abgießen.

Einen Esslöffel Butter in derselben Pfanne schmelzen, 1 bis 2 Zwiebeln darin rösten, bis die Zwiebelringe braun sind, dann die Rostbratenscheiben wieder in die Pfanne legen, mit Brühe aufgießen und weich dünsten.

Zwischenzeitlich die restlichen Zwiebelringe (welche leicht in Mehl gewendet wurden) in reichlich Fett goldbraun rösten, abtropfen lassen und salzen.

Zwiebelrostbraten auf Tellern verteilen, Saft angießen und mit den gerösteten Zwiebelringen garnieren. Dazu isst man Bratkartoffeln (vorgekochte Kartoffeln vierteln und in heißem Fett schwimmend goldbraun ausbacken, abtropfen lassen und salzen) sowie Salzgurken.

VARIANTE

Ähnlich zubereitet wird auch der Vanillerostbraten. Hierbei handelt es sich nicht um einen mit Vanille zubereiteten Rostbraten, sondern vielmehr um einen Knoblauchrostbraten. Der eigenwillige Name hat seinen Ursprung in der Geschichte Alt-Wiens: Gewürze aus fernen Ländern waren zu Zeiten des Ostindien-Handels für Normalbürger unerschwinglich. Im Besonderen galt dies für die begehrte Vanille. So kam es, dass man sich im Volk die Sehnsucht nach Exotischem damit erfüllte, dass man Alltagsgerichte mit den Namen der unerreichbaren Spezialitäten bezeichnete – so wurde der Knoblauch zur „Vanille des kleinen Mannes“.

Beim Vanillerostbraten wird das Fleisch vor dem Braten mit Knoblauch eingerieben und beidseitig rosa gebraten. Für die Sauce dünstet man im Bratrückstand und 1 bis 2 EL Butter etwa 8 bis 10 blättrig geschnittene Knoblauchzehen hellbraun, vergießt diese mit 250 ml Rindsuppe, welche man verkochen lässt. Dann kommt der ausgetretene Fleischsaft dazu. Abschmecken und über das Fleisch gießen. Mit Bratkartoffeln auftischen.

GEDÜNSTETE RINDSSCHNITZEL

ÖSTERREICH

Zu den beliebtesten Gerichten der Wiener Küche zählen gedünstete Rindsschnitzel aller Art. Ähnlich wie bei den Rostbraten wird gut abgehangenes Fleisch in einer aromatischen (aber nicht zu komplizierten) Sauce gedünstet und zumeist mit einer Nudelbeilage aufgetischt. Hier zwei Rezeptversionen, die mir persönlich ganz besonders schmecken.

RINDSSCHNITZEL ALLA „JOSI"

FÜR 4 PERSONEN

4 Rindsschnitzel (200 – 250 g), 1 große Zwiebel, Estragonsenf, 2 – 3 Knoblauchzehen, Kümmel, 1 großer EL Mehl, Öl, kräftige Rinderbrühe (ersatzweise Brühewürfel), Pfeffer aus der Mühle, Salz, 3 – 4 EL klein geschnittener Speck

Die Rindsschnitzel leicht klopfen, salzen, pfeffern und beidseitig mit Senf bestreichen. Die Zwiebel fein hacken und in einer separaten Pfanne goldgelb rösten.

Jeweils zwei Schnitzel in Öl beidseitig scharf anbraten, danach herausnehmen und parat halten. Die gerösteten Zwiebeln in den Bratensatz geben, mit Rinderbrühe (oder Wasser und Brühewürfel) aufgießen, salzen, pfeffern und mit zerdrücktem Knoblauch und gemahlenem Kümmel würzen; Sauce aufkochen lassen.

Die Schnitzel in die heiße Sauce legen und langsam weich dünsten. Wenn das Fleisch fast gar ist, Schnitzel wieder herausnehmen, den Saft abschmecken (vor allem Senf dazugeben) und mit Mehl stäuben. Die Sauce verkochen lassen, die Konsistenz regulieren (sie sollte mollig sein). Schnitzel wieder hineingeben und fertig dünsten.

Speck in einer separaten Pfanne knusprig auslassen. Die Rindsschnitzel auf Tellern anrichten, mit dem ausgelassenen Speck garnieren und in Butter geschwenkte Spiralnudeln dazu servieren.

VARIANTE

In der Wiener Küche schätzt man auch das sogenannte Sardellenschnitzel, bei dem ein größeres Rindsschnitzel zusammen mit gehacktem Speck, fein gewiegten Zwiebeln, einigen Sardellen, gehackten Kapern und geriebener Zitronenschale in etwas Rindsuppe gedünstet wird. Die Sauce wird vor dem Servieren mit saurer Sahne und Mehl gebunden. Garniert wird mit Sardellenringen, als Beilage reicht man in Butter abgeröstete Serviettenknödel oder Teigwaren.

RINDSROULADEN NACH HAUSFRAUEN-ART

ÖSTERREICH/DEUTSCHLAND

Eines der ganz wenigen Gerichte, wo sich Österreich und Deutschland bei der Zubereitung im Wesentlichen einig sind ...

FÜR 4 PERSONEN

12 dünnere Scheiben Rindfleisch aus der Oberschale (à ca. 100 g), Senf, 100–150 g in dünne Scheiben geschnittener Jausen- oder Frühstücksspeck, 2–3 Stangen Lauch (nur das Weiße), 4–5 Karotten, einige Anchovis, Butterschmalz, Pfeffer aus der Mühle, Salz

Für die Sauce: 1–2 EL Mehl zum Bestäuben, 1 Bund Wurzelgemüse, 150–250 ml sehr guter Rotwein, 100–200 ml Rinderbrühe, 125 ml Crème fraîche, Pfeffer aus der Mühle, Salz

Die Fleischscheiben sanft weichklopfen, leicht würzen und mit Senf bestreichen. Jede Fleischscheibe mit einer schönen Scheibe Speck belegen, dann einige streichholzfein geschnittene Lauch- und Karottenstreifen und nach Wunsch auch ein oder zwei Anchovis – alles leicht gebündelt – daraufpacken. Die Rouladen nicht zu fest zusammenrollen und verschnüren (oder mit Spießen zusammenstecken).

Butterschmalz in einer Kasserolle erhitzen, die Rouladen rundherum darin anbraten, währenddessen mit wenig Salz und Pfeffer nachwürzen. Das geputzte und gewürfelte Suppengemüse dazugeben, ebenfalls anrösten, schließlich alles mit Mehl bestäuben. Mit Wein und Brühe aufgießen, danach die Rouladen etwa 1,5 bis 2 Stunden bei ganz milder Hitze schmoren lassen; ab und zu wenden.

Wenn das Fleisch weich ist, die Rouladen aus der Kasserolle heben auf einer Platte warm halten. Crème fraîche in die Sauce rühren und diese 10 bis 15 Minuten verkochen lassen, dann die Sauce aufmixen und durch ein feines Sieb streichen. Sauce sehr heiß über die Rouladen gießen, dazu reicht man in Butter geschwenkte Nudeln, Spätzle bzw. Nockerln.

VARIANTE

Statt Rotwein einen kräftigen Weißwein nehmen und die Sauce mit Kapern vollenden.

HINWEIS:
In der Schweiz werden die Rouladen gerne mit feinem Kalbshackfleisch oder Wurstbrät gefüllt und die Sauce wird mit Apfelwein oder Weißwein zubereitet sowie mit Apfelstücken verfeinert.

GEWICKELTER RINDSBRATEN „ALT-WIEN“

ÖSTERREICH

FÜR 6 – 8 PERSONEN

2 kg Beiried ohne Knochen, 250 g Selchspeck, 2 – 3 große Zwiebeln, 1 Bund geputztes Suppengemüse (2 Karotten, 1 gelbe Rübe, 1 Petersilienwurzel, 1 Stange Lauch, 1 Scheibe Knollensellerie), 6 Sardellenfilets, einige Zweige frischer Thymian, Weißwein nach Bedarf, Rinderbrühe nach Bedarf, reichlich gehackte Petersilie, Pfeffer aus der Mühle, Salz

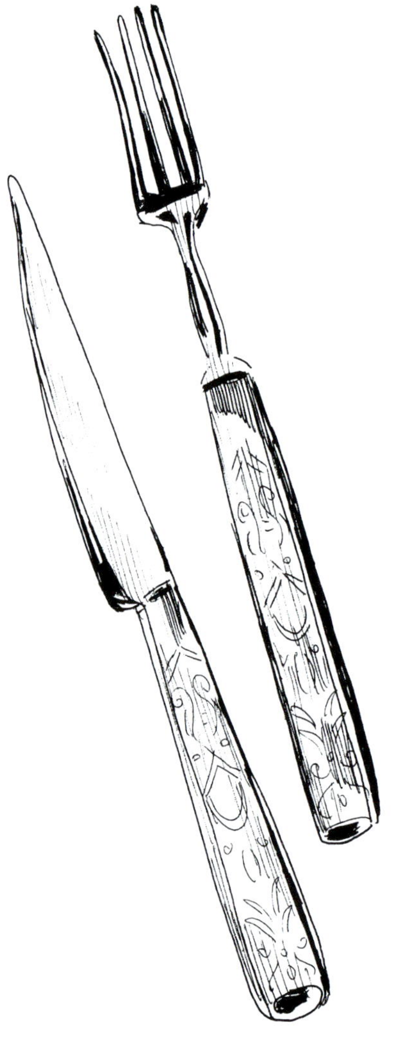

Das gut abgelegene Fleisch mit der flachen Seite der Fleischhacke (oder mit der flachen Seite eines Fleischklopfers) möglichst gut klopfen, anschließend kräftig mit Salz und Pfeffer würzen und die Fettauflage leicht einschneiden (dabei das Fleisch möglichst nicht verletzen). Die Fleischseite (die Fettseite muss beim Ausrollen außen sein) mit einem Gemisch aus gehacktem (oder in Blätter geschnittenem) Speck, gehackten Anchovis, gehackter Petersilie und einer fein gewiegten Zwiebel bestreuen (ich würze zusätzlich mit etwas Senf oder Muskatnuss). Nun den Braten vom dicken zum dünneren Ende hin aufrollen und mit Spagat fest umwickeln.

Den Boden einer großen Kasserolle aus Gusseisen (sie sollte aber nicht viel größer als der Braten sein) mit Speckscheiben auslegen, diese mit Zwiebelringen und geschnittenem Wurzelgemüse belegen. Thymianzweige daraufstreuen, das Fleisch mit der Fettschicht nach unten in die Kasserolle legen und darauf achten, dass die offene Seite oben liegt. Kasserolle auf den Herd stellen und alles braun rösten; zunächst wird der Speck anlaufen und Farbe nehmen, darin röstet man Fleisch und Gemüse. Wenn alles eine schöne Farbe hat, wird mit Wein und Suppe aufgegossen, bis der Braten bedeckt ist. Nun bei nicht allzu großer Hitze gute drei Stunden langsam schmoren lassen, bis das Fleisch butterweich ist.

Spagat entfernen und das Fleisch in Scheiben geschnitten auf einer Platte anrichten; warm halten. Den Bratensaft abfetten, passieren und gut abschmecken. Sauce über das Fleisch gießen und alles mit in Butter geschwenkten Makkaroni umkränzt auftischen.

STOFFADE

ÖSTERREICH

Dies ist eines der legendären Gerichte aus der guten alten k.u.k. Küche Österreichs, welches ziemlich in Vergessenheit geraten ist – zu Unrecht allerdings. Überzeugen Sie sich selbst:

FÜR 6–8 PERSONEN

2 kg Ortscherzel, 100 g Schinken, 100 g Selchzunge, 80 g Selchspeck, einige Scheiben grüner Speck, 3 Zwiebeln, 1 Bund Wurzelwerk (2 Karotten, 1 gelbe Rübe, 1 Stück Sellerie, etwas Lauch), 2–3 Lorbeerblätter, einige Pfefferkörner, 6–8 zerdrückte Wacholderbeeren, 4–5 getrocknete Feigen, 2 dicke Schwarzbrotscheiben, 750 ml bester Rotwein, etwas Rinderbrühe, Salz

Schinken, Zunge und Speck in möglichst gleich lange Stücke schneiden. Das Fleisch gut klopfen, mit Salz und Pfeffer einreiben, danach mit den Schinken-, Zungen- und Speckstücken spicken.

Den Boden einer schweren Kasserolle mit einigen Scheiben Speck auslegen, dann die fein geschnittenen Zwiebeln sowie das gehackte Wurzelgemüse daraufstreuen. Zerdrückte Wacholderbeeren, einige Pfefferkörner und Lorbeerblätter einfüllen, die Brotscheiben darüberlegen und das Fleisch daraufbetten. Die getrockneten Feigen rundherum streuen. Einen Deckel auflegen und das Ganze in den Ofen schieben. Wenn das Fleisch leicht Farbe genommen hat, wird der Rotwein dazugegossen und alles 2 bis 3 Stunden gedünstet. Sollte die Flüssigkeit zu sehr einkochen, etwas Rinderbrühe nachgießen.

Den fertigen Braten in Alufolie wickeln, warm stellen. Bratensaft entfetten und passieren. Das Fleisch aufgeschnitten auf einer Platte anrichten, mit etwas Saft übergossen servieren.

VARIANTE

Zuweilen wird der Braten auch nur mit Streifen von Wurzelgemüse und Speck gespickt.

IN BERGHEU GEDÄMPFTES NOCKBERGE-RINDFLEISCH

ÖSTERREICH

Für dieses Gericht sollte man ausschließlich Bergheu aus den Nockbergen und natürlich das berühmte Nockberge-Rindfleisch verwenden (Bezugsquellen siehe Glossar). Das Geheimnis sind die mehr als 600 (!) Bergkräuter, die einerseits für das einzigartige Aroma des Heus verantwortlich sind und andererseits auch dem Rindfleisch seinen unnachahmlichen Geschmack verleihen – die Kühe grasen nämlich mindestens einen Sommer auf den saftigen Almweiden der Nockberge, nehmen dadurch die Kräuter auf natürliche Art und Weise zu sich und würzen so „ihr" Fleisch selbst.

Zur Geschmackssensation wird das Gericht, wenn man dem Heu etwas Speik (*Valeriana celtica L.*) hinzufügt – aber nur wenig nehmen, das Aroma ist sehr intensiv! Am besten schmeckt das Rezept, wenn es mit einem ganzen Kruspelspitz oder Tafelspitz (mit Fettauflage) zubereitet wird.

FÜR 6–8 PERSONEN

2 kg Rindfleisch im Ganzen, ich bevorzuge Kruspelspitz (es geht aber auch mit Schulterstück, Tafelspitz, Rostbraten u.a.), 4–6 Handvoll Nockberge-Heu, 125 ml kräftige Knochenbrühe mit Fettaugen (siehe S. 166), Butter, schwarzer Pfeffer aus der Mühle, grobes Ursalz aus dem Salzkammergut, feines Ursalz aus dem Salzkammergut (ersatzweise Fleur de Sel)

Den Boden eines gewässerten Römertopfes mit der Hälfte des Heus auslegen, das mit grobem Ursalz eingeriebene Fleisch daraufbetten; wenn vorhanden 2 bis 3 Blätter Speik dazugeben. Die Brühe darübergießen und das Fleisch mit dem restlichen Heu belegen. Einen Deckel auflegen und den Topf in den auf 120 bis 140 °C vorgeheizten Ofen stellen. Etwa 4 bis 6 Stunden leise dämpfen lassen, damit die Aromen des Bergheus in das Fleisch eindringen können. So selten wie möglich öffnen, nur bei Bedarf etwas Brühe nachgeben.

Den fertigen Braten tranchieren und mit Bergheu auf einer Platte (oder im Tontopf) anrichten; mit feinem Ursalz und mit schwarzem Pfeffer bestreuen. Den durch ein Sieb abgegossenen Fond kräftig einkochen und mit ein wenig kalter Butter verfeinern. Braten mit dem Kochfond auftischen. Dazu passen Butterkartoffeln oder in Butter geschmälzte Sauerrahm-Nockerln (Spätzle, mit saurer Sahne statt mit Milch zubereitet).

VARIANTE

Wer es etwas deftiger mag, der schneidet das Fleisch in 6 bis 8 dicke Scheiben und schichtet diese auf das Heu; zwischen jeweils zwei Fleischscheiben eine dickere Scheibe Gurktaler Speck stecken. In diesem Fall das Fleisch nur dezent salzen.

RÖMERTOPF®

FREIBURGER GULASCH MIT SPÄTZLE

DEUTSCHLAND

Ein Klassiker der badischen Küche. Ich liebe dieses Gericht sehr, vor allem wenn es mit frischen, hausgemachten Spätzle (mit mindestens 12 Eiern pro Kilogramm Mehl) aufgetischt wird.

FÜR 6–8 PERSONEN

800 g gewürfeltes Rindfleisch (Keule oder Schulter), 600 g frische Mischpilze (Steinpilze, Pfifferlinge, Butterpilze), 2 große, fein gehackte Zwiebeln, 1–3 zerdrückte Knoblauchzehen, 200 ml guter badischer Weißwein, 500 ml kräftige Fleischbrühe, 3–4 EL Kirschwasser, 2–3 EL Preiselbeeren, 1 Kompottbirne, 1–2 EL gehackte Petersilie, 1,5 EL Mehl, 3–4 EL Butter, etwas Paprikapulver, Pfeffer aus der Mühle, Salz

Für die Spätzle: 500 g Mehl (vorzugsweise Spätzlemehl, ersatzweise Type 480), 8 Eier, etwas Milch, 1 Schuss Sodawasser, Salz, Butter zum Abschmälzen

Für das Freiburger Gulasch das Rindfleisch in heißem Öl anbraten, Zwiebeln dazugeben und ebenfalls anrösten. Topf vom Herd nehmen, paprizieren, pfeffern, salzen und Knoblauch nach Geschmack dazugeben. Mit Mehl bestäuben, mit Fleischbrühe ablöschen und einkochen lassen. Die geputzten und blättrig geschnittenen Pilze in Butter dünsten, dann mit dem Wein zum Gulasch geben und alles etwa 50 bis 60 Minuten schmoren. Zum Schluss mit Kirschwasser, Preiselbeeren und kleinen Birnenscheibchen vollenden, abschmecken.

Für die Spätzle das Mehl in eine Schüssel geben, in die Mitte des Mehlbergs eine Kuhle eindrücken, Eier einschlagen, Milch, einen Schuss Sodawasser und eine Prise Salz zugeben. Alles mit einem Kochlöffel vermengen und so lange schlagen, bis ein glatter (eher fester) Teig entstanden ist. Die Teigschüssel mit einer Klarsichtfolie verschließen und den Teig eine halbe Stunde ruhen lassen. In der Zwischenzeit einen großen Topf mit Salzwasser zum Kochen bringen.

Ein Spätzlebrett kurz ins kochende Wasser tauchen, darauf ca. 2 EL Teig streichen. Den Teig mit einem ebenfalls angefeuchteten Teigschaber (man kann auch eine Palette oder ein langes Messer nehmen) zuerst flachstreichen und danach dünne Streifen ins kochende Wasser schaben. Wenn die Spätzle gar sind, steigen sie nach oben. Mit einem Sieblöffel die Spätzle aus dem kochenden Wasser nehmen und kurz in eine Schüssel mit kaltem Wasser geben; anschließend abseihen. Das Ganze so lange wiederholen, bis der Teig aufgebraucht ist.

Kurz vor dem Servieren reichlich Butter in einer Pfanne erhitzen, die Spätzle portionsweise darin abschmälzen. Wenn die Spätzle leicht knusprig sind, werden sie mit dem Gulasch (dieses mit Petersilie bestreuen) sofort serviert.

VARIANTE

Die Kombination von Rindfleisch und Früchten ist weiter verbreitet als vermutet. So kombiniert man Rindfleisch zumeist bei Schmorbraten etwa mit Dörrobst, eine delikate Kreation ist der US-Rinderbraten, welcher langsam im Ofen mit Preiselbeeren (eigentlich Cranberries) geschmort wird. Bei diesem Gericht – meist wird es aus Ochsenbrust zubereitet – reicht man in den USA die Schmor-Sauce noch extra dazu.

Cranberry-Sauce: 600 g frische Cranberries mit 500 g Zucker, 125 ml Cranberry-Saft, 125 ml Orangensaft (frisch gepresst) und etwas abgeriebener Orangenschale aufkochen, bis die Beeren aufplatzen – abkühlen lassen. Eine Stunde, bevor das Fleisch, welches mit klassischem Röstgemüse in einer Kasserolle geschmort wird, gar ist, die Hälfte der Sauce dazugeben; restliche Sauce erkaltet extra dazu reichen.

WESTFÄLISCHER PFEFFERPOTTHAST

DEUTSCHLAND

Pott sagt man im Westfälischen zum Topf, unter Hast versteht man gekochtes Fleisch. In Westfalen war es nicht üblich, häufig Rindfleisch zu essen, der Pfefferpotthast ist also ein traditioneller Festtagsschmaus.

Dieser würzige Rindfleischtopf ist in Dortmund seit dem 14. Jahrhundert aktenkundig und erinnert in seiner Zubereitung entfernt an das französische Burgunderfleisch (siehe S. 206). Besonders gut schmeckt der Pfefferpotthast, wenn er in großen Mengen zubereitet wird.

Ich persönlich bereite Pfefferpotthast im Römertopf zu, weil er darin ganz besonders zart und saftig wird, eine gut verschließbare Kasserolle aus Gusseisen ist ebenfalls geeignet.

FÜR 6–8 PERSONEN

1,5 kg Rindfleisch aus Wade und Schulter, 200–250 g Speckschwarte (ersatzweise frische Schweineschwarte), 1 kg Zwiebel, etwa 750 ml Rinderbrühe, 200 ml dunkles Bier, 2 Handvoll feine Schwarzbrotbrösel (ersatzweise Brösel von 3–4 altbackenen Brötchen), 2 EL gewaschene Kapern, abgeriebene Schale einer unbehandelten Zitrone, 3–4 Pimentkörner, 2–3 Nelken, 2–3 Lorbeerblätter, Cayennepfeffer, schwarzer Pfeffer aus der Mühle, Salz

Außerdem zum Servieren: Senf- und Gewürzgurken, guter (vorzugsweise handgerührter) Senf, Salz- oder Bratkartoffeln (in Schmalz gebraten)

Das Fleisch in 3 bis 4 cm große Würfel und die Zwiebel in dünne Ringe schneiden. Beides recht großzügig mit der abgeriebenen Zitronenschale, Cayennepfeffer, Pfeffer aus der Mühle und Salz würzen.

Einen gewässerten Römertopf oder einen Gusseisentopf mit der Schwarte auslegen, dann eine Lage Fleisch, eine Lage Zwiebel und ein paar Kapern hineinschichten. So fortfahren, bis Fleisch, Zwiebeln und Kapern aufgebraucht sind. Das Ganze mit Fleischbrühe und dunklem Bier begießen, Gewürze hinzufügen und mit Bröseln bestreuen. Zugedeckt im auf 160 °C vorgeheizten Backofen 2 Stunden schmoren lassen. Pfefferpotthast öffnen, einmal gut durchrühren und weitere 1 bis 2 Stunden fertig schmoren.

Pfefferpotthast servieren und erst bei Tisch öffnen. Dazu gibt es die oben angeführten Beilagen und frisch gezapftes Pils.

VARIANTE

Ich bereite das Gericht etwas anders zu: 2 kg Wade, 1 kg Schulter, 500 g Tristel (Hals), 250 g Speckschwarte, 3 kg Zwiebel, 8 Knoblauchzehen, 4 Lorbeerblätter, 1 zerteilte Zimtstange (20 cm), 1 EL ganze Muskatblüten (Macis), 12 Pimentkörner, 1 TL Koriandersamen, 1,5 TL Pfefferkörner, 1 g Safranfäden, 1 TL gemahlener Kreuzkümmel, 2–3 EL Dijonsenf, 1 Flasche trockener Weißwein, 1 Schuss Weinessig, Rinderbrühe nach Bedarf, Salz

RÖMERTOPF®

SCHWARZWÄLDER JÄGERBRATEN

DEUTSCHLAND

Wer Schwarzwälder Schinkenspeck liebt, wird dieses Gericht besonders schmackhaft finden, denn es wird ausschließlich damit zubereitet – nur Schwarzwälder Schinkenspeck verfügt über das zarte Aroma von Tannen.

FÜR 6 PERSONEN

gut 1,25 kg Rinderbraten (in eine große Scheibe aufgeschnitten), 600 g Mischpilze oder Wiesenchampignons in Scheiben, 200 g fein gewürfelter Schwarzwälder Schinkenspeck, 200 g Schwarzwälder Schinkenspeck in Scheiben, 2 fein gehackte Zwiebeln, 1 Bund fein gehackte Petersilie, 1 große gehackte Karotte, 2 – 4 zerdrückte Knoblauchzehen, 250 – 300 ml Gutedel (Weißwein), 125 – 150 ml saure Sahne oder Crème fraîche, Fett zum Braten, Pfeffer aus der Mühle, Salz

Das Fleisch aufklappen, dann auf der Innenseite mit Salz und Pfeffer würzen und mit den Schinkenspeck-Scheiben belegen. Den gewürfelten Speck, die grob gehackten Pilze, die fein gewiegten Zwiebeln und die gehackte Petersilie zusammen anbraten, 10 Minuten dünsten, dann abgekühlt auf dem Fleisch verteilen. Zu einer Roulade rollen, binden und den Rollbraten in einer Kasserolle in Butter oder Öl rundherum scharf anbraten. Gewürfelte Karotte und Knoblauch hinzugeben, mit Wein aufgießen und den Braten zugedeckt 1,5 bis 2 Stunden leise schmoren lassen (ab und an wenden). Fleisch aus der Kasserolle heben und warm stellen; Sauce mit saurer Sahne vermischen, passieren und abschmecken. Braten aufschneiden, anrichten und mit der Sauce überzogen auftischen. Dazu reicht man Spätzle (siehe S. 186) oder Schupfnudeln.

OCHSENBRUST MIT MEERRETTICHSAUCE

DEUTSCHLAND

Ein Klassiker der gutbürgerlichen Küche Deutschlands, der insbesondere im badischen Raum gerne zu familiären Festlichkeiten aufgetischt wird. Dazu serviert man traditionell Petersilienkartoffeln und Rote-Bete-Salat.

FÜR 6 PERSONEN

2 kg Ochsenbrust am Stück, Suppengemüse (2 Stangen Lauch in Ringen, 1 gehackte Karotte, 200 g Knollensellerie), 1 Bund Petersilie, 2 geviertelte Zwiebeln, 4 Lorbeerblätter, einige Pfefferkörner

Für die Sauce: 50 g Butter, 50 g Mehl, 250 ml Milch, 200 ml saure Sahne, 150 – 200 g frisch gerissener Meerrettich, Muskatnuss, weißer Pfeffer, Salz

3 Liter Salzwasser mit dem Suppengemüse und den Gewürzen zum Kochen bringen, das Fleisch hineinlegen und bei geschlossenem Topf 2,5 bis 3 Stunden köcheln lassen. Zwischenzeitlich aus Butter und Mehl eine Einbrenn (Mehlschwitze) bereiten, diese mit Milch zu einer Béchamelsauce verkochen und vom Herd nehmen; mit glatt gerührter saurer Sahne, reichlich Meerrettich, weißem Pfeffer aus der Mühle, Muskatnuss und Salz abschmecken. Fertig gegartes Fleisch quer zur Faser in Scheiben schneiden und anrichten, mit den separat zubereiteten Petersilienkartoffeln umkränzen und auftischen. Meerrettichsauce und Rote-Bete-Salat extra dazu reichen.

VARIANTE

Die Sauce zusätzlich mit blanchierten Apfel- und/oder Birnenstücken und Johannisbeergelee verfeinern.

HINWEIS:

In Baden-Württemberg und dem nahen Elsass (aber auch in weiten Teilen Österreichs) wird die Ochsenbrust – wie auch Zunge, Rippenstück oder Rinderkamm – gerne ein paar Tage eingesalzen oder gepökelt, bevor man sie zubereitet. Derart eingesalzenes Fleisch gehört – wenn es fachmännisch vorbereitet wird – sicherlich zu den besten Gerichten der gutbürgerlichen Küche. Das eingesalzene Fleisch wird (evtl. unter Zugabe gewünschter Kräuter und Gewürze) langsam weich gekocht und anschließend mit Sauerkraut (vorzugsweise abgeschmalzen), Rotkohl, Rosenkohl, gedämpftem Wirsing, Zwiebelgemüse, in Butter glasierten Puffbohnen, Linsen, Erbsen- oder Kartoffelpüree aufgetischt; dazu reicht man nach Belieben Senf und frisch gerissenen Meerrettich.

SPIESSBRATEN

DEUTSCHLAND

Der Spießbraten ist eine Spezialität aus dem Saarland und Rheinland-Pfalz, insbesondere aus der Edelsteinstadt Idar-Oberstein. Angeblich sollen um 1850 Edelsteinsammler aus Idar-Oberstein die Geheimnisse seiner Zubereitung aus Brasiliens Urwäldern mitgebracht haben, was ich mir angesichts der Rezeptur nur schwer vorstellen kann. Heute wird der Spießbraten nur mehr sehr selten in seiner Originalversion (ein Rollbraten am Spieß) aufgetischt, meist handelt es sich um etwa 300 bis 500 g schwere Fleischstücke, welche auf einem Schwenkgrill (Dreibein) über Glut gegart werden. Auch in Backöfen mit Drehgrill-Vorrichtung kann man Spießbraten zubereiten, doch der echte Spießbraten über Buchenholz gegrillt ist einfach eine Klasse für sich.

FÜR 6–8 PERSONEN:

1 gut durchwachsenes Stück Rindfleisch (mindestens 2–3 kg), sehr viele Zwiebeln, viele Knoblauchzehen (mit Salz zu einer Paste zerdrückt), einige Thymianzweige, scharfes Paprikapulver, Muskatnuss, Dijonsenf, neutrales Pflanzenöl, schwarzer Pfeffer aus der Mühle, mittelfeines Meersalz

Das Fleisch (wie für Rouladen) zu einer großen, nicht zu dicken Platte aufschneiden und rundherum kräftig mit Salz und Pfeffer würzen. Sehr viele Zwiebeln schälen und in feine Ringe schneiden, reichlich salzen und mit dem Salz durchkneten. Eine Schicht Zwiebeln in eine säurefeste Form geben, das Fleisch darauflegen und gründlich mit Zwiebeln abdecken. Im Kühlschrank einige Stunden marinieren lassen, dabei das Fleisch mit den Zwiebeln immer wieder gut durchkneten, damit das Zwiebelwasser in das Fleisch eindringen kann.

Die gründlich einmarinierte Fleischplatte aus den Zwiebeln nehmen und auf einer Arbeitsfläche ausbreiten. Die Oberseite nochmals pfeffern, dann mit Muskatnuss und scharfem Paprika würzen, anschließend mit zerdrücktem Knoblauch und Senf bestreichen. Dick mit den marinierten Zwiebelringen belegen, mit Thymianblättern und scharfem Paprikapulver bestreuen, fest zu einem Rollbraten aufrollen und mit Küchengarn binden. Außenseite salzen, pfeffern und dick mit Zwiebeln bedecken; den Braten noch einige Zeit ruhen lassen.

Aus gut abgelagertem Buchenholz eine kräftige Glut herstellen, über der die Flammen etwa handhoch züngeln – das ist erwünscht, weil die Flammen für den besonderen Geschmack sorgen. Das Fleisch gründlich einölen, dann auf einen Spieß stecken und langsam über der Glut braten, dabei immer wieder drehen und mit Öl einpinseln. Wenn der Braten nach rund 2 Stunden schön knusprig braun ist, diesen vom Feuer nehmen und vor dem Aufschneiden 5 bis 10 Minuten ruhen lassen. Dazu reicht man Salz- oder Bratkartoffeln und einen mit saurer Sahne verfeinerten Rettichsalat.

BÖFLAMOTT

DEUTSCHLAND

Wahrscheinlich ist dieses Gericht mit Napoleons Heer nach Deutschland gekommen, wobei aus *bœuf à la mode* das umgangssprachliche Böflamott wurde. Für viele bodenständige Köchinnen und Köche ist dies der klassische Rinderbraten schlechthin.

HINWEIS:
Besonders fein wird die Sauce, wenn man einen gespaltenen Kalbsfuß mitgaren lässt und auf die Sahne in der Sauce verzichtet.

FÜR 6–8 PERSONEN

1,5 kg Rinderbraten (vorzugsweise aus der Schulter), 75–100 g Speck zum Spicken, 2 mit jeweils 1 Lorbeerblatt und 2 Nelken gespickte Zwiebeln, 1 große Karotte, ca. ¼ Sellerieknolle, 1 Petersilienwurzel, 1 Stange Lauch, 1 Bund glatte Petersilie, 1–2 Thymianzweige, 6–8 Wacholderbeeren, 125–150 ml Rotweinessig, 2 Flaschen Rotwein (vorzugsweise Burgunder), 3–4 EL Schweineschmalz oder Gänseschmalz, 2–3 EL Zucker, 100 ml Sahne, schwarzer Pfeffer aus der Mühle, Salz

Das Gemüse putzen und in gleichmäßige Würfel schneiden, danach zusammen mit dem Fleisch, den gespickten Zwiebeln, der Petersilie, den Thymianzweigen und den Wacholderbeeren in eine passende Schüssel (sie sollte kaum größer als das Fleischstück sein) füllen. Mit Essig und Rotwein übergießen, so viel Wasser dazugeben, dass das Fleisch ganz bedeckt ist. Zugedeckt an einem kühlen Ort 3 bis 4 Tage marinieren lassen, dabei gelegentlich wenden.

Am Tag der Zubereitung das Fleisch aus der Beize heben und mit dünnen Speckstreifen spicken; trocken tupfen und mit Salz und Pfeffer würzen. Beize durch ein Sieb gießen, Gemüse und Flüssigkeit getrennt bereitstellen. Schmalz in einem schweren Schmortopf erhitzen, das Fleisch darin kräftig rundherum anbraten. Das Gemüse dazugeben und ebenfalls anrösten. Alles mit einem Schuss Beize ablöschen, wenn diese verkocht ist, die gesamte Beize angießen. Aufkochen lassen, Hitze zurücknehmen und das Fleisch etwa 3 Stunden langsam schmoren lassen.

Fertigen Braten aus dem Topf heben und in Folie gewickelt warm halten; die Sauce durch ein Sieb abgießen. Gespickte Zwiebeln, Thymianzweige und Wacholderbeeren herausnehmen, das restliche Gemüse pürieren. Den Fond passieren, das pürierte Gemüse dazugeben, die Sauce mit Zucker, Salz und Pfeffer abschmecken und die Sahne einarbeiten. Alles leise köcheln lassen, dann nochmals durchseihen.

Das Fleisch in Tranchen aufschneiden und auf einer Platte oder Tellern anrichten. Mit der Sauce überziehen und mit in Butter geschmälzten Spätzle oder Butternudeln auftischen.

BEEFSTEAK À LA TARTARE

FRANKREICH/ENGLAND

Genau genommen ist das heute unter dieser Bezeichnung geläufige Gericht das sogenannte Beefsteak à l'Américaine (Variante 1). Beim echten „Tartare" (Variante 2) wird das Eigelb weggelassen und Sauce tartare extra dazu gereicht.

In beiden Fälle ist dies ein Gericht, welches ganz nach persönlichem Geschmack zubereitet werden darf – aber nicht zu viel würzen, sonst wird der Fleischgeschmack überdeckt! Tartare wird niemals maschinell zerkleinert oder durch den Wolf gedreht, sondern immer mit einem schweren Messer fein gehackt – und erstklassige Fleischqualität versteht sich von selbst. Wer Filet nimmt, hat ein feines Tartare, aus sauber parierter Lende wird es kräftiger im Aroma!

VARIANTE 1: BEEFSTEAK À L'AMÉRICAINE

PRO PERSON

180–250 g feinst gehacktes Filetsteak oder Rumpsteak, 1 frisches Eigelb, 2 Anchovis (nach Belieben), 2 sehr fein gehackte Schalotten, 1 EL feinst gehackte glatte Petersilie, 1 Cornichon, Pfeffer aus der Mühle, feines Meersalz

Das Fleisch sauber parieren, von allen Fett- und Hautresten befreien, danach mit einem schweren Messer erst klein würfeln, anschließend fein hacken, salzen, pfeffern und mit wenig Petersilie versetzen. Das Fleisch auf der Tellermitte zu einer flachen, runden Scheibe formen, in der Mitte eine Vertiefung eindrücken und das Eigelb hineinsetzen. Um das Eigelb herum die feinst gehackten Schalotten kranzförmig anrichten und die Anchovis kreuzförmig darüberlegen. Cornichon fächerförmig an den Tellerrand platzieren. Mit Baguette und leicht gesalzener Butter servieren.

Weitere mögliche Zutaten: Cayennepfeffer, Tabasco, Worcestersauce, Kapern oder ein Schuss Cognac bzw. Wodka. Aber wie eingangs erwähnt: nicht zu viel!

VARIANTE 2: BEEFSTEAK À LA TARTARE

Ein Beefsteak wie in Variante 1 vorbereiten, jedoch das Eigelb und die Anchovis weglassen; Sauce tartare extra dazu reichen: 2 hart gekochte Eigelbe zu einer sehr glatten Paste verrühren, salzen und pfeffern. Dann mit 250 ml Öl und einem kleinen Schuss Essig zur Sauce aufschlagen und mit im Mörser zu Püree zerstoßenem Schnittlauch (das Schnittlauchpüree noch durch ein Sieb streichen) sowie etwas Majonäse vollenden. Ich geben noch einen Klecks Dijonsenf und einen Spritzer Zitronensaft dazu.

LUCCAS AUGEN

Die Schauspielerin Pauline Lucca soll besonders schöne Augen gehabt (oder auch gemacht) haben, daher wurde das Rezept ihr zu Ehren kreiert: Ein mild gewürztes und mit Eigelb vermischtes Beef tartare auf eine gebutterte Toastscheibe streichen und mit einer ausgelösten Auster belegen; diese mit Belugakaviar umkränzen (als wären es Wimpern). Mit gehackten Zwiebeln, Kapern und mit Worcestersauce abgeschmecktem Schmand auftischen.

POT AU FEU

FRANKREICH

Für Paul Bocuse ist der Pot au feu eine der Grundlagen der Küche, für die Franzosen ein Nationalgericht; beinahe jede Region Frankreichs nimmt den Pot au feu als für sich typisch in Anspruch – salomonisch betrachtet ist er einfach französisch. Im Elsass ist er ein traditionelles Hochzeitsmahl, im Burgund ein Gericht der Rinderhirten, in der Lyonnais eine willkommene Stärkung an kalten Wintertagen.

Der Pot au feu kann notfalls mit einer Fleischsorte zubereitet werden, besser ist aber eine gemischte Fleischeinwaage von mindestens 3 kg. Laden Sie also alle Leute, die Sie kennen und mögen, zu einem herzhaften Pot au feu zu sich ein.

Besonders fein wird der Pot au feu, wenn man Fleischstücke auswählt, welche mit viel Gallerte durchzogen sind, etwa Wade, Schulterstück etc. Und auch von reichlich Fett sollte das Fleisch umgeben sein; hierfür eignet sich beispielsweise der Brustkern besonders gut. Außerdem sollten die Fleischteile möglichst groß sein, damit sie saftig bleiben und nicht auslaugen.

FÜR 8–12 PERSONEN

1,5 kg ausgelöste Rinderwade, 1 Rinderzunge (halbiert oder gedrittelt), 1 kg Schulterscherzel, 2 Rinderbacken, 6 große Stücke Ochsenschwanz, ½ Rinderherz (halbiert), 12 schöne Markknochen, 1 Kalbshaxe (fakultativ), 500–1.000 g Knochen (möglichst Fleischknochen)

Für die Brühe: 3–4 Karotten, 2 Stangen Lauch, 1 großes Stück Sellerieknolle (etwa ¼–½ Knolle), 2 Zwiebeln (eine davon mit 3–5 Nelken gespickt), 1 Knolle ungeschälte Knoblauchzehen, 1 großes Bouquet garni (Lorbeerblätter, Thymianzweige, einige Petersilienstängel), Pfefferkörner (vorzugsweise in einem Mulltuch), Meersalz

Für die Garnitur: 12 kleine junge Karotten, 6 kleine Stangen Lauch, 6 weiße Rübchen, 4 Pastinaken, 12 Kartoffeln (fakultativ)

Zum Servieren: Dijonsenf, frisch gerissener Meerrettich (fakultativ), grobes Meersalz

Einen riesigen Topf nehmen, auf den Herd stellen und den Boden mit gut gewaschenen Rinderknochen auslegen. Die verschiedenen Fleischstücke (ohne die Markknochen) auf die Knochen legen. Das Gemüse für die Brühe putzen und mit dem Bouquet garni dazugeben, auch die Pfefferkörner. So viel Wasser dazugießen, dass alles knapp bedeckt ist; salzen.

Alles langsam und ohne Deckel (!) zum Kochen bringen; den Schaum an der Oberfläche nicht abschöpfen! Die Hitze auf kleinste Stufe zurückdrehen und warten, bis der Schaum verkocht ist.

Den Pot au feu ohne Deckel offen ganz langsam bei niedrigster Flamme garen, so bleibt die Brühe klar. Das Fleisch rund 3 Stunden ganz leise ziehen lassen. Etwa nach 2 bis 2,5 Stunden das verkochte Gemüse und evtl. trübe Partikel an der Oberfläche mit einer Schaumkelle abschöpfen und durch das gleichmäßig zugeschnittene Garnitur-Gemüse ersetzen, auch die gewaschenen Markknochen hinzugeben. Wer mag, fügt ein paar geschälte Kartoffeln bei.

Vor dem Genuss des eigentlichen Gerichtes sollte man eine Tasse der herrlichen Brühe schlürfen. Zum Servieren das Fleisch (evtl. in Scheiben geschnitten) mit dem Gemüse auf großen, vorgewärmten Platten mit hohem Rand gefällig anrichten, mit kochender Brühe übergießen und mit grobem Meersalz bestreuen. Senf und Meerrettich werden separat dazu gereicht.

TIPP:
In manchen Gegenden Frankreichs reicht man zusätzlich Cornichons und/oder in Essig eingelegte Kirschen.

BŒUF MIROTON
RINDFLEISCH MIT SAURER SAUCE

FRANKREICH

Dieses Rezept stammt aus der Nähe von Paris. Das auf der Île de France (bekanntlich die Heimat großer Küchenklassiker) bekannte Gericht ist ursprünglich ein Resteessen, ganz nach dem Motto: *être pauvre n'est pas une raison suffisante pour manger mal* (arm zu sein ist kein ausreichender Grund, um schlecht zu essen).

SAUCE FÜR 4 PERSONEN

Fleischbrühe, 125 g Speckwürfel, vorgegartes Suppenfleisch (vorzugsweise Schulterfleisch) in dünnen Scheiben, 2 EL Butter, 4 in dünne Ringe geschnittene Zwiebeln, 1 – 2 fein gehackte Knoblauchzehen, 1 EL Mehl, 3 – 4 EL Weinessig, 6 – 8 Cornichons, Pfeffer aus der Mühle, Salz

Die Fleischbrühe zum Kochen bringen und die Speckwürfel etwa 10 Minuten darin garen, danach mit einer Schaumkelle herausheben. Nun die Fleischscheiben (so viele eben da sind) einlegen und erwärmen.

Butter in einer Pfanne erhitzen, Zwiebelringe und Knoblauch darin goldbraun anbraten. Die Speckwürfel dazugeben, alles salzen, pfeffern und mit Mehl bestäuben. Wenn alles gut durchgeröstet ist, wird mit dem Essig abgelöscht und mit so viel Fleischbrühe verkocht, wie es braucht, um eine sämige Sauce zu erhalten. Die Sauce 10 bis 15 Minuten auf kleiner Flamme köcheln lassen, bei Bedarf Brühe nachgeben. Zwischenzeitlich die Cornichons klein würfeln, am Ende der Garzeit in die Sauce geben.

Die warmen Fleischscheiben auf Tellern oder einer Platte anrichten, die Sauce darauf verteilen und mit Salzkartoffeln oder Nudeln servieren.

VARIANTE

Meine Pariser Freundin Colette verriet mir die schöne Variante, welche auf dem Bild zu sehen ist: Das Rindfleisch in dicke Scheiben schneiden und entweder in einer Pfanne mit Olivenöl oder in Rinderbrühe lauwarm werden lassen. Auf Tellern anrichten und mit Crème fraîche, Wachteleiern, Kapern, gerösteten Speckstreifen (samt ausgelassenem Fett), Cornichons, Dijonsenf und Kerbel ausgarnieren. Pfeffer darübermahlen und mit wenig Meersalz bestreuen.

HACHIS PARMENTIER AUFLAUF AUS RINDERHACK-FLEISCH UND KARTOFFELPÜREE

FRANKREICH

Dieses Gericht gehört zu den traditionellsten und beliebtesten Gerichten der französischen Hausmannskost, ist aber auch in Kantinen, Werksküchen, Schulküchen, einfachen Bistros und Brasserien omnipräsent.

Angeblich wurde es von Antoine-Augustin Parmentier kreiert, um den Franzosen das Kartoffelessen näher zu bringen. Ludwig XVI. hatte ihn beauftragt, all seine Kräfte daran zu setzen, die Kartoffel populär zu machen. Es dauerte aber beinahe zehn Jahre, genau bis zur Hungersnot von 1793, bis das Volk die neue Frucht akzeptierte. Als der „Kartoffelpapst" im Jahre 1813 starb, war die Knolle längst zum Volksnahrungsmittel geworden und hätte beinahe den Namen Parmentière erhalten.

Heute ist diese Liaison von zart schmelzendem Kartoffelpüree und würzigem Rindfleisch längst ein Klassiker und in aller Munde.

FÜR 4 PERSONEN

Für das Haschee: 750 g sehr fein gehacktes vorgekochtes Rindfleisch, 2 große Zwiebeln, 2 – 3 Knoblauchzehen, 1 Bund glatte Petersilie, frischer oder getrockneter Thymian, 4 – 5 EL Butter, Pfeffer aus der Mühle, Salz

Für das Püree: 1,5 kg mehlige Kartoffeln, 125 g Butter, 200 ml heiße Milch, 1 – 2 gepresste Knoblauchzehen, geriebene Muskatnuss, Pfeffer aus der Mühle, Salz

Außerdem: Butter für die Form, Butterflocken zum Gratinieren, geriebener Emmentaler oder Gruyère

Püree: Die Kartoffeln schälen und in größere Würfel schneiden, anschließend in Salzwasser weich kochen, abgießen und mit der Butter zerstampfen. Milch dazugeben und mit dem Schneebesen schaumig schlagen, würzig abschmecken.

Für das Haschee die Butter in einer Pfanne erhitzen, das sehr fein gehackte Fleisch darin zusammen mit fein gewiegten Zwiebeln, fein gehackter Petersilie und zerdrücktem Knoblauch andünsten; anschließend mit Thymian, Pfeffer aus der Mühle und einer guten Prise Salz abschmecken.

Eine Auflaufform geeigneter Größe ausbuttern, ein Drittel des Pürees hineinschichten, glatt streichen und die Hälfte des Haschees darauf verteilen. Das zweite Drittel Kartoffelpüree einfüllen, glatt streichen und das restliche Hackfleisch darauf verteilen, ebenfalls glatt streichen. Zuletzt alles mit dem restlichen Kartoffelpüree abdecken. Auf dieser Schicht reichlich Butterflocken und großzügig geriebenen Käse verteilen. Den Auflauf 20 bis 25 Minuten im vorgeheizten Backofen bei 210 bis 220 °C gratinieren. Zusammen mit einer großen Schüssel grünem Salat auftischen!

LA DAUBE PROVENZALISCHER FLEISCHTOPF

FRANKREICH

Diese für Südfrankreich typische Speise gehört zu den großen Klassikern der französischen Küche. Seinen Namen hat es von einem irdenen Schmortopf, den man in früheren Zeiten in einen mit Holz befeuerten Ofen schob und über Nacht darin stehen ließ. Am nächsten Morgen war das herzhafte Gericht gerade richtig gar.

Heute benutzt man für die Daube entweder einen schweren gusseisernen Topf und bereitet sie auf dem Herd zu oder man nutzt einen Römertopf und gart die Daube im Backofen. Entscheidender als der eigentliche Topf ist das zu verwendende Fleisch: es muss von der Rinderwade sein, vorzugsweise von der vorderen. So ist garantiert, dass das Fleisch nicht nur eine kräftige und sämige Sauce erzeugt, sondern selbst nicht fasert. Außerdem unverzichtbar sind die großen Würfel vom Petit salé, vom ungeräucherten gepökelten Schweinebauch.

FÜR 6–8 PERSONEN

1,5 kg Rindfleisch von der Wade (vorzugsweise Vorderwade) samt Sehnen und Leim, 500 g gepökelter, ungeräucherter Schweinebauch (Petit salé), 500 g frische Schweineschwarte, 2–3 EL Schweineschmalz, 1,5 l kräftiger Rotwein, 8 Lorbeerblätter, 1 Strauß Thymian, 1 großes Stück unbehandelte Orangenschale, schwarzer Pfeffer aus der Mühle, Salz

Das Rindfleisch und den Schweinebauch in Würfel von 4 bis 5 cm Kantenlänge schneiden, die Schwarte in kleine Stückchen teilen. Alle drei Fleischsorten in einer schweren Kasserolle in Schweineschmalz kräftig anrösten, salzen und pfeffern. Mit dem Wein ablöschen, aufkochen lassen und die Gewürze dazugeben. Zugedeckt auf ganz kleiner Flamme (oder in einen Römertopf umgefüllt im mäßig heißen Backofen bei 140 °C) mindestens 4 Stunden, besser 5 bis 6 Stunden, sanft schmoren lassen. Dank der Schwarten und der Sehnen im Rindfleisch wird die Sauce sämig und gehaltvoll – wahrlich ein stärkendes Mahl für Freunde herzhafter Aromen! Dazu reicht man Baguette und kräftigen Rotwein.

TIPP:
In der Provence gibt es unzählige Varianten dieser traditionellen Speise, so darf man der Daube ruhig auch reichlich Knoblauchzehen, einige Schalotten und/oder ein paar Wacholderbeeren hinzufügen. Sehr edel schmeckt das Gericht auch mit einem Schuss Cognac und/oder ein paar mitgekochten getrockneten Steinpilzen.

DAUBE AVEC JOUE, QUEUE ET CÈPES
RINDERSCHMORTOPF MIT BACKEN, SCHWANZ UND STEINPILZEN

FRANKREICH

Die Gascogne ist eine traumhafte französische Landschaft und in der Feinschmeckerwelt vor allem für Armagnac, Gänse, Enten und Tauben bekannt. Aber auch aromatische Schmorbraten sind hier beliebt.

Dieses Rezept sollte mit Madiran zubereitet werden, einem bekannten Rotwein aus der Gascogne. Aber auch andere dunkle, kräftige Rotweine eignen sich gut. Das Besondere an der Zubereitung ist, dass der Tontopf hermetisch abgedichtet eine ganze Nacht lang im Ofen bleibt und erst am nächsten Tag am Mittagstisch geöffnet wird. Der Duft, den das Gericht dann verströmt, ist einzigartig.

FÜR 6–8 PERSONEN

2 kg grob gewürfelte Rinderbacke, 2 kg Ochsenschwanz in großen Stücken, 1,5 Flaschen bester Rotwein, 1 Schuss Armagnac, 3 gehackte Zwiebeln, 3 in Scheiben geschnittene Karotten, 125 g getrocknete Steinpilze, 4–5 EL Gänseschmalz, 2 EL Mehl, 1,5–2 l kräftige Fleischbrühe, 1 große Knoblauchknolle (davon die ungeschälten Zehen),
1 großes Bouquet garni (Petersilienzweige, Thymianzweige, Lorbeerblätter), 12–15 schwarze Pfefferkörner, gehackte Petersilie zum Garnieren

Außerdem: Mehlteig aus 500 g Mehl und Wasser zum Abdichten der Form

2 bis 3 Tage vor der Zubereitung: Den Wein in einen ausreichend großen Topf geben, aufkochen, dann wieder abkühlen lassen und die Fleischstücke zusammen mit einer gehackten Zwiebel, den Scheiben einer Karotte und den Pfefferkörnern hineingeben. Zudecken und 1 bis 2 Tage an einem kalten Ort (z.B. Kühlschrank) marinieren.

Am Tag der Zubereitung: Steinpilze in lauwarmem Wasser einweichen. Fleischstücke aus der Marinade fischen und trocken tupfen. In einer großen und schweren Kasserolle Gänsefett erhitzen und die Fleischstücke darin rundherum anbraten. Sind diese schön braun, den verbliebenen gehackten Zwiebel darin bräunen. Alles mit Mehl bestäuben, dieses kurz durchrösten, danach mit Armagnac ablöschen. Marinade und Fleischbrühe dazugießen. Restliche Karottenscheiben, eingeweichte Pilze, die ungeschälten Knoblauchzehen sowie das Bouquet garni hinzufügen, aufkochen lassen; 30 Minuten bei milder Hitze köcheln lassen, zwischenzeitlich den Backofen auf 120 °C vorheizen.

Jetzt das Ragout in einen ausreichend großen Tontopf (z.B. Römertopf) mit Deckel füllen und die Nahtstelle mit Mehlteig versiegeln. Topf ins Rohr stellen und das Fleisch mindestens 8 Stunden schmoren lassen.

Den noch versiegelten Topf auf ein Brett stellen und verschlossen servieren. Erst bei Tisch die Versiegelung aufbrechen und den Topf öffnen. Etwas gehackte Petersilie über das Gericht streuen und genießen. Dazu passen Baguette, gekochte Kartoffeln oder auch große, in Gänsefett knusprig braun gebratene Kartoffelstücke.

BŒUF BOURGUIGNON
BURGUNDERFLEISCH

FRANKREICH

Es ist dies zweifelsohne eines der bekanntesten und wahrscheinlich auch besten Gerichte Frankreichs, doch wird ihm – wie vielen großen Küchenklassikern – bei der Zubereitung nicht die gebührende Aufmerksamkeit geschenkt. Da gibt es geizige Köche, die billigen Fusel in ihr Burgunderfleisch gießen, oder andere, welche meinen, dass man keine Sorgfalt walten lassen müsse, weil das Fleisch ja ohnehin von selbst garen würde.

Aber nur der allerbeste Burgunder, mindestens 5 Jahre in der Flasche gereift, ist es wert, dieses Gericht zu veredeln. Und es muss derart vollendet zubereitet sein, dass das Fleisch ganz dunkel ist vom Wein, durchzogen und aromatisiert von den edlen Zutaten und dabei so zart, dass es auf der Zunge zergeht – alles andere ist kein Bœuf bourguignon!

FÜR 8 PERSONEN

1,5 kg grob gewürfeltes Rindfleisch aus der Schulter, 1,5 kg grob gewürfeltes Rindfleisch aus der Vorderwade, 500 g mild geräucherter, in Streifen geschnittener Bauchspeck, 2 l roter Burgunder vom Feinsten (ich empfehle Chambertin), 10 cl exzellenter Marc de Bourgogne, 50 kleine Frühlingszwiebeln, 5 – 6 Knoblauchzehen, 1 kg kleine halbierte Champignons, 4 – 5 mittelgroße Karotten in Scheiben, 1 dickes Bouquet garni (Petersilienstängel, Lorbeerblätter, Thymianzweige und evtl. Majoranzweige), 6 – 8 EL frische Butter, 6 EL Öl, 3 – 4 EL Mehl, Pfeffer aus der Mühle, Meersalz

Die Speckstreifen etwa 2 Minuten in kochendem Wasser blanchieren, mit einer Schaumkelle herausheben und auf Küchenkrepp trocknen.

Öl und Butter in einem großen Schmortopf erhitzen, Speckscheiben darin anbraten, herausnehmen und beiseitestellen. Danach die geschälten Frühlingszwiebeln (nur das Weiße, aber im Ganzen) anbraten und herausnehmen, dann mit den Champignons und Karottenscheiben ebenso verfahren. Zum Schluss auch das in grobe Würfel (jeweils mindestens 75 bis 80 g schwer) geschnittene Fleisch bei guter Hitze anbraten.

Wenn das Fleisch rundherum gut gebräunt ist, mit Salz und Pfeffer würzen und mit dem Marc ablöschen (nach Wunsch kurz flambieren, Flamme aber sofort wieder löschen). Den Rotwein dazugießen; das Fleisch sollte etwa zu drei Vierteln von Wein bedeckt sein; bei Bedarf noch Wein dazugeben. Die mit dem Handballen angedrückten Knoblauchzehen und das Bouquet garni hinzufügen.

Das Fleisch nun ganz leise vor sich hin köcheln lassen. Nach etwa 1,5 Stunden die Champignons, den Speck und die Karotten zurück in den Topf geben und alles noch weitere 1,5 bis 2 Stunden leise schmurgeln lassen. Gegen Ende der Kochzeit das mit etwas Wein abgerührte Mehl durch ein Sieb streichen und einrühren; mit Salz und Pfeffer abschmecken.

Jetzt einen Deckel auflegen, Topf vom Herd nehmen und das Bœuf bourguignon 24 Stunden in seiner Sauce richtig durchziehen lassen – erst dadurch erhält es den vollen Geschmack! Am nächsten Tag wird das Bœuf bourguignon nur mehr ganz kurz erhitzt und mit in Butter geschwenkten Nudeln oder einem sämigen Kartoffelpüree aufgetischt.

HINWEISE:

Dieses Gericht lässt sich vielfältig abwandeln, so kann man z.B. in derselben Sauce eine Rinderbacke oder auch ein Schulterscherzel (auch Rinderwade im Ganzen o.Ä.) schmoren und erhält so einen saftigen Braten. Auch Ochsenschwanz schmeckt derart zubereitet ausgezeichnet – fügen Sie in diesem Falle aber noch rote Trauben hinzu! Im Elsass bereitet man ein ähnliches Gericht unter Bezeichnung Bœuf bourguignon à l'alsacienne (siehe Bild) zu, allerdings mit Weißwein. Manche Köche lassen in diesem Fall aber Speck und Pilze weg und garnieren stattdessen mit Gänseleberpastete.

ENTRECÔTE

FRANKREICH

Das Entrecôte ist streng genommen das sogenannte Zischenrippenstück, welches zwischen den Rinderkoteletts (*côte bœuf*) liegt. Oft nimmt man für das Entrecôte aber einfach eine Scheibe von der ausgelösten Rinderlende. Wichtig – wie bei fast allen kurzgebratenen Fleischteilen – ist hier die Fleischqualität, außerdem muss das Fleisch richtig abgehangen sein.

PRO PERSON

1 mindestens zwei Finger dicke Scheibe von der Lende (vorzugsweise ein Zwischenrippenstück), 2 – 3 EL Olivenöl extravergine, Dijonsenf, Pfeffer aus der Mühle, grobes Meersalz

Das Fleisch sollte Zimmertemperatur haben, dafür 2 bis 3 Stunden vor der Zubereitung aus dem Kühlschrank nehmen. Das Fleisch abwischen und beidseitig mit Pfeffer aus der Mühle würzen und einölen. Den Fettrand einschneiden, damit sich das Fleisch beim Braten oder Grillen nicht wölbt; das Fleisch noch etwa 1 Stunde ruhen lassen.

In einer rauchend heißen Pfanne aus Gusseisen (oder über heißer Glut) auf beiden Seiten jeweils eine gute Minute braten, danach vom Herd nehmen und zwischen zwei Tellern (neben dem Feuer oder Herd) mindestens 6 Minuten ziehen lassen, damit sich das Fleisch entspannen kann. Erst kurz vor dem Servieren salzen und zusammen mit einer guten Portion Dijonsenf auftischen. Dazu reicht man Weißbrot und jede Menge Wein.

VARIANTE (Bild)

In Frankreichs Haushalten serviert man das Entrecôte sehr gerne „à la villette". Für 4 Portionen werden 6 Schalotten fein gehackt und zusammen mit 125 g Butter im Bratenrückstand der Entrecôtes gedünstet, 1 – 2 TL gehackte Petersilie und etwas Meersalz dazugeben. Zwiebelmischung über die angerichteten Entrecôtes gießen und Zitronensaft oder Rotweinessig darüberträufeln. Pfeffern, salzen und mit Baguette auftischen.

ENTRECÔTE À LA BOURGUIGNONNE
ZWISCHENRIPPEN-STEAK MIT PILZEN UND ZWIEBELN

FRANKREICH

Auch wenn die meisten Fleischliebhaber Frankreichs ihr Entrecôte bevorzugt ganz natur genießen, so kennt die französische Küche unzählige verschiedene Garnituren und Abwandlungen für dieses erstklassige Stück Fleisch. Zu den berühmtesten gehört dieses, nicht zuletzt wegen der sensationellen Sauce, für die aber unbedingt ein vorzüglicher Burgunder verwendet werden sollte.

FÜR 4 PERSONEN

4 Entrecôtes (à ca. 300 – 350 g), 2 EL Butter, 2 EL Öl, 1 Bund fein gehackte glatte Petersilie zum Garnieren, schwarzer Pfeffer aus der Mühle, Salz

Für die Sauce: 300 g fein blättrig geschnittene Champignons, 6 – 8 sehr fein gehackte Schalotten, 1 Flasche sehr guter Burgunder, 3 – 4 EL Butter, Pfeffer aus der Mühle, Meersalz

Mit der Sauce beginnen: Butter in einer Pfanne erhitzen und die Schalotten darin leicht bräunen. Mit dem Rotwein aufgießen und bei guter Hitze auf die Hälfte einreduzieren lassen. Dann die Champignons hinzufügen und die Sauce mit Salz und Pfeffer würzen. Auf schwacher Flamme nochmals um die Hälfte einreduzieren, abschmecken und warm stellen.

Die Entrecôtes in einem Gemisch aus Butter und Öl von beiden Seiten scharf anbraten, dann erst mit Salz und Pfeffer würzen. Auf kleiner Flamme bis zum gewünschten Garpunkt – hier bietet sich *medium rare* (also innen noch rot, aber nicht mehr blutig) an – weiterbraten, dann 3 bis 5 Minuten ohne Hitzezufuhr an einem warmen Ort entspannen lassen und anschließend auf einer vorgewärmten Platte anrichten. Mit Sauce überziehen und mit gehackter Petersilie garniert auftischen; dazu reicht man Pommes frites.

ENTRECÔTE BORDELAISE
ZWISCHENRIPPEN-STEAK NACH BORDELAISER ART

FRANKREICH

Der Südwesten Frankreichs ist nicht nur eine einzigartige Delikatessen-Schatzkammer, sondern auch berühmt für seine Küche. In Sachen Rind wird hier vor allem das dicke, stämmige und hellbeige Bœuf Blond d'Aquitaine gezüchtet, aber auch so grandiose Fleischlieferanten wie La Gasconne oder Le Bœuf gras de Bazas. Fleisch dieser Rinder eignet sich vortrefflich zum Kurzbraten und für Schmortöpfe aller Art.

Die meisten Franzosen der Region sind aber der Ansicht, dass edles Rindfleisch ausschließlich kurz gegrillt werden sollte – vorzugsweise über Rebenholz; adäquaten Ersatz sehen sie aber in einer schweren Eisenpfanne, vor allem dann, wenn man die Technik des Grillens nicht perfekt beherrscht.

FÜR 4 PERSONEN

4 Entrecôtes (mindestens 3 cm dick und 350 g schwer), Olivenöl zum Einreiben, 4 schöne Markknochen, 4 feinst gewürfelte Schalotten, schwarzer Pfeffer aus der Mühle, grobes Meersalz

Die Entrecôtes mit dem Olivenöl einreiben und bei Zimmertemperatur 4 bis 5 Stunden ruhen lassen.

Die Markknochen in kochendem Salzwasser (oder in kräftiger Rinderbrühe) 10 Minuten pochieren, dann auf einer Platte im Ofen warm halten.

Grill vorbereiten oder eine Eisenpfanne benutzen. Die Entrecôtes – je nach Dicke – etwa 5 bis 7 Minuten auf einer Seite grillen, wenden, salzen und pfeffern. Die feinst gehackten Schalotten auf das Fleisch streuen und weitere 5 bis 7 Minuten grillen. Das Fleisch servieren und je einen Markknochen dazugeben.

HINWEIS:

In der klassischen französischen Küche wird hierzu separat auch noch Sauce bordelaise gereicht. Eigentlich ist die Sauce bordelaise eine Weißweinsauce auf Basis von Graves, Sauternes oder einem anderen aromatischen Weißwein sowie einer Velouté. Sie wird in dieser Form bevorzugt zu Fischen (hier vor allem Seezunge) und Meeresfrüchten gereicht. Doch in einer Abwandlung mit Rotwein und der Sauce espagnole (siehe Glossar) schmeckt sie auch zu Fleisch vorzüglich:
300 ml guten Rotwein mit 2 EL gehackten Schalotten, einer Prise weißem Pfeffer, etwas Thymian und Lorbeer zu einem Viertel einkochen. 100 ml Sauce espagnole, ersatzweise gebundener brauner Fond) hinzugeben, weitere 15 Minuten köcheln, danach passieren. Mit 1 EL zerlassener Fleischglace (siehe S. 283), einigen Tropfen Zitronensaft und 50 g in Scheiben geschnittenem und blanchiertem Ochsenmark vollenden.

VARIANTE MIT SAUCE BERCY

Das ausgelöste Mark von 4 Rinderknochen würfeln, anschließend 3 Minuten in kochendem Wasser blanchieren; abtropfen lassen. Die Markwürfel in einer Pfanne sehr kurz bei starker Hitze anbraten; gleichzeitig in einem Töpfchen 2 EL Butter erhitzen und die Schalotten darin andünsten. Schalotten mit Weißwein ablöschen und mit Pfeffer aus der Mühle und Salz würzen; lebhaft einkochen lassen. Sauce mit restlicher eiskalter Butter binden, indem man die Butter mit einem Schneebesen stückchenweise einrührt. Gehackte glatte Petersilie dazugeben, mit dem Mark vollenden und zu den Entrecôtes servieren.

SIRLOIN STEAK

FRANKREICH

Das Sirloin ist nicht nur eines der bekanntesten, sondern auch eines der größten Steaks überhaupt, denn es sollte mindestens 300–500 g wiegen, darf aber auch ruhig bis zu 2 kg schwer sein. Es wird mindestens 6 cm dick aus dem hinteren Roastbeef (in Österreich Beiried) geschnitten und hat keinen Knochenanteil. Kein Wunder, dass bei ihm auf Beilagen weitgehend verzichtet wird – wenn überhaupt, dann gibt es nur Brot, Pommes frites oder allenfalls Gemüse (Englisches Gemüse oder Speckfisolen) dazu. Oftmals werden aber pikante Garnituren wie Chilischoten oder Cornichons dazu serviert.

Der Name stammt von dem mittelfranzösischen Wort *surlong* ab und bedeutet so viel wie „oberhalb der Lende". Erst im 18. Jahrhundert wurde die Schreibweise in *sirloin* geändert.

FÜR 2 – 3 PERSONEN

1 Sirloin Steak (mindestens 3 Finger dick und 500 – 600 g schwer), Fleur de Sel (feines Meersalz), Öl zum Braten

Das Steak mindestens 3 Stunden bei Zimmertemperatur liegen lassen – niemals direkt aus dem Kühlschrank zubereiten. Einen Rost (Grill) oder eine Grillpfanne einölen, dann das mit einem Tuch abgewischte (nicht gewaschene) Fleisch bei extrem starker Hitze 3 Minuten grillen, wenden und auch die andere Seite 3 Minuten stark grillen. Danach das Fleisch bei milder Hitze nachziehen lassen. Insgesamt rechnet man etwa 4 bis 5 Minuten Gesamtgarzeit (!) pro Zentimeter Fleischdicke; wer das Fleisch *medium* haben möchte, rechnet 8 bis 10 Minuten. Das Fleisch nur salzen und allenfalls mit Pfeffer bestreuen. Wer mag, serviert dazu Beurre „Café de Paris" (siehe S. 285).

HINWEIS:
Wer es etwas deftiger mag, reicht zu den edlen Steaks sogenannte Pommes de terre gratinées (gratinierte Ofenkartoffeln), welche sehr leicht zuzubereiten sind: pro Person eine große Ofenkartoffel in Alufolie wickeln und im Ofen garen. Die fertige Kartoffel aus der Folie nehmen und der Länge nach halbieren, das Innere aushöhlen und durch ein Sieb drücken. Die Kartoffelmasse mit reichlich Butter und einem Schuss Milch (oder Crème fraîche) verfeinern und mit Muskatnuss, weißem Pfeffer aus der Mühle und einer guten Prise Salz abschmecken. Die Kartoffelhälften mit diesem Püree befüllen, mit einer Mischung aus geriebenem Käse und Semmelbröseln bestreuen, zerlassene Butter darüberträufeln. Im auf 200 bis 220 °C temperierten Ofen goldbraun gratinieren.

CARBONNADES FLAMANDES
FLÄMISCHER RINDERTOPF

BELGIEN

In Belgien wird aufgrund seiner tausendjährigen Brautradition bevorzugt mit Bier gekocht. Doch bis heute sind sich die belgischen Köche nicht einig, welche Biersorte in diesen berühmten Klassiker gehört. Die meisten plädieren für Braunes, doch in Brüssel nimmt man lieber Lambic oder Gueuze. Senf, Essig und Rohrzucker geben dem Gericht seinen typischen Geschmack. Traditionelle Beilage ist neben Brot ein Kartoffel-Karotten-Stampf.

FÜR 6 – 8 PERSONEN

2 kg Rinderschulter, 6 große Zwiebeln, 1 l Braunbier oder auch Gueuze bzw. Lambic, 1 sehr großes Bouquet garni (Kräutersträußchen), 2 dicke Scheiben Brot, 125 g Butter, 2 EL brauner Rohrzucker, 2 – 3 EL Bieressig oder Weißweinessig, 2 – 3 EL Senf, Pfeffer aus der Mühle, Salz

Das Fleisch in große Würfel von 50 bis 75 g schneiden und in einer schweren Kasserolle in der Butter von allen Seiten bräunen; salzen, pfeffern und herausnehmen. Die geschälten Zwiebeln in Scheiben schneiden, im Bratensaft andünsten, Rohrzucker und Bier hinzugeben, dann alles zum Kochen bringen.

Das zerkrümelte Brot zusammen mit Bouquet garni, Essig und den Fleischstücken in die Sauce geben, danach alles zugedeckt 2,5 bis 3 Stunden schmoren; hin und wieder umrühren. Vor dem Servieren mit Salz, Pfeffer und Senf nochmals gründlich abschmecken, dann mit einem Kartoffel-Karotten Stampf (ein Kartoffel-Karotten-Püree mit Crème fraîche und Butter verfeinert) auftischen.

HINWEIS:
Ich bereite das Gericht auch gerne mit Beinscheiben zu (siehe Bild).

CORNED BEEF
GEPÖKELTES RINDFLEISCH

GROSSBRITANNIEN/OSTEUROPA

Auch wenn das sogenannte *corned beef* eine wahre Ikone der New Yorker Sandwichkultur geworden ist, so stammt es dennoch weder aus den USA noch aus Argentinien. Zwar haben – aufgrund der riesigen Rinderherden – mittlerweile einige der bedeutendsten Corned-Beef-Hersteller ihren Sitz in Südamerika, doch die Rezeptur für das schmackhafte Fleisch stammt entweder aus Osteuropa oder aus Irland – darüber streiten auch Experten.

Das gepökelte Rindfleisch wird warm oder kalt gegessen: in Irland beispielweise warm mit gedämpftem Wirsing als traditionelles Essen am St. Patrick's Day (siehe Corned Beef and Cabbage, S. 34), lauwarm macht es das berühmte Reuben-Sandwich zur Delikatesse, kalt aufgeschnitten mit Senf findet man es im traditionellen Corned-Beef-Sandwich.
In Deutschland werden diverse Wurstwaren unter der Bezeichnung Corned Beef verkauft, in Wirklichkeit handelt es sich bei diesen aber nicht um echtes Corned Beef, sondern um Rindfleisch in Aspik, welches zumeist als Aufschnitt angeboten wird. Das originale Corned Beef allerdings ist gepökeltes Fleisch, für das man bevorzugt langfaseriges Rindfleisch aus Brust oder Keule verwendet.

HERSTELLUNG

Das traditionelle Corned Beef wird im Grunde genauso wie Salzfleisch (siehe S. 32) zubereitet, nur die Zusammensetzung der Lake ist etwas anders:

3 kg *brisket* (Rinderbrust, von beinahe allem Fett befreit), 1 – 2 halbierte Knoblauchknollen, 6 Pimentkörner, 6 Stück Muskatblüte (Macis), ½ EL Koriandersamen, 1 EL Senfsaat, 6 – 8 Lorbeerblätter, 250 – 400 g Zucker (je nach gewünschter Intensität), zerstoßene schwarze Pfefferkörner, 2 – 3 TL Nitrit-Pökelsalz (Prager Salz), 600 g Meersalz

Zubereitung siehe Salzfleisch – das Fleisch sollte mindestens 7 Tage bis maximal 3 Wochen in der Lake gepökelt werden, täglich wenden.

CORNED BEEF ON TOAST

Erkaltetes Corned Beef in Scheiben schneiden und diese auf leicht getoastetes und gebuttertes Sandwichbrot legen. 2 EL Ketchup mit 2 EL Englischem Senf, jeweils ein paar Tropfen Tabasco und Worcestersauce verrühren, auf das Corned Beef geben und alles im Ofen erwärmen. Nach Wunsch mit Spiegelei auftischen und/oder einen Rote-Bete-Salat mit frisch gerissenem Meerrettich dazu reichen.

CORNED-BEEF-SANDWICH

Erkaltetes Corned Beef wird in dicke Scheiben geschnitten und turmhoch auf eine mit Senf bestrichene Sandwich-Scheibe geschichtet. Dann mit einer Sandwich-Scheibe, welche mit Majonäse bestrichen ist, abdecken. Sandwich auf Teller legen und mit *pickles* (eingelegten Gurken) servieren.

REUBEN-SANDWICH

In New York City befindet sich ein Delikatessen-Restaurant namens „Reuben's", das seit 1935 zu den besten der Stadt zählt. Weltberühmt wurde das Lokal vor allem wegen seines Riesen-Sandwichs, dem sogenannten Reuben-Sandwich. Im Original wird dafür reichlich Corned Beef auf Roggentoast (ich ziehe unser Roggenbrot vor, da es stabiler ist) gelegt, dann mit Sauerkraut und echtem Gruyère garniert, mit einer zweiten Brotscheibe abgedeckt und, nachdem die beiden Außenseiten gut gebuttert wurden, in einem speziellen Sandwich-Toaster gegrillt. Separat werden *pickles* (eingelegte Gurken) gereicht.
Im moderneren Rezepten kommt auch noch etwas Thousand Island Dressing dazu: Majonäse, verrührt mit saurer Sahne, Chilisauce, fein gewürfeltem Paprika, geriebenem Zwiebel, zerdrücktem Knoblauch, Schnittlauchröllchen, Tabasco und Salz.

CORNED BEEF HASH

2 mittelgroße Zwiebeln fein hacken und zusammen mit 1 oder 2 gewürfelten (entkernten) Paprikaschoten oder Pepperoni in 2 EL Butter weich dünsten. Knapp 1 kg vorgekochtes und erkaltetes Corned Beef würfeln und zusammen mit 800 g gekochten und klein gewürfelten Kartoffeln dazugeben. Alles zusammen dünsten, bis man eine gleichmäßige Mischung hat. Die Fleisch-Gemüse-Mischung zwischen zwei Bögen Wachspapier ausrollen und 10 bis 12 gleichmäßige Scheiben ausstechen; diese kühlen. Die Scheiben vom Corned Beef Hash beidseitig in Butter braun braten und jeweils mit einem pochierten Ei oder Spiegelei belegt servieren; gehackte Petersilie darüberstreuen, gut pfeffern und salzen.

HAMBURGER LABSKAUS (Bild)

1 kg weich gekochtes Corned Beef grob hacken und mit 750 g gekochten und zerstampften Salzkartoffeln vermengen – mit etwas Kochwasser vom Fleisch zur gewünschten Konsistenz bringen; abschmecken. Dazu reicht man Salzgurken, Rote Bete, pro Person einen Matjeshering und ein Spiegelei.

ESTOFADO DE CARNE DE TORO
GESCHMORTER KAMPFSTIER

SPANIEN

Das Stiertreiben von Pamplona ist ein großes Volksfest, das dem heiligen Firminus und den Stieren gewidmet ist. Nach dem Nervenkitzel lecken die tapferen Läufer ihre Wunden und laben sich an deftigen Gerichten. Deshalb gilt das Stiertreiben von Pamplona auch als kulinarisches Ereignis ersten Ranges. Ernest Hemingway – bekannt als großer Esser und noch größerer Trinker – pflegte während seiner Aufenthalte in Pamplona zu den teils richtig deftigen Speisen erstaunliche Mengen der leichten navarresischen Roséweine zu schlürfen.

Bis heute wird in den Tabernas der Stadt teilweise meisterhaft gekocht. Insbesondere die Nachfrage nach frischem Kampfstierfleisch ist derart groß, dass die rund 20.000 kg *carne de toro*, die in Pamplona anfallen (meist aus der Arena), bei Weitem nicht ausreichen, die hungrigen Mäuler der Festteilnehmer zu stillen. Deshalb wird schon vor dem Fest Stierfleisch aus den Nachbarregionen herangekarrt. Zwei Zubereitungen haben es den Spaniern besonders angetan, die *chuletas* und die allgegenwärtige *estofado de carne de toro*.

FÜR 4 PERSONEN

1 – 1,2 kg Stierfleisch, 3 fein gehackte Zwiebeln, 6 – 12 fein gehackte Knoblauchzehen, 3 klein gewürfelte Karotten, 2 – 3 gehackte (und evtl. entkernte) scharfe rote Pfefferschoten, 250 ml kräftiger Rotwein, 3 – 4 EL guter Sherryessig (ersatzweise Weinessig), 1 l Fleischbrühe, 200 – 250 ml Olivenöl, 2 – 3 Lorbeerblätter, 3 – 4 Gewürznelken, 1 Prise Zimt, 2 EL gehackte glatte Petersilie, Pfeffer aus der Mühle, 2 – 2,5 EL Mehl, Salz

Das Fleisch waschen, trocken tupfen und in mundgerechte Stücke schneiden. In einer schweren Kasserolle Olivenöl erhitzen und das Fleisch darin von allen Seiten scharf anbraten. Wenn das Fleisch rundherum gebräunt ist, die gehackten Zwiebeln und Knoblauchzehen hinzufügen und kurz mitdünsten; salzen, pfeffern und mit Mehl bestäuben.

Die gehackten Karotten unter das Fleisch mischen, dann mit Rotwein und Essig ablöschen. Lorbeerblätter, Nelken und Pfefferschoten dazugeben und mit Fleischbrühe aufgießen. Alles zum Kochen bringen und zugedeckt bei kleiner Hitze gute 2 Stunden schmoren; von Zeit zu Zeit umrühren, damit sich nichts anlegt.

Das Schmorgericht vor dem Servieren mit Zimt, Pfeffer aus der Mühle und Salz abschmecken und mit gehackter Petersilie bestreut auftischen. Dazu reicht man Weißbrot und, wer mag, gekochte Kartoffeln.

ÇHULETÓN A LA BRASA
ÜBER HOLZKOHLE GEGRILLTES RINDERKOTELETT

SPANIEN

Die spanische Region Kastilien-León ist berühmt für ihre Rinderzucht, stammt doch von hier ein Großteil der Kampfstiere und zudem Fleisch von Rinderrassen mit sensationeller Fleischqualität. Die beiden Hauptrassen sind das in den Bergen gezüchtete Avileña-Negra ibérica (schwarzes Ávila-Rind), eine der ältesten Rinderrassen Europas überhaupt, und das graue Morucha-Rind. Die Tiere verbringen das ganze Jahr auf der Weide, was ihr Muskelfleisch sehr fein und besonders würzig werden lässt.

Fleisch von den beiden oben genannten Rassen isst man am besten nur ganz kurz gegrillt, wobei es innen noch roh sein sollte. Jeder Gasthof in Kastilien, der etwas auf sich hält, bietet auf seiner Speisekarte dieses erstklassige Rindfleisch an, bevorzugt vom Holzkohlengrill, *al la brasa*, oder von der Grillplatte, was *a la plancha* genannt wird. Kenner bevorzugen die Garmethode über Glut.

In Salamanca, der eigentlichen Heimat des Morucha-Rindes, kommt diese besondere Spezialität als mehrere Zentimeter dickes Rippenstück – als sogenanntes Chuletón – von mindestens 800 g auf den Tisch.

FÜR 1 – 2 PERSONEN

1 Chuletón (10 – 12 cm dick, 800 – 1.000 g schwer), grobes Meersalz, Olivenöl extra

Einen mit Holzkohle befeuerten Grill sehr stark aufheizen. Das Rippenstück auf dem Grill sehr rasch und scharf anbraten, dann wenden und auch die zweite Seite garen. Wichtig ist in jedem Fall, dass das Fleisch nicht zu lange gegart wird, damit es die Zartheit und seinen delikaten Geschmack behält. Das Fleisch sollte nach dem Grillen innen nahezu gänzlich roh sein.

In der Zwischenzeit einen flachen Tonteller sehr stark erhitzen (z.B. auf einem Gasherd). Fleisch in Streifen schneiden und diese darauflegen; so kann das Fleisch langsam nachgaren. Sofort mit ein wenig grobem Meersalz auftischen und Olivenöl extra dazu reichen. Beilagen unerwünscht!

IM GANZEN GEBRATENES RIND

INTERNATIONAL

In alten Chroniken und Überlieferungen vieler „Rindfleischnationen" wird immer wieder von im Ganzen gebratenen Rindern – insbesondere Mastochsen – gesprochen und erzählt. Vor allem bei Volksfesten und großen Feierlichkeiten mit vielen Gästen spielt der „Ochs' am Spieß" eine wesentliche Rolle. Etwa in Süddeutschland, Österreich, Ungarn, Spanien, Mittel- und Südamerika und – man höre und staune – auch in Südostasien findet man Rezepte für ganze Rinder.

Die Unterschiede in der Zubereitung sind offensichtlich: In Deutschland beispielsweise wird der Ochse meist nur gesalzen (zuweilen auch mit Speck gespickt) und anschließend langsam am Spieß gebraten. In Ungarn wird der Mastochse zunächst eine Woche mariniert, bevor er über Akazienholz gegrillt wird. In Spanien und Südamerika zieht man das herzhaftere Fleisch von Stieren vor und brät diese ungewürzt über sanfter Glut – erst das fertig gegarte Fleisch wird gesalzen. Auf den Philippinen und in Indonesien werden kleinere Tiere über Glut gegart und dabei immer wieder mit einer Würzsauce bestrichen. Und in Sizilien – selbst erlebt und genossen in der Nähe von Syrakus – hat man sich alter römischer Rezepte erinnert und füllt das Rind mit einem Schwein, in das wiederum andere Kleintiere (Enten, Gänse, Hühner, Wachteln etc.) gefüllt werden. Nicht nur das Erlebnis an sich ist einzigartig, sondern auch das Aroma der vielen Wildkräuter, welche für die Füllung Verwendung fanden.

Im Laufe der Zeit ist dieser große Braten in unseren Breiten leider etwas in Vergessenheit geraten und wird nur mehr selten zubereitet. Beim Münchner Oktoberfest etwa findet man noch die traditionelle „Ochsenbraterei" als eine Art Institution, abgesehen davon sind derartige Braten nur noch mit etwas Glück zu finden.

Für ehrgeizige Grillmeister, die sich an einem Ochsen im Ganzen versuchen wollen, sei hier eine Anleitung gegeben:

Am besten eignet sich für das Braten eines Ochsen ein natürlich aufgewachsenes Bio-Rind. Bevorzugt werden gute Fleischrassen, wie beispielsweise das Ungarische Steppenrind (vorzüglich dafür geeignet) oder das italienische Chianina-Rind. Das Lebendgewicht der Rinder sollte zwischen 350 und 500 kg betragen (manche Ochsen-Bratmeister nehmen auch fettere und schwerere Tiere).

Die Vorbereitungen beginnen knapp eine Woche vor dem eigentlichen Ereignis. Nach dem Schlachten und Ausnehmen wird das Tier innen und außen mit einer Mischung aus Öl, Senf, Salz und Pfeffer gründlich eingerieben. Danach legt man den Ochsen in eine geeignete Wanne und begießt ihn mit einer Marinade aus Wurzelgemüse, reichlich (!) Zwiebeln und Knoblauch, Lorbeerblättern, Senfsaat, Pfefferkörnern, Wein, Essig, Wasser und Salz; es empfiehlt sich, die Marinade mit Hilfe einer Injektionsspritze in die dickeren Fleischpartien zu spritzen. Derart lässt man den Ochsen eine Woche marinieren; ab und an wenden und immer gut mit der Marinade bedeckt halten.

Wer diese Prozedur aus Platzgründen nicht durchführen kann, nimmt einen gut abgehangenen Ochsen und reibt ihn mit Senf, Salz und Pfeffer ein. Dann wird eine Würzmarinade aus viel Zwiebel, Knoblauch, Lorbeer, Senfsaat, Koriander, Wein, Wasser, Essig und Salz aufgekocht – nach dem Abkühlen die Marinade mit einer Injektionsspritze ins Fleisch applizieren.

Am Tag des Bratens steckt man den Ochsen auf einen dicken Spieß, bindet die Beine zusammen, wickelt den Schwanz in Alufolie und spickt den ganzen Körper dicht an dicht mit Speck und Knoblauch.

In einer ausreichend großen Grube eine Glut vorbereiten (vorzugsweise aus Akazienholz) und den Ochsen darüber 10 bis 14 Stunden unter ständigem Drehen braten; dabei immer wieder mit Beize bestreichen. Ist das Fleisch knusprig, wird es direkt vom Spieß heruntergeschnitten und serviert. Dazu reicht man verschiedene Salate, gegrilltes Gemüse (Paprikaschoten, Tomaten, Maiskolben etc.), Brot und/oder Kartoffelzubereitungen.

VARIANTE

Eine „haushaltstauglichere" Version des gebratenen Ochsen pflegt man auf Sardinien zuzubereiten: Dort werden sehr große Fleischstücke vom Rind (jeweils etwa 1 kg) zunächst in einer Mischung aus Olivenöl, Zitronenschalen, Oregano, Rosmarin, Fenchel, Zwiebel, Knoblauch, Chilischoten, Pfefferkörnern und Salz mariniert. Danach steckt man das Fleisch zusammen mit sonnengetrockneten und in Olivenöl eingelegten Tomaten auf Spieße und grillt alles über gut heißer Glut. Ähnlich wie bei einem Döner- oder Gyros-Spieß werden jeweils die äußeren, knusprig gebratenen Fleischteile mit einem scharfen Messer heruntergeschnitten, das restliche Fleisch gart weiter. So geht während eines Festes das Essen nie aus!

LE BŒUF ROYAL

Im folgenden Abschnitt beschäftigen wir uns mit den Rezepturen der Hochküche, vor allem mit den Gerichten der französischen *haute cuisine*. Natürlich spielt das Rinderfilet eine Hauptrolle, vor allem in Form der Tournedos. Tournedos lassen sich sehr fantasievoll garnieren und gestalten, was anhand der vielen „à la"-Garnituren erkennbar ist. Aber nicht nur die Franzosen, sondern auch die italienische, die österreichische und nicht zuletzt die russische Küche kennt viele elegante Rezepturen. Ganz besonders fein und edel schmeckt das Wiener Siedefleisch oder das russische Ochsenfilet Woronow.

Selbstverständlich fehlen hier auch nicht so sensationelle Speisen wie das echte Chateaubriand, im Ganzen gegarte Rinderfilets, das Pfeffersteak oder die tschechische Svícková. Und ein Gipfel des Genusses – zumindest für mich persönlich – ist die Côte de bœuf, jenes legendäre Rinderkotelett (vorzugsweise vom Charolais-Rind), das zusammen mit einem samtigen Kartoffelgratin den Inbegriff eines Festtagsschmauses darstellt.

CARNE ALL'ALBESE
ROHES FLEISCH NACH ALBA-ART

ITALIEN

Das malerische Städtchen Alba im Piemont ist in der Feinschmeckerwelt bekannt für seine weißen Trüffeln, welche in der Umgebung gefunden werden (Alba-Trüffeln). Der Reiz dieses typischen Regionalrezeptes liegt in der Kombination von erstklassigem, perfekt abgelagertem Fleisch und möglichst frischer weißer Trüffel, die vorzugsweise erst am Verarbeitungstag gesammelt wird.

FÜR 4 PERSONEN

400 g erstklassiges Rinderfilet (vorzugsweise vom piemontesischen Ochsen) in dünnen Scheiben, 12 dünne grüne Spargelspitzen (blanchiert und eiskalt abgeschreckt), 2 Stangen in feine Scheibchen geschnittene Staudensellerie, 75 g fein gehobelter Parmigiano Reggiano, 45 – 50 g weiße Trüffel (vorzugsweise Alba-Trüffel), 4 EL allerfeinstes Olivenöl extravergine, Saft einer Zitrone, weißer Pfeffer aus der Mühle, Meersalz, Grissini

Die Rindfleisch-Scheiben zwischen zwei Lagen Küchenfolie (oder in einer Gefriertüte) vorsichtig mit der flachen Seite des Fleischklopfers oder – noch besser – einem Nudelholz sehr dünn plattieren; das Fleisch darf dabei aber nicht zerfasern. Die Fleischscheiben sollten etwa 2 mm dünn sein.

Fleischscheiben auf vier Vorspeisentellern auflegen, ohne dass sie einander überlappen; salzen und pfeffern. Olivenöl mit Zitronensaft verquirlen, dann über das Fleisch träufeln. Mit Selleriescheibchen, (evtl. halbierten) Spargelspitzen und Parmesanspänen belegen. Die weiße Trüffel in feine Scheibchen geschnitten oder gehobelt darüber verteilen und das Luxusgericht mit (vorzugsweise handgemachten) Grissini auftischen.

Dazu trinkt man besten piemontesischen Rotwein.

VARIANTE (Bild)

Ich serviere dieses edle Gericht gerne mit in Olivenöl gedünsteten schwarzen Trüffeln, hauchdünnen (kurz in Olivenöl gerösteten) Stangen vom Grünspargel (Asper verta), gehackten Anchovis und sehr fein gehackter Staudensellerie. Die Variante schmeckt aromatischer als das Original und harmoniert meiner Meinung nach besser mit dem doch recht herzhaften Rindfleisch.

GRATINIERTE FILETS UND ENTRECÔTES

INTERNATIONAL

In der modernen Küche werden Filets und andere feine Steaks sehr gerne gratiniert. Besonders beliebt sind dabei Kräuter- und Käsekrusten, aber auch kreativere Formen – wie z.B. mit Blutwurst zu gratinieren – werden praktiziert; der Fantasie sind dabei kaum Grenzen gesetzt.

Insbesondere in Österreich, Deutschland und Frankreich ist das Gratinieren verbreitet, aber auch in Italien und den USA hat diese Rezeptur ihre Anhängerschaft. Das Verfahren bleibt dabei nahezu immer gleich: Schöne Steaks (jeweils 200–300 g schwer) werden zunächst in einer gusseisernen Pfanne oder über dem Rost kurz gegrillt (nicht ganz medium), danach mit der ausgewählten Gratinmasse bestrichen und anschließend unter dem Salamander oder dem Grill des Backofens überbacken. Zuweilen werden auch größere Bratenstücke wie etwa Rinderfilets im Ganzen, Rostbraten oder Lendenbraten mit einer Gratinmasse überbacken. Hier nun drei schöne Beispiele:

OCHSENLENDE IN KRÄUTER-MARKKRUSTE

4 Beiriedschnitten von der Ochsenlende (jeweils 250–300 g schwer) kurz braten, danach etwas ruhen lassen und anschließend auf einer Seite mit folgender Gratinmasse bestreichen: 125 g weiches Ochsenmark, 60–75 g frisch geriebene Semmelbrösel, etwas gehackte Rosmarinnadeln, 1–2 EL grob gehackte glatte Petersilie, 1 EL geriebener Bergkäse (oder Parmesan), 1 EL scharfer Senf (Dijonsenf, Englischer Senf oder Löwensenf), 1 TL gehackte Knoblauchzehen, Pfeffer aus der Mühle und Meersalz; Zutaten homogen vermengen und anschließend überkühlen.

Das dick mit der Gratinmasse bestrichene Fleisch unter dem Salamander goldgelb überbacken. Dazu reicht man Röstgemüse (aus Karotten, Tomaten, Zucchini und Paprikaschoten) und kleine, in der Schale gekochte Kartoffeln, welche vor dem Servieren kurz in heißem Olivenöl geschwenkt und mit Meersalz verfeinert werden.

RINDERFILET MIT WÜRZIGER POLENTAKRUSTE

4 dicke Rinderfilets (Beefsteaks) von jeweils 250–300 g, 250–300 g fertig zubereitete Polenta (400 g grober Maisgrieß, 1–1,5 l Wasser und Salz mindestens 45 Minuten kochen), 3–4 EL geriebener Pecorino sardo, 1 Eigelb, 2 EL Butter, 2–3 EL fein gehackte getrocknete Tomaten, 2 EL fein gehackte Anchovis, 2 EL gehackte schwarze Trüffel, 1 EL gewaschene Salzkapern, 1 EL gehackte schwarze Oliven, 1 entkernte und fein gehackte rote Chilischote, 1 TL gehackte Rosmarinnadeln, 1 TL gehackte glatte Petersilie, 1 TL gehacktes Fenchelgrün, ½ TL gehackter frischer Oregano, ½ TL fein gehackte Thymianblätter, 1 Prise Muskatnuss, Pfeffer aus der Mühle, Meersalz

Zunächst wird aus gelbem Maisgrieß, Wasser und Salz eine ganz normale Polenta gekocht, bis diese recht dicklich und fest ist (dauert etwa 40–45 Minuten, zuweilen auch etwas länger). Von der noch heißen Polenta etwa 300 g (man braucht pro Steak 2–3 große EL) abmessen und mit den angeführten Zutaten zu einer würzigen Gratinmasse verarbeiten, welche man nahezu erkalten lässt.

Die Steaks beidseitig in Olivenöl braten, danach kurz ruhen lassen und auf ein gefettetes Backblech setzen. Die Polentamasse gleichmäßig auf den Steaks anrichten, mit Olivenöl beträufeln und anschließend 10–15 Minuten bei 180–200 °C im vorgeheizten Ofen backen.

BEIRIEDSCHNITTE, MIT BLUTWURST GRATINIERT

Für 4 Beiriedschnitten (Lendenschnitten, mindestens 3 cm dick) braucht man etwa 150–200 g Blutwurst, welche zusammen mit einer eingeweichten und gut ausgedrückten Semmel (Brötchen) durch den Wolf getrieben wird. Eine oder zwei Schalotten zusammen mit 2 EL gehackter Petersilie in 2–3 EL Schmalz oder Butter anschwitzen, eine Handvoll grob gehackte Grieben dazugeben und alles erkalten lassen. Blutwurstmasse mit dem Zwiebel-Gemisch, 1–2 Eiern, Majoran, Pfeffer aus der Mühle und Salz vermengen. Masse auf den nur sehr kurz und scharf angebratenen Beiriedschnitten auftragen und bei 180–200 °C im Ofen etwa 10 Minuten überbacken. Auf in Butter gebratenen Birnenscheiben, welche mit frisch gerissenem Meerrettich aromatisiert wurden, anrichten.

CONSOMMÉ DE QUEUE DE BŒUF AUX TRUFFES
KLARE OCHSENSCHWANZ-SUPPE MIT TRÜFFELN UND MADEIRA

FRANKREICH

Genau genommen kommen die Brühen aus Spanien und die klare Ochsenschwanzsuppe – ziemlich sicher – aus England. Doch nachstehende Rezeptur ist so charakteristisch für das üppige Pariser Leben des 19. Jahrhunderts, dass die Suppe wohl auch diesem Umfeld zugerechnet werden darf.

FÜR 1,5 LITER

1 Ochsenschwanz, 1 Kalbsfuß (in zwei Teile gespalten), 2 schöne schwarze Trüffeln , 2 weiße Zwiebeln, 1 braune Zwiebel, 3 Karotten, 2 Stangen Staudensellerie, 3–4 Lorbeerblätter, 1 kleines Thymiansträußchen, 1 Zweiglein Bohnenkraut, 3–4 Blätter Salbei, 2 Gläser Madeira, 50–75 g Butter, Kerbel zum Garnieren, 1 EL schwarze Pfefferkörner, Salz

Den Ochsenschwanz, die Karotten, die Selleriestangen und die beiden Zwiebelsorten in große Stücke schneiden, in eine flache Kasserolle schichten, mit Butterflocken bedecken und im sehr heißen Ofen etwa 30 Minuten goldgelb bräunen.

Wenn Fleisch und Gemüse eine schöne Farbe angenommen haben, alles in einen recht großen Schmortopf umfüllen. Den gespaltenen Kalbsfuß, Pfefferkörner und das notwendige Salz (etwa ½ EL) hinzugeben; danach mit 3 Liter Wasser auffüllen. Einmal aufkochen lassen, Hitze zurücknehmen, Lorbeerblätter, Thymian, Bohnenkraut und Salbei hinzufügen und ohne Deckel mindestens 4 Stunden sieden, aber nicht brodelnd kochen lassen. Die Brühe durch ein Musselintuch oder ein mit Küchenpapier ausgelegtes Sieb filtern und in einen sauberen Topf füllen.

Zwei Gläser guten Madeira (etwa 200 ml) hinzufügen und die Brühe auf 1,5 Liter einkochen.

Kurz vor dem Servieren die sehr sauber gebürsteten Trüffeln in feine Scheiben hobeln und zusammen mit einigen Kerbelblättern in die Brühe geben; sofort auftischen.

TIPP:
Ich gebe vor dem Servieren gerne das abgespülte, ausgelöste und klein geschnittene Ochsenschwanz-Fleisch in die Suppenschalen und gieße die heiße Brühe darüber.

CHATEAUBRIAND
DOPPELTES BEEFSTEAK

FRANKREICH

Das Chateaubriand ist ganz besonders edel, weil es aus dem Mittelstück eines perfekt abgelagerten Rinderfilets geschnitten wird, und zwar zwei- bis dreimal so dick wie ein Beefsteak, also 450 bis 600 g, schwerer sollte es nicht sein. Wird es auf dem Rost gebraten, so sollte das Fleischstück eher weniger wiegen, brät man es in der Pfanne, so darf es ruhig etwas mehr Gewicht haben.

Heute kursieren die verschiedensten Garnituren für das edle Fleisch, die meisten sind Relikte aus den 1970er Jahren, als man das Chateaubriand beinahe immer mit Pommes frites, Englischem Gemüse, Rahm-Champignons, Kräuterbutter und den unsäglichen Dosenpfirsichen – manchmal sogar noch mit Preiselbeeren verziert – aufgetischt bekam. Auch wenn hausgemachte Pommes frites oder Kartoffelkissen tatsächlich gut zum Chateaubriand passen – in seiner Originalversion wird es ausschließlich mit Butterkartoffeln und Colbert-Butter serviert.

FÜR 2 PERSONEN

1 Chateaubriand (450 – 600 g), Rindertalg oder gut erhitzbares Fett zum Braten, schwarzer Pfeffer aus der Mühle, Meersalz

Für die Butterkartoffeln: 400 g am Vortag gekochte Kartoffeln, 3 – 4 EL Butter, Meersalz, evtl. 1 EL feinst gehackte glatte Petersilie

Für die Colbert-Butter: 100 g Butter, 1 – 1,5 EL aufgelöste Fleischglace (siehe S. 283), 2 TL fein gehackte glatte Petersilie, 1 TL feinst gehackter Estragon, ein paar Spritzer Zitronensaft, 1 gute Prise weißer Pfeffer aus der Mühle, feines Meersalz

Kartoffeln schälen, in gewünschte Größe schneiden und in zerlassener Butter durch und durch wärmen, keine Farbe nehmen lassen. Nach Geschmack würzen und beiseitestellen.

Colbert-Butter: Die weiche Butter mit den angegebenen Zutaten vermischen, sorgfältig abschmecken und in ein elegantes Schüsselchen füllen; kühl stellen.

Das Fleisch (es wurde 4 Stunden vor der Zubereitung aus dem Kühlschrank genommen) trocken abwischen, dann auf dem sehr heißen Rost (oder in einer schweren Eisenpfanne mit ein wenig Fett) von allen Seiten bei sehr großer Hitze knusprig braun braten. Auf einem Gitter ruhen lassen, danach auf einer Platte anrichten und mit den vorgesehenen Beilagen auftischen. Erst bei Tisch leicht schräg zur Faser aufschneiden; ist das Fleisch perfekt gebraten, so ist es außen richtig knusprig braun und innen so gut wie roh! Der auslaufende rote Fleischsaft wird aufgefangen und auf dem Teller neben (!) das Fleisch gesetzt.

VARIANTE

Ich serviere das Chateaubriand gerne auf Brüsseler Art; also mit kleinen gedämpften (oder in Butter geschmorten) Chicorée-Kolben, in Butter gedämpften Rosenkohlsprossen und Schlosskartoffeln (kleine, olivenförmig tournierte Kartoffeln, in Butter langsam gegart, bis sie eine schöne Farbe angenommen haben; gehackte Petersilie und Salz darüberstreuen), dazu eine mit Madeira verfeinerte Sauce demi-glace (siehe S. 283).

FONDUE BOURGUIGNONNE

FRANKREICH

Streng genommen ist das Fondue eine Schweizer Erfindung, vor allem dann, wenn man seinen Namen wörtlich nimmt, denn das Wort leitet sich vom französischen *fondre* (schmelzen) ab und wurde früher ausschließlich für das berühmte Käsefondue verwendet.

Hier handelt es sich indessen um eines der berühmtesten Fleischgerichte der Welt, geschmolzen wird dabei allerdings nichts, vielmehr wird in heißem Fett gegart. Der Name „Fondue bourguignonne" hat sich aber nun einmal eingebürgert. Der Legende nach soll die Speise im Jahre 1476 von den Burgundern, die unter Karl dem Kühnen die Westschweiz besetzten, nach Frankreich gebracht worden sein. Da die Schweizer diese Form der Zubereitung allerdings kaum kennen, scheint es wahrscheinlicher zu sein, dass die fleischverliebten Burgunder das Käsefondue in der Schweiz zwar kennengelernt haben, dann aber nach einem Weg suchten, den Käse durch Fleisch zu ersetzen.

FÜR 4 PERSONEN

1,2 kg Rinderfilet (wer es herzhafter mag, nimmt Fleisch von der Keule, z.B. Huftsteaks), hoch erhitzbares Pflanzenfett, Pfeffer aus der Mühle, grobes und feines Meersalz

Garnitur: Baguette (unverzichtbar), Pommes frites (fakultativ), Cornichons, eingelegte Perl- und Silberzwiebeln, Mixed Pickels, Dijonsenf, Dijon-Majonäse (handgeschlagene Majonäse mit Dijonsenf verfeinert), Majonäse (vorzugsweise handgeschlagen und mit Olivenöl und einer Spur Knoblauch verfeinert), Würzmajonäse (nach Geschmack mit scharfem Paprikapulver oder Tabasco, Tomatenketchup, Senf, Meerrettich, Worcestersauce und Cognac gewürzt), Curry-Majonäse (125 g Majonäse, 1 – 2 TL scharfes Currypulver, 1 TL Johannisbeergelee, 2 TL Sahne, 1 Prise Zucker, etwas Zitronensaft)

Das Fleisch (es muss Zimmertemperatur haben) in Würfel von 2 bis 3 cm Kantenlänge schneiden und appetitlich in einer Schüssel anrichten. Alle Beilagen und Garnituren ebenfalls auf Schüsseln verteilen und auftischen.

In einem Fondue-Geschirr (vorzugsweise aus Kupfer) das Fett zum Sieden bringen (175 bis 180 °C sind erforderlich). Das Fleisch stückchenweise auf Fonduegabeln spießen (nicht mehr als eines pro Gabel) und im Fett garen – nicht zu lang, denn das Fleisch soll innen blutig bis rosa bleiben. Wichtig: Niemals zu viel Fleisch in den Topf geben, da das Fett sonst abkühlt und das Fleisch nicht richtig knusprig wird.

Am besten schmeckt hochwertiges Fonduefleisch, wenn es nur mit Salz gewürzt genossen wird – nach jedem Fleischstück etwas Baguette und ein Cornichon nehmen, um den Geschmack zu neutralisieren. Aber natürlich kann das Fleisch auch mit Senf, einer der oben angegebenen Saucen u.v.m. ganz nach persönlichem Geschmack gewürzt werden.

RÔTI DE BŒUF JARDINIÈRE
RINDERBRATEN NACH GÄRTNERIN-ART

FRANKREICH

Natürlich kann man für diesen traditionellen Braten der französischen Küche auch Keulenfleisch oder Lende wählen, doch mit der hier servierten feinen Gemüsegarnitur harmoniert zartes Rinderfilet am besten. Zu nachstehendem Festessen reicht man zusätzlich Kartoffelkroketten oder panierte und in Fett ausgebackene Polentataler.

FÜR 8–10 PERSONEN

2 kg sauber pariertes Rinderfilet im Ganzen (ohne Kette und Spitze), 125 ml trockener Weißwein (guter weißer Burgunder), 250 ml kräftige Rinderbrühe (keine Würfelbrühe!), Öl zum Braten, eiskalte Butterflocken zum Binden der Sauce, weißer Pfeffer aus der Mühle, feines Meersalz

Für die Gemüsegarnitur: 800 g zarte, junge Karotten, 800 g Perlzwiebeln (ersatzweise sehr kleine Schalotten), 600 g geputzte Prinzessbohnen (in 5–6 cm lange Stücke geschnitten), 75 g Butter, 1 Prise Zucker für die Zwiebeln, weißer Pfeffer aus der Mühle, Meersalz

Für die Garnitur sämtliches Gemüse putzen bzw. schälen, bei den Karotten noch einen Zentimeter Grünansatz stehen lassen. Jedes Gemüse separat nach der erforderlichen Garzeit (Karotten 10 bis 15 Minuten, Zwiebeln 10 Minuten, Bohnen 5 Minuten) in Salzwasser blanchieren und anschließend sofort in Eiswasser abschrecken; abtropfen lassen und nur die Zwiebeln mit ein wenig Zucker bestreuen. Gemüse beiseitestellen.

Das sauber parierte Fleisch mit Küchengarn binden. Öl in einer Kasserolle erhitzen, das Fleisch bei starker Hitze darin scharf anbräunen; erst danach mit Salz und Pfeffer aus der Mühle würzen. Die Kasserolle mit dem Fleisch in den auf 250 °C vorgeheizten Ofen stellen, das Fleisch 15 bis 20 Minuten darin garen, alle 5 Minuten wenden. Wenn man die Kerntemperatur messen kann, gilt: 51 °C Kerntemperatur blutig, 60 °C medium.

Das fertig gebratene Fleisch aus dem Ofen nehmen und locker in Folie gewickelt ruhen lassen. Den Bratensatz wenn notwendig entfetten (Fett einfach abgießen) und mit Wein und Brühe loskochen; alle Reste vom Boden abkratzen; 10 Minuten einreduzieren lassen.

Zwischenzeitlich in drei Pfännchen die drei verschiedenen Gemüse jeweils in Butter schwenken und darin heiß werden lassen; dabei mit Pfeffer aus der Mühle und Salz würzen (ich gebe zu den Karotten eine Prise Dille oder Kümmel, zu den Zwiebeln einen Schuss alten Balsamico und zu den Bohnen etwas Bohnenkraut).

Den reduzierten Bratensaft vom Herd nehmen und mit ein paar eiskalten Butterflocken montieren, abschmecken. Unmittelbar vor dem Servieren das Fleisch vom Küchengarn befreien (ausgetretenen Saft zur Sauce geben) und auf eine Servierplatte mit Saftrinne setzen. Die Gemüse zusammen mit Kroketten oder Polentatalern rundherum ansetzen und das Fleisch erst bei Tisch in feine Scheiben schneiden. Sauce extra reichen.

HINWEISE:
Ich gebe hier gerne noch ein paar junge Artischocken dazu, aber es passen auch gebratene Salatherzen, junge Zucchini, kleine Kürbisse, geschmorte Gurken, Spargelspitzen etc.

Natürlich kann diese Art von Braten mit vielen verschiedenen Garnituren aufgetischt werden, Anregungen dafür finden Sie bei den Tournedos (siehe S. 232).

VARIANTEN

Die klassische Küche kennt unzählige Zubereitungen für Rinderfilets im Ganzen, doch die beiden berühmtesten sind sicherlich „à la Wellington“ bei der ein scharf angebratenes Rinderfilet mit einer trockenen Duxelles (evtl. tomatisiert) oder mit einer mit Champignons (oder Morcheln) versetzten Kalbsfarce in Blätterteig gewickelt gebacken wird, und „à la Colbert“, wobei ähnlich zubereitet, jedoch statt in Blätterteig in Weißkohl gewickelt wird (für eine bessere Stabilität in diesem Fall alles durch ein Schweinenetz fixieren).

TOURNEDOS & MEDAILLONS
KLEINE RINDERFILETS

FRANKREICH

Tournedos sitzen unmittelbar nach der Filet-Spitze und werden mit einem Gewicht von 80 bis 125 g geschnitten, zumeist mit 100 g. Man kann sie einzeln (z.B. als Zwischengericht) oder zu zweit (als Hauptgang) auftischen. Tournedos gewinnen ihren Reiz durch die zahlreichen verschiedenen Garnituren, mit denen sie serviert werden. Sie lassen dem Koch viel Freiraum für Fantasie und geschmackliche Variation. Nach Belieben können Tournedos natur gebraten, gegrillt oder auch in Butter sautiert werden; manchmal umwickelt man sie mit einer Scheibe Speck.

In der Regel werden Tournedos auf in Form (der Tournedos) zurechtgeschnittenen getoasteten Weißbrotscheiben oder Croûtons angerichtet. Das Brot muss dafür aber auf der Oberseite mit flüssiger Glace (siehe S. 283) bepinselt werden, damit der austretende Fleischsaft das Brot nicht zu schnell aufweicht.

Medaillons sind den Tournedos artverwandt, werden aber dünner geschnitten und wiegen daher meist nur 75 bis 100 g; Medaillons werden generell paarweise aufgetischt oder zu mehreren Stücken auf einer Platte kranzförmig angerichtet.

Hier nun einige klassische Garnituren sowie einige eigene Varianten:

BRÜSSELER ART

Zwei Tournedos grillieren, mit blanchierten und in Butter geschmortem Rosenkohl und Chicorée anrichten, dazu Sauce hollandaise (siehe Glossar) oder béarnaise (siehe S. 284).

ROSSINI

Pro Person ein großes (oder auch zwei kleine) Tournedos in Butter braten, auf getoastetem Weißbrot anrichten und mit (evtl. gebratener) Gänsestopfleber belegen, eine Trüffelscheibe daraufsetzen und mit einem mit Madeira (und evtl. Trüffelessenz) verfeinerten Kalbsjus (oder Sauce demi-glace, siehe S. 283) auftischen.

ASCHENBRÖDEL

Schöne blanchierte Artischockenböden mit einem gebutterten und mit klein gehackter Trüffel verfeinerten Zwiebelpüree füllen; glacieren. Tournedos in Butterschmalz braten, darauf anrichten.

GERDA (Bild)

Zwei in Butter gebratene Medaillons mit dick gehaltenem Püree aus weißen Bohnen, das mit in Butter gebratenen Trüffelspänen verfeinert wurde, sandwichartig zusammensetzen. Mit einem Löffel pikanter Tomatenconcassée (Tomatenwürfelchen mit feinst gehackter Schalotte, Estragon und Chili in Butter schmälzen) belegen, dann mit einem gekochten und in (evtl. mit Annattoöl gefärbter) Butter sautierten Hahnenkamm toppen; gebutterter Kalbsjus mit Würfelchen von sautierter Hahnen- oder Kalbsniere dazugeben.

AUX MORILLES

Tournedos sautieren, mit in Butter sautierten Morcheln anrichten und mit gehackter Petersilie bestreuen.

RIVOLI

Tournedos sautieren, auf sauber ausgestochenen Scheiben von Anna-Kartoffeln (kleine gewaschene und abgetrocknete Kartoffelscheiben in einer gebutterten Spezialform oder in einer Sauteuse halb überlappend rosettenförmig einordnen; jede Lage würzen und mit einer Butterschicht überziehen; insgesamt 6 Schichten aufeinanderstapeln, dabei Legerichtung wechseln; zugedeckt gut 30 Minuten im heißen Ofen backen; stürzen, dabei die Butter abrinnen lassen) anrichten und mit Trüffelsauce überziehen.

PORTO

Tournedo (150 g) mit 1 gehackten Schalotte, 1 gehackten Knoblauchzehe, 1 gehackten Chilischote, 1 Lorbeerblatt, etwas Rotweinessig und 40 bis 50 ml Portwein etwa 2 Stunden bei Zimmertemperatur marinieren. Fleisch aus der Marinade heben, beidseitig in Olivenöl kräftig anbraten, dann warm halten. Fett aus der Pfanne gießen, Marinade hineingeben und sirupartig einkochen lassen. Sauce durch ein Sieb seihen und mit dem ausgetretenen Fleischsaft vermischen; Filet mit der Sauce anrichten, sautierte Frühlingszwiebel und eingelegte Paprikaschoten als Garnitur; bei Tisch Pfeffer darübermahlen und salzen.

SAN CARLO

Für 4 Personen: 2 abgespülte, in Salz eingelegte Anchovis sehr fein hacken und mit 80 g Butter und einer halben, in dünne Scheibchen gehobelten Trüffel vermischen; die Hälfte dieser Butter auf vier angetoastete Weißbrotscheiben (sie sollten die Größe der Tournedos haben) streichen. Vier im Form gebundene (und evtl. mit einer Speckscheibe umwickelte) Tournedos von jeweils 100 g in wenig Butter auf jeder Seite 3 bis 4 Minuten braten, abtropfen lassen, auf die Brotscheiben setzen und mit einer schönen Trüffelscheibe belegen. 1 Glas Marsala (100 ml) in die Bratpfanne gießen, etwas einkochen lassen, dann mit der restlichen Anchovis-Butter montieren. Sauce über die Filets gießen und auftischen.

FLADO (Bild links)

2 Medaillons grillieren, das erste auf ein in Butter gebackenes Croûton setzen, mit einem Kranz von gebratenem Mark belegen, darauf eine Trüffelscheibe; mit dem zweiten Medaillon abdecken, auf dieses eine schöne Markscheibe setzen und mit Trüffel garnieren; eine Rotweinreduktion (siehe S. 285) mit Portwein dazugeben.

JOSEFINE (Bild rechts)

Tournedos in Butter braten, auf Macaire-Kartoffeln (Ofenkartoffel aushöhlen, Inneres mit einer Gabel zerdrücken, Butter untermischen, würzen, zu Fladen formen und in geklärter Butter beidseitig goldbraun backen) anrichten und mit in der Schale in Olivenöl gebackenen Knoblauchzehen belegen. Mit leicht gebundenem jungen Erbsengemüse umkränzen; Pommes soufflées (Kartoffelkissen: Kartoffeln 3 mm dick schneiden, gut abtrocknen, bei 120 bis 140 °C im Ölbad garen, dann Kartoffeln, die oben schwimmen, sofort in sehr heißes Fett geben – dadurch blähen sie sich wie Kissen auf; abtropfen und leicht salzen) und Knoblauchbutter (50 g blanchierten Knoblauch mit 50 g weicher Butter im Mörser vermischen, salzen und pfeffern) extra dazu reichen.

DACHDECKER-ART

Tournedo in Gänseschmalz garen, auf in Butter gebratener und mit einer Scheibe dünner (roher) Gänsestopfleber belegter, getoasteter Weißbrotschnitte anrichten. Einen Kranz Gänseleberpüree daraufdressieren (z.B. weiche Pastete oder 50 g Gänsestopfleber mit 50 g Butter pürieren, durch ein Sieb streichen und zimmerwarm weiterverarbeiten); dachziegelartig mit dünn aufgeschnittener, geräucherter Gänsebrust belegen; dazu lauwarme Sauce Oxford: 100 ml roter Portwein, 4 EL zerlassenes Johannisbeergelee, 1 EL fein gehackte und blanchierte Schalotten, ½ EL abgeriebene und stark blanchierte Orangen- und Zitronenschalen, Saft einer Orange, Saft einer halben Zitrone, 1 TL Englischer Senf, 1 Prise Cayennepfeffer und etwas geriebener Ingwer.

SCHNECKENZÜCHTER-ART (Bild links)

1 EL festes, mit blanchiertem, klein gewürfeltem Knochenmark und evtl. etwas Trüffel verfeinertes Kartoffelpüree in die Tellermitte setzen, darauf einen großen hohlen, gut ausgewaschenen Markknochen (das Püree sollte den Knochen unten so verschließen, dass nichts auslaufen kann). Den Knochen mit drei in Butter (unter Zugabe einer Knoblauchzehe) gebratenen küchenfertig vorbereiteten Weinbergschnecken füllen, geschnittenen Estragon in die Bratbutter geben und über die Schnecken träufeln. Gegrilltes Medaillon als Deckel daraufgeben, eine hauchdünne Kartoffelrose obenauf setzen, darauf drei dünne Markscheiben, noch eine Trüffelscheibe und zuletzt schließlich eine panierte und gebackene Weinbergschnecke. Mit in Butter gebratenen halbierten Salatherzen umkränzen; dazu braune Bratbutter mit gehackten Schnecken, Karottenwürfeln, Estragon, Petersilie und Knoblauch.

SONJA (Bild rechts)

Nicht ganz fertig gekochte Makkaroni zu einer Schnecke zusammenrollen, sodass die Nudeln beim Trocknen aneinanderkleben. Die Nudelschnecke in Butter knusprig braten (nur eine Seite; aufpassen, dass sie in Form bleibt), auf einen Teller legen und mit brauner Butter und darin gebratenen Trüffelspänen beträufeln. Ein größeres in Butter gebratenes Tournedo daraufsetzen, eine gebratene Jakobsmuschel oder eine pochierte Auster darauflegen, dann eine Trüffelscheibe und schließlich mit gegarter Hummerschere toppen.
Sauce: Bratbutter von Tournedo und Trüffeln mit Cognac löschen und vermengen, einkochen, etwas Kalbsjus und Obers dazu, erneut einkochen, mit eiskalter Butter montieren, mit Trüffelwürfelchen und klein gewürfeltem Hummerfleisch vollenden.

CÔTE DE BŒUF ET GRATIN DAUPHINOIS
RINDERKOTELETT MIT KARTOFFELGRATIN

FRANKREICH

Nichts kommt meines Erachtens dem geschmacklichen Idealbild von Rindfleisch näher, als ein perfekt gebratenes Rinderkotelett – vorzugsweise vom Charolais-Rind (oder zumindest einem ähnlich sensationellen Fleischrind aus qualitätsbewusster Aufzucht). Das Côte de bœuf ist der Klassiker burgundischer Brasserien, wo es entweder nur mit frischem Baguette serviert wird oder – für zwei Personen – mit dem umwerfend guten Gratin dauphinois. Dazu trinkt man einen exzellenten Moulin-à-Vent (einige Jahre sollte schon gereift sein).

Ein Côte de bœuf sollte mindestens 800 g auf die Waage bringen und perfekt abgehangen sein, damit das Fleisch seine typische Würze voll entfalten kann; und natürlich darf das Fleisch ausschließlich *saignant* (rare, blutig) zubereitet werden.

FÜR 2 PERSONEN

1 Côte de bœuf (Rinderkotelett, 800 g – 1,2 kg), 3 EL Olivenöl, 1 – 2 EL Butter, 1 – 2 EL leicht gesalzene Butter, schwarzer Pfeffer aus der Mühle, Fleur de Sel (und zwar ausschließlich eines von der Guérande)

Für das Gratin: 500 g eher mehlige Kartoffeln, 330 ml Vollmilch, 125 ml Sahne, 35 – 50 g Butter, 1 gepresste Knoblauchzehe, geriebene Muskatnuss, weißer Pfeffer aus der Mühle, feines Meersalz

Mit dem Gratin beginnen: Den Backofen auf 170 °C vorheizen. Kartoffeln schälen und in feine Scheiben hobeln oder schneiden. Die Milch in einem Töpfchen zusammen mit der Sahne, der Butter und dem Knoblauch zum Kochen bringen; mit geriebener Muskatnuss, Pfeffer aus der Mühle und Salz recht kräftig würzen. Die Kartoffelscheiben dazugeben und 10 Minuten auf kleiner Flamme garen. Dabei immer wieder umrühren, weil die Masse sehr leicht anbrennt. Schließlich die Kartoffelmischung in eine ausgebutterte Gratinform passender Größe füllen und im Ofen 45 Minuten backen, bis sich eine schöne Kruste gebildet hat.

Das Fleisch etwa 3 bis 4 Stunden vor der Zubereitung aus dem Kühlschrank nehmen. Öl und Butter in einer schweren Pfanne möglichst stark erhitzen (die Butter darf aber nicht braun werden) und das Kotlett auf jeder Seite 1 bis 1,5 Minuten anbraten; beim Wenden Fleur de Sel auf das Fleisch streuen. Danach das Fleisch – je nach Dicke – weitere 5 bis 7 Minuten bei kleiner Flamme braten, sodass es durch und durch warm ist, aber im Kern noch blutig. Jetzt pfeffern und das Fleisch einige Minuten ruhen lassen, damit es sich entspannen kann. Côte de bœuf auf einem großen Holzbrett anrichten und frische Butter (vorzugsweise leicht gesalzen) darauf schmelzen lassen. Mit dem Gratin und exzellentem Rotwein servieren!

FILET DE BŒUF AUX HUÎTRES
RINDERFILET MIT AUSTERN

FRANKREICH

Die Kombination von Rinderfilet mit Meeresfrüchten ist für die französische Küche nichts Ungewöhnliches. Dieses Rezept aus dem Süden (Provence) schmeckt wunderbar und weckt Fernweh. Wichtig: Nur perfekt abgelagertes Rindfleisch nehmen, vorzugsweise vom Ochsen.

FÜR 2 – 3 PERSONEN

600 g Rinderfilet-Mittelstück, 20 kleine Belon-Austern (ersatzweise Imperial-Austern), 300 – 400 g Brokkoliröschen, 125 g Butter, 3 – 4 EL Olivenöl extravergine, 2 EL Sojasauce, schwarzer Pfeffer aus der Mühle, Meersalz (Fleur de Sel)

Olivenöl in einer schweren Gusseisenpfanne erhitzen, das gut abgewischte Fleisch (nicht waschen, nur trocken abwischen!) rundherum scharf anbraten; danach aus der Pfanne nehmen und auf Alufolie setzen. Jetzt erst salzen und pfeffern, in die Folie wickeln und an einem warmen Ort ziehen lassen – es sollte nicht garen, sondern wirklich nur durchziehen.

Inzwischen die Austern auslösen, den Austernsaft dabei auffangen und durch ein Sieb seihen. Austernsaft mit Sojasauce und Butter erhitzen, aufmixen und nur pfeffern. Brokkoli in gesalzenem Wasser blanchieren.

Das Fleisch aus der Folie nehmen und in kleine Stücke schneiden. Sauce auf Tellern verteilen, in die Mitte die Austern platzieren, darum herum das Fleisch anrichten und alles mit den Brokkoliröschen umkränzen. Sofort servieren.

HINWEIS:
Auch die Chinesen kennen ein sehr ähnliches Gericht, nämlich das „Rindfleisch mit Brokkoli und Austernsauce". Offensichtlich hat sich die französische Küche hier einmal mehr von Asien inspirieren lassen.

BŒUF À LA FICELLE
RINDERFILET AM FADEN

FRANKREICH

Eine sehr traditionelle und richtig zubereitet auch recht schonende Garmethode für das edle Rinderfilet. Normalerweise wird das Gericht ohne Beilagen nur mit Baguette, Cornichons und Dijonsenf aufgetischt, doch passen auch in Gänseschmalz goldbraun gebratene Kartoffelwürfel, in Rindertalg frittierte Pommes frites oder getrüffeltes Kartoffelpüree sehr gut dazu. Ich persönlich bevorzuge die puristische Variante!

FÜR 4 PERSONEN

800 – 1.000 g Rinderfilet (Mittelstück im Ganzen), 1 mit 2 – 3 Nelken gespickte Zwiebel, 1 Karotte, 1 Stange Lauch (nur das Weiße), 1 Stange Staudensellerie, 1 – 2 Zweige Thymian, 1 Zweig Bohnenkraut, 2 – 4 Lorbeerblätter, 12 schwarze Pfefferkörner, Meersalz (unbedingt)

Zum Servieren: schwarzer Pfeffer aus der Mühle, feines Meersalz (Fleur de Sel), einige Cornichons, Dijonsenf, Baguette, leicht gesalzene Butter

Sämtliches Gemüse putzen, in große Stücke schneiden und mit der gespickten Zwiebel sowie den vorgesehenen Kräutern und Gewürzen in einen recht hohen Topf füllen. Etwa 2 bis 3 Liter Wasser dazugeben und alles zum Kochen bringen; die Zutaten sollten nun 30 Minuten köcheln, damit man eine aromatische Kochbrühe erhält.

Das Rinderfilet mit Küchengarn binden – ähnlich einem Rollbraten – aber an den Enden jeweils ausreichend Garn belassen, um das Fleisch an einen Stab (oder Kochlöffel) hängen zu können. Das Rinderfilet so in die sprudelnd heiße Brühe hängen, dass es knapp, aber vollständig davon bedeckt ist und dabei keinesfalls den Boden oder Topfrand berührt.

Das Rinderfilet nun bei Mittelhitze leise siedend 15 Minuten (*saignant*/englisch) bis maximal 20 Minuten (knapp *medium*) garen lassen. Das Fleisch aus dem Topf nehmen, kurz ruhen lassen, danach in Scheiben schneiden und anrichten. Mit Pfeffer aus der Mühle und feinem Meersalz bestreut auftischen, dazu reicht man Cornichons, Senf, Baguette, leicht gesalzene Butter und natürlich einen erstklassigen Weißwein (ich bevorzuge hier einen Meursault).

VARIANTE

Man kann das Rindfleisch auf dieselbe Art und Weise auch in Rotwein oder Weißwein pochieren, nur lässt man dann das Bohnenkraut weg und serviert eine Kartoffelbeilage dazu.

STEAK AU POIVRE
PFEFFERSTEAK

FRANKREICH

Für die meisten Feinschmecker ist dies wohl der Inbegriff eines guten Steaks. Tatsächlich hat das Gericht etwas Einzigartiges, denn es ist in seiner Einfachheit geradezu vollkommen! Das Original hat nichts mit dem zu tun, was oft als Pfeffersteak serviert wird (etwa mit Fertigsauce).

Nur Fleisch von ausgesuchter Qualität liefert hier ein befriedigendes Ergebnis, auch ist wirklich guter Cognac gefordert, denn er sorgt für den typischen Geschmack der aromatischen Sauce.

FÜR 4 PERSONEN

4 Filetsteaks (à 200 – 250 g), 2 – 3 EL im Mörser zerstoßene weiße und schwarze Pfefferkörner, 6 – 8 EL Butter, 4 – 6 cl guter Cognac (mindestens V.S.O.P.), 125 ml Sahne, feines Meersalz

Den zerstoßenen Pfeffer auf eine Arbeitsfläche streuen und die Steaks darin wenden, bis sie rundherum leicht von Pfeffer überzogen sind; anschließend salzen. In einer schweren Pfanne die Hälfte der Butter erhitzen und die Steaks von beiden Seiten darin anbraten. Auf einer vorgewärmten Platte warm halten und das Fett aus der Pfanne abgießen, die Pfanne aber nicht waschen!

Pfanne wieder auf den Herd stellen, den Bratensatz mit Cognac ablöschen und kurz flambieren (Flamme sofort mit einem Deckel löschen). Nun die Sahne in die Pfanne gießen, aufkochen und den Bratensatz am Pfannenboden mit einem Spatel lösen. Sauce einreduzieren lassen, dabei die restliche Butter Stückchen für Stückchen mit einem Schneebesen einarbeiten. Fertige Sauce mit den Steaks anrichten.

HINWEISE:
Es wird nicht als Sakrileg angesehen, wenn man die Sauce mit einem Schuss Glace oder Sauce demi-glace (siehe S. 283) verfeinert! In diesem Falle dürfen auch ein paar grüne Pfefferkörner hinzugefügt werden. Für Pfeffersteaks kann man auch das so-genannte Faux Filet/Rumpsteak verwenden.

BONE-IN FILET
RINDERFILET AM KNOCHEN MIT MIREILLE-KARTOFFELN

FRANKREICH/USA

Dies ist wohl das saftigste und zarteste Steak, das man zubereiten kann – leider auch eines der teuersten. Üblicherweise wird das Filet nicht mit dem anhaftenden Knochen zubereitet, was es zuweilen trocken werden lässt. Indem man bei diesem Fleischzuschnitt einen Teil des Knochens (es handelt sich im Grunde um einen halben Knochen vom T-Bone-Steak) am Fleisch belässt, trocknet es beim Braten nicht aus und behält viel Saft und Aroma. In den USA wird es mit Kartoffelgratin (siehe S. 238) serviert, doch ich persönlich empfehle hier Pommes de terre Mireille (Mireille-Kartoffeln).

FÜR 2 PERSONEN

2–4 Bone-In Filets (Filetsteaks à 200 g mit Knochen und kleinem Fettrand), 1–2 EL Pfefferkörner (nach Belieben nur schwarz oder auch bunt), 2–3 EL Butter, Öl zum Braten, feines Meersalz (vorzugsweise Fleur de Sel)

Für die Mireille-Kartoffeln: 500 g Kartoffeln (vorwiegend festkochend), 125–150 g küchenfertig vorbereitete Artischockenböden (ersatzweise Artischockenherzen), 50 g schwarze Trüffel, reichlich Butter, Pfeffer aus der Mühle, feines Meersalz

Die Steaks sollten mindestens 2 Stunden vor der Zubereitung aus dem Kühlschrank genommen werden. Den Fettrand bis zum Fleisch einritzen, dann die Steaks staubtrocken tupfen. Pfefferkörner in einem Mörser zerdrücken. Steaks auf beiden Seiten mit gestoßenem Pfeffer einreiben, diesen etwas ins Fleisch drücken und Fleisch danach mit Öl bepinseln; 30 bis 45 Minuten ruhen lassen.

Zwischenzeitlich die Beilage vorbereiten: Für die Mireille-Kartoffeln die rohen Knollen schälen, in möglichst gleichmäßig runde Scheiben schneiden, würzen und in reichlich Butter langsam sautieren, bis sie eine schöne Farbe angenommen haben. Zwischenzeitlich die Artischockenböden (harte Außenblätter entfernt, ohne Heu und mit geschältem Strunk) in Scheiben schneiden und in einer zweiten Pfanne ebenfalls in Butter sautieren, salzen. Wenn die Kartoffeln schön hellbraun sind, die Artischockenböden dazugeben und alles mit in Scheiben geschnittener Trüffel vollenden; warm stellen.

Eine schwere Pfanne mit etwas Öl möglichst stark erhitzen, die Steaks auf jeder Seite maximal 5 Minuten braten, beim Wenden jeweils salzen. Pfanne vom Herd nehmen und das Fleisch unter Zugabe der Butter einige Minuten nachziehen lassen.

Die Mireille-Kartoffeln gefällig auf einem großen Teller anrichten. Hat man nur ein Steak zubereitet, wird dieses in dicke Scheiben tranchiert zum Gemüse angerichtet; bei zwei Steaks nimmt man einen Extrateller. Fleisch mit dem Bratfett beträufeln, alles mit einem Hauch Fleur de Sel verfeinern und sofort mit einem erstklassigen Champagner servieren.

WARËNAJA GOWJADINA WORONOW
OCHSENFILET WORONOW

RUSSLAND

Dass die Russen gerne gut speisen, ist genauso bekannt wie der Umstand, dass sie zartes Rindfleisch lieben. Dieses Gericht gehört zu den besten Kreationen rund ums Rind – ohne Zweifel eine der delikatesten, raffiniertesten und pikantesten Rinderfilet-Rezepturen der Welt! Leider wird sie immer wieder verfälscht und abenteuerlich abgewandelt.

Im Grunde handelt es sich dabei um ein typisches Gericht, das wie so viele andere schmackhafte russische Speisen aus dem Bedürfnis heraus entstanden ist, Übriggebliebenes in einer anderen Form am nächsten Tag nochmals aufzutischen. Hier nun das Rezept für einen der ganz großen Küchenklassiker:

PRO PERSON

1 Filetsteak vom Ochsen (etwa 3–4 cm dick), 1,5 EL Sahne, 1 Schuss Wodka, 1 Schuss armenischer Cognac, Pfeffer aus der Mühle, Salz

Für die Sauce: 200 g frische Butter, 150 g Schmand bzw. saure Sahne, 100 ml süße Sahne, 80 g fein gehackte Zwiebel, 30 g gehackte Petersilie (nur die Blätter), 30 g Estragonblätter, 5 g frischer Majoran (nur die Blätter), 5 g frischer Thymian (nur die Blätter), 2 g Rosmarin, 5 g Paprikapulver, 15 g grob gemahlener Pfeffer, 25 g Kapern, 20 g Sardellenfilets, abgeriebene Schale von 2 unbehandelten Zitronen, 2 Knoblauchzehen (mit Salz zu einer Paste zerrieben), 2 EL Senf (vorzugsweise russischer, sonst Dijonsenf), 1,5–2 EL Kabulsauce oder OK-Sauce (ersatzweise Worcestersauce), 25 ml armenischer Cognac, Salz

Sauce: Alle Zutaten – ausgenommen Butter, Schmand und Sahne – in einer Schüssel vermischen und abgedeckt an einem warmen Ort über Nacht stehen lassen. Am nächsten Tag die Butter schaumig rühren und nach und nach mit Schmand und Sahne vermischen; dabei darauf achten, dass die Zutaten die gleiche Temperatur wie die Butter haben. Die über Nacht gereiften Kräuter und Gewürze nun feinst hacken, unter die Creme rühren und alles mit der notwendigen Menge Salz abschmecken.

Für die eigentliche Zubereitung – welche zumeist für jeweils eine Person am Tisch vollzogen wird – nimmt man ein Sautoir, welches nicht viel größer als das Fleischstück ist. In dieses Pfännchen gibt man zunächst einen Schuss Wodka und einen Schuss armenischen Cognac hinein, erwärmt den Alkohol langsam und lässt ihn durch Schräghalten des Geschirrs kurz brennen, Flamme aber sofort mittels eines Deckels löschen. Unmittelbar darauf 1 EL Kabulsauce (Worcestersauce), 1,5 EL Sahne und ungefähr 40 g von der Kräutercreme dazugeben; alles zum Siedepunkt erhitzen. Das leicht geklopfte und mit Salz und Pfeffer gewürzte Filetsteak wird nun in dieser Sauce knapp unter dem Siedepunkt unter öfterem Wenden rosa gegart (pochiert). Hat man alles richtig gemacht, so gerinnt die Sauce dabei nicht; geschieht dies aber doch, so kann man mit einigen Tropfen kaltem Wasser die gewünschte Bindung wieder herstellen.

Traditionell wird dieses köstliche Rezept mit einem Rote-Bete-Salat, geschälten und fein geschnittenen Salzgurken sowie einer in der Schale gebackenen Kartoffel aufgetischt.

HINWEIS:
Dieses Filetsteak-Rezept eignet sich auch bei mehreren Gästen für die Zubereitung bei Tisch – jedoch sollten es nicht mehr als vier sein. Man muss dabei immer nur auf das richtige Mischungsverhältnis achten (proportional zur Anzahl der Steaks erhöhen) und das richtige Geschirr wählen: Das Fleisch sollte darin gerade Platz haben.

SVÍCKOVÁ
RINDERFILET IN WURZELRAHMSAUCE MIT BÖHMISCHEN KNÖDELN

TSCHECHIEN

Seit jeher lieben die Tschechen große Braten mit viel Sauce für die üblicherweise aus einer Knödelvariation bestehende Beilage. Svícková ist ein typisches tschechisches Gericht. Genau übersetzt heißt es „Kerzenbraten“ (*svícka* = Kerze) – vermutlich, weil das Fleisch (Filet) einer Kerze ähnlich sieht.

FÜR 4–6 PERSONEN

etwa 1,5 kg Rinderfilet (vorzugsweise im Ganzen), 750 g gemischtes Wurzelgemüse (Karotte, Sellerieknolle und Petersilienwurzel), 1 große Zwiebel, 12 Pfefferkörner, 8 Pimentkörner, 4–6 Wacholderbeeren, 5–6 Lorbeerblätter, 1 Zweig Thymian, etwa 500 ml kräftige Rinderbrühe (ersatzweise gekörnte Brühe), 500 ml Crème fraîche oder Schmand, 2–3 EL Mehl, Öl zum Anbraten, Zitronensaft, Salz

Das Fleisch sauber parieren, Gemüse schälen und klein schneiden. In einer ausreichend großen Kasserolle zunächst das Fleisch in heißem Öl rundherum anbraten, dann herausnehmen und das Gemüse im Bratenrückstand rösten, bis es anfängt zu duften. Fleisch samt Gewürzen und etwas Salz auf das Gemüse betten, etwas Brühe angießen und alles zugedeckt weich schmoren – das dauert etwa 45 bis 60 Minuten.

Fleisch sowie alle Gewürzkörner und Lorbeerblätter aus der Sauce nehmen und Letztere anschließend mit einem Pürierstab mixen oder durch die Flotte Lotte passieren. Sauce nach Wunsch zusätzlich durch ein feines Sieb streichen. Sauce zurück in die Kasserolle geben. Crème fraîche oder Schmand mit dem Mehl verquirlen (keine Klümpchen!) und die Sauce damit binden; alles nochmals kräftig durchkochen lassen, dabei die Saucenkonsistenz nach Wunsch regulieren (ist sie zu dick, noch etwas Brühe nachgeben). Mit Zitronensaft und Salz abschmecken.

Fleisch in dickere Scheiben schneiden, auf Tellern anrichten und mit reichlich Sauce übergießen. Dazu schmecken Serviettenknödel (siehe S. 272) oder Böhmische Knödel.

BÖHMISCHE KNÖDEL

1 kg Mehl, 1 Päckchen Trockenhefe (20 g frische Hefe), 1 TL Zucker, 300 ml lauwarmes Wasser, 2 Eier, 2 TL Salz

Die Hefe mit dem Zucker ins Wasser geben und aufschäumen lassen. Mehl mit Ei und Salz in eine Schüssel geben und vermischen, dann das Hefewasser dazugeben und alles zu einem Teig kneten, der schön glatt aussieht (weder zu wässrig noch zu trocken und nicht an der Schüssel klebend). Teig an einem warmen Ort gehen lassen, bis sich sein Volumen etwa verdoppelt hat.
Aus dem Teig vier gleich große Stücke schneiden, zu gleichmäßigen Rollen formen. Diese Teigrollen werden nun in einer sehr großen Kasserolle 20 bis 25 Minuten in Salzwasser gekocht; fertige Knödel abtropfen lassen und mit einem dünnen Faden in Scheiben schneiden.

TIPP:
Knödelreste können (in Scheiben geschnitten) gut eingefroren und bei Bedarf über Dampf erwärmt werden.

HINWEIS:
Manche Prager Köche würzen ihre Svícková zusätzlich mit etwas Ingwer. Natürlich muss man nicht unbedingt das zarte Rinderfilet für diesen Braten nehmen, auch aus Schmorfleisch (z.B. Schulter, Tafelspitz etc.) lässt sich das Gericht gut zubereiten – in diesem Falle verlängert sich allerdings die Garzeit.

WIENER RINDFLEISCH NACH PLACHUTTA

ORIGINALREZEPT VON EWALD PLACHUTTA ÖSTERREICH

Ewald Plachutta gilt als einer der Doyens der Wiener Küche und als Experte für das berühmte Wiener Rindfleisch. Beim Fleisch schwört er auf das von Ochsen, Jungrindern, insbesondere von Kalbinnen. Doch auch für Ewald Plachutta besteht die eigentliche Kunst in der Zubereitung des Fleisches, wofür er – wie jeder Experte – seine eigene „Schule" vertritt. Hierzu ein Zitat aus seinem und Mario Plachuttas Buch „Meine Wiener Küche": „Die Saftigkeit und den Wohlgeschmack gilt es qua richtiger Zubereitung zu bewahren und zu fördern. Die Ratschläge dafür sind ohne Zahl. Dort (...) – nämlich bei Plachutta – kennt man diese Ratschläge alle und noch viele mehr. Man betrachtet das Regelwerk aber mit einer Distanz, die aus reichlich Erfahrung resultiert. (...) Der Reifezustand kann keine große Bedeutung haben, denn ungereiftes Fleisch erbringt oft bessere Resultate als wochenlang gelagertes (...) Ob Knochen oder nicht, mag für die Suppe von Bedeutung sein, hat aber auf den Fleischgeschmack nur wenig Einfluss; ebenso verhält es sich mit den Karotten. (...) Es gilt also die Regel, dass keine Regel immer gilt. Mysterium des Rindfleischkochens!"

Das wirklich Famose bei Plachutta ist aber, dass er – wie im alten Wien – nicht ein oder zwei verschiedene Rindfleischteile kocht, sondern stets mehr als ein Dutzend verschiedene Stücke anbietet, sodass sich jeder Rindfleisch-Connaisseur sein ganz besonderes Gustostückerl auswählen kann. Und wem die Qual der Wahl zu schwer fällt, für den bietet Plachutta einen Gusto-Topf an, der Kostproben verschiedener Fleischteile enthält – nicht umsonst gelten die Plachutta-Lokale als Wiener- Rindfleischtempel (siehe Lokaltipp S. 290).

Für die sogenannten Gustostücke kann der Gast beim „Plachutta" aus folgender Palette drei verschiedene Rindfleisch-Stücke seiner Präferenz wählen und bestellen:

Tafelspitz, Tafelstück, mageres Meisel, Kruspelspitz, Kavalierspitz, Hüferschwanzel, Hüferscherzel, weißes Scherzel, Beinfleisch, Schulterscherzel, Ochsenzunge

FÜR 6 – 8 PERSONEN

ca. 2 kg Rindfleisch nach Wahl, 1 Zwiebel (mit Schale halbiert), 10 – 15 Pfefferkörner, 250 g geschältes Wurzelwerk (Karotte, gelbe Rübe, Sellerie und Petersilienwurzel zu gleichen Teilen), ½ halbierte und gewaschene Lauchstange, ca. 3,5 l Wasser, Salz, Schnittlauchröllchen zum Bestreuen

Beilagen und Garnituren nach Wahl (siehe hierzu Tafelspitz, S. 170)

Zwiebeln samt Schale in einer mit Alufolie ausgelegten Pfanne ohne Fett an den Schnittflächen sehr dunkel bräunen. Fleisch kurz lauwarm abwaschen, abtropfen lassen. Wasser aufkochen, Fleisch einlegen, schwach wallend kochen lassen. Aufsteigenden Schaum ständig abschöpfen, Pfefferkörner und Zwiebel hinzufügen. Ca. 25 Minuten vor dem voraussichtlichen Garende (2,5 – 3,5 Stunden je nach Fleischteil, siehe hierzu auch Hinweis) Wurzelwerk und Lauch beifügen. Gekochtes Fleisch aus der Suppe heben, in fingerdicke Scheiben schneiden, anrichten und mit Salz und Schnittlauch bestreuen. Suppe abseihen, mit Salz abschmecken.

HINWEIS:

Zitat Plachutta: „Bleibt der Garzustand und seine Prüfung. Fleischgabeln sind für die Probe recht ungeeignet, weil viel zu dick. Man nehme eine lange Nadel und steche mit Gefühl ins Fleisch. Sobald die Nadel recht leicht eindringt, ist der Tafelspitz ausreichend gekocht. Das kann schon nach einer Stunde Garzeit pro Kilo sein, meistens braucht es deutlich länger, und auch bei gleich schweren Stücken des gleichen Teils von Rindern derselben Weide ist die Garzeit selten gleich."

TIPP FÜR PURISTEN:

Das Fleisch ohne Wurzelwerk nur mit Markknochenscheiben, Salz und Pfefferkörnern kochen, um den reinen Rindfleischgeschmack zu erzielen.

PLACHUTTA
GUSTO
STÜCKERLN

IN SZIGETI-RIESLINGSEKT GESOTTENES RINDFLEISCH MIT KAVIAR

ÖSTERREICH

Die Sektkellerei Szigeti in Gols (Burgenland/Österreich) gehört zu den renommiertesten Betrieben dieser Art in ganz Europa. Insbesondere die Sekte aus der sogenannten „Burgunderlinie" sind exzellent. Für dieses Rezept verwende ich aber einen schön gereiften und gehaltvollen Riesling-Jahrgangssekt.

Neben hochwertigen Rieslingsekten eignen sich für die Zubereitung dieses Luxusgerichtes aber auch gut gereifte Champagner. Und dass man hier nur absolut perfekt abgelagertes Rindfleisch verwenden darf, versteht sich von selbst. Auch Kaviar-Ersatz oder Seehasenrogen sind hier nicht erwünscht.

FÜR 4 PERSONEN

1 kg perfekt abgelagerter Rostbraten (Hochrippe ohne Knochen, mit Fettauflage) oder Kruspelspitz, kräftige Rinderbrühe zum Garen, 4 oder 8 Markknochen (je nach gewünschter Menge)

Außerdem: 1 Dose echter Kaviar (ca. 100 g, ich bevorzuge hier Beluga oder Malossol), 125 ml Szigeti-Rieslingsekt (oder Champagner), 1 guter EL Butter, Kerbel und/oder Estragon, Pfeffer aus der Mühle, Meersalz (Fleur de Sel)

Das Mark aus den Knochen lösen und in Eiswasser einlegen. Das abgewischte Fleisch zusammen mit den leeren Markknochen etwa 3 bis 4 Stunden in der Rinderbrühe langsam sieden, bis es sehr zart und mürbe ist. Danach das Fleisch herausnehmen und in 4 gleich große Scheiben schneiden, welche man in der Brühe warm hält. Von der Kochbrühe nunmehr 600 ml abnehmen und durch ein mit einem Geschirrtuch ausgelegtes Sieb passieren. Die Brühe mit dem Sekt versetzen und verkochen lassen, bis sie ein homogenes Geschmacksbild hat (ca. 10 bis 15 Minuten). Einen großen EL Butter sowie 2 bis 3 TL Kaviar einrühren, danach mit feinstem Meersalz und wenig Pfeffer aus der Mühle abschmecken. Das in dicke Scheiben geschnittene Mark nur wenige Sekunden darin erwärmen.

Fleischscheiben auf vier tiefe Teller verteilen, mit feinem Meersalz und Pfeffer aus der Mühle bestreuen. So viel aromatisierte Brühe angießen, dass das Fleisch noch nicht bedeckt ist. Scheiben von blanchiertem Mark auf die Teller verteilen und 1 EL (oder 3 TL) Kaviar auf das Fleisch setzen. Mit Kerbel- und/oder Estragonblättern garniert auftischen.

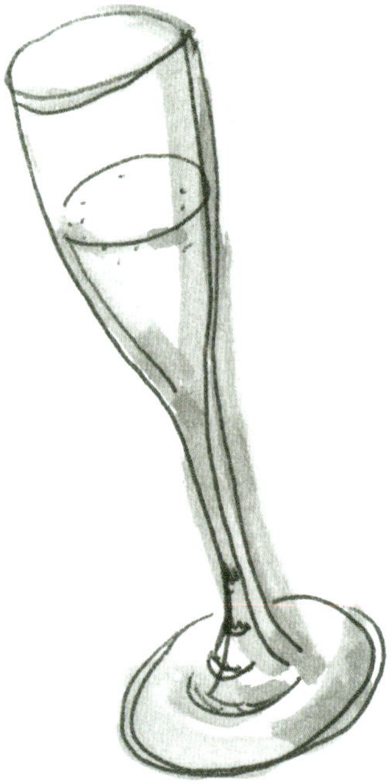

SZIGETI
Méthode Traditionnelle
ÖSTERREICHISCHER SEKT
13% VOL
RIESLING '95 BRUT

ROASTBEEF IN SALZKRUSTE

ENGLAND

Das Garen in Salzkruste ist zwar keine Erfindung der englischen Küche, aber die Engländer lieben ihr Roastbeef so sehr, dass sie diese Garmethode schnell dafür übernommen haben. Das Fleisch bleibt so nämlich auch bei kleineren Bratenstücken ganz besonders saftig und würzig!

FÜR 6 PERSONEN

1,5 – 2 kg Roastbeef mit Fettauflage (am besten Beiried), 3 EL grob zerstoßener schwarzer Pfeffer

Für die Salzkruste: 1,5 kg grobes Meersalz (ganz besonders schmackhaft mit Bad Ausseer Ursalz), 1 Bund frische Thymianzweige, 2 Eiweiß, Wasser

Das Roastbeef falls notwendig parieren, danach gründlich mit gestoßenem Pfeffer einreiben (man kann das Fleisch auch mit etwas Senf bestreichen). Für die Kruste das Salz mit den Eiweißen, etwas Wasser und den abgezupften Thymianblättern (ich gebe auch gerne ein paar Rosmarinnadeln dazu) vermengen.

Den Boden einer ofenfesten Form (vorzugsweise nur etwas größer als das Fleisch) etwa 1 bis 1,5 cm hoch mit Salz befüllen, das Fleisch darauflegen und sorgfältig mit Salz umhüllen. Danach im auf 250 °C vorgeheizten Ofen etwa 45 Minuten backen, herausnehmen und 10 Minuten ruhen lassen. Kruste mit einem Hammer aufschlagen, abheben und den Braten auf einem Brett angerichtet tranchieren. Dazu reicht man Pommes frites (oder eine andere Kartoffelzubereitung), Röstgemüse und eine beliebige Steaksauce.

HINWEIS:
Auch ein schönes Rinderfilet-Mittelstück (mindestens 1 kg schwer) lässt sich wunderbar in Salzkruste zubereiten.

Kuh

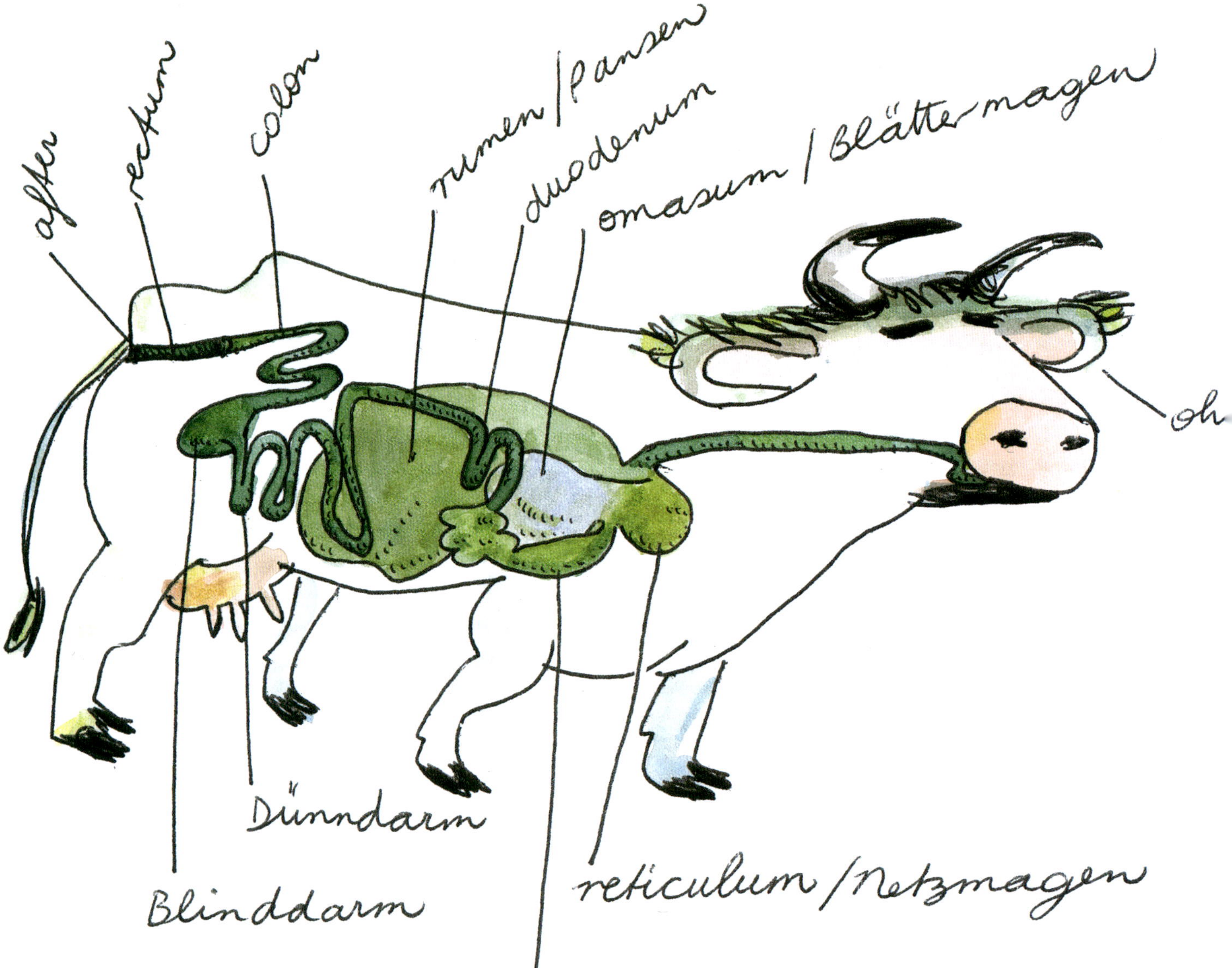

ein huftier

WAS VOM RIND SONST NOCH GEGESSEN WIRD: VON HUF BIS HODEN

Ich gebe es zu: Innereien aller Art und vor allem Knochenmark kann ich nicht widerstehen. Was nun folgt, ist also mein „Lieblingskapitel".

Zunge und Herz haben ein äußerst wohlschmeckendes, zartes und aromatisches Fleisch, das obendrein über eine besonders angenehme Konsistenz verfügt: zart und bissfest zugleich.

Als Küchen-Highlight betrachte ich auch Kutteln, vor allem den exzellenten Blättermagen, den es in Deutschland kaum zu kaufen gibt, der aber in Ungarn, Österreich, Italien, Frankreich und Spanien berechtigterweise zu den ganz großen Delikatessen zählt. Blättermagen ist zart und vor allem sehr würzig im Geschmack. Man kann ihn allen möglichen Eintöpfen beigeben, am besten mundet er aber immer noch in einer Busecca, jener wunderbaren, aus der Lombardei stammenden Kuttelsuppe.

Gebacken werden Gras double (Pansen, mit Absinth!) oder auch Stierhoden und Euter. Das Kronfleisch (Zwerchfell) kann man lange dünsten (für Bayern und Österreich typisch), Eintöpfen als Einlage hinzufügen oder – wie es die Franzosen praktizieren – kurzbraten. Wie auch immer, es schmeckt sehr aromatisch.

Und das Mark? Probieren Sie es gedünstet auf einer gebähten Brotscheibe oder schieben Sie die Markknochen in den Ofen und servieren Sie diese gebraten mit einem Kräutersalat als Vorspeise oder Kleingericht. Sie werden begeistert sein!

FARSCHIROWANNYJ JASYK
GEFÜLLTE ZUNGE MIT SAURER-SAHNE-SAUCE

RUSSLAND

Innereien aller Art gelten in Russland seit jeher als besondere Delikatesse. Sie werden bis heute in den feinsten Restaurants aufgetischt. Nachstehendes Zungenrezept entstammt allerdings der einfacheren bürgerlichen Küche.

FÜR 6 PERSONEN

1 Rinderzunge, 3 Zwiebeln, 1 Karotte, 1 Petersilienwurzel, 2 – 3 Lorbeerblätter, 6 – 12 schwarze Pfefferkörner, Salz, 1,5 – 2 EL Butter zum Braten

Für die Füllung: 1 Zwiebel, 1,5 – 2 EL Butter, 1 Bund fein gehackte glatte Petersilie, 2 – 3 Scheiben Weißbrot (ohne Rinde), 5 – 6 EL Milch, 1 Ei, schwarzer Pfeffer aus der Mühle, Salz

Für die Sauce: 150 – 200 ml saure Sahne, 2 – 3 EL Mehl, 1 EL Senf, 1 – 2 EL frisch gerissener Meerrettich, Pfeffer aus der Mühle, Salz

Die Zunge gründlich waschen, mit 2 halbierten Zwiebeln, dem Gemüse und den angegebenen Gewürzen in kaltem Wasser aufsetzen und in 3 bis 4 Stunden bei milder Hitze weich kochen. Zunge durch ein Sieb abgießen, Brühe aufheben. Die Zunge mit kaltem Wasser abschrecken und häuten; dann die Zunge längs auf-, aber nicht durchschneiden und aus dem Inneren so viel Fleisch herausschneiden, dass nur mehr ein 2 cm dicker Zungenrand stehen bleibt.

Für die Füllung: Eine grob gehackte Zwiebel in 1,5 EL Butter glasig dünsten, dann gemeinsam mit dem Inneren der Zunge, dem in Milch eingeweichten Brot und der Petersilie durch den Fleischwolf treiben (grobe Scheibe). Die Masse mit Ei binden, dann mit Salz und Pfeffer abschmecken (wer mag, kann auch ein paar Karottenwürfel hinzugeben oder gehackte Anchovis, Kapern, etwas Meerrettich, Senf und/oder auch Muskatnuss).

Die Zunge mit der Farce füllen, mit Bindfaden umwickeln und in eine feuerfeste Kasserolle legen; Butter und 250 bis 300 ml Brühe dazugeben, danach im Ofen bei 180 °C etwa 30 Minuten schmoren lassen. Herausnehmen, Fäden entfernen und die Zunge aufgeschnitten auf einer Platte anrichten; warm stellen.

Ein Glas Brühe mit der sauren Sahne, dem Mehl und den Gewürzen glatt rühren, den Bratenfond damit vermischen und einmal aufkochen lassen; durch ein Sieb streichen, abschmecken und die Sauce extra zur Zunge reichen. Dazu schmecken Butterkartoffeln, Salzkartoffeln, Püree oder auch Butternudeln.

LANGUE DE BŒUF MADÈRE
RINDERZUNGE IN MADEIRA

FRANKREICH

Von allen Rezepten für Innereien ist dieses eines der verbreitetsten überhaupt – und sicherlich auch eines der schmackhaftesten. In Frankreich bekommt man diese Köstlichkeit bei fast jedem guten Traiteur (Delikatessenladen), im deutschsprachigen Raum war das Gericht in den 1970er und frühen 80er Jahren recht modern, mittlerweile ist es aber etwas in Vergessenheit geraten.

FÜR ETWA 8 PERSONEN

1 Rinderzunge (ca. 2 kg), 1 mit 3 Nelken gespickte Zwiebel, 3 kleine Karotten, 2 Stangen Lauch (nur das Weiße), 1 Stange Staudensellerie, 1 Bouquet garni (Lorbeerblatt, Petersilie, Thymian, Kerbel), Pfefferkörner, 2–3 ungeschälte Knoblauchzehen, 2–3 Schalotten, 50 g Butter, 50 g Mehl, 150–200 ml Madeira, schwarzer Pfeffer aus der Mühle, Meersalz

Die Zunge über Nacht in Salzwasser legen, abspülen und 10 Minuten in kochendem Wasser vorgaren. Zunge abtropfen lassen und in einen sauberen Topf legen.

Die gespickte Zwiebel, das geputzte Gemüse (Karotte, Lauch, Sellerie) und das Bouquet garni zur Zunge geben, salzen, Pfefferkörner und Knoblauchzehen dazugeben und alles gut mit Wasser bedecken. Einmal aufkochen, Hitze zurücknehmen und die Zunge etwa 3 bis 3,5 Stunden köcheln lassen.

Zur Herstellung der Sauce etwa 30 bis 45 Minuten vor Ende der Garzeit einen halben Liter vom Kochwasser der Zunge entnehmen, diese Brühe durch ein feines Sieb seihen und abkühlen lassen.

Schalotten schälen und feinst hacken, danach in Butter anschwitzen. Das Mehl einstreuen und unter Rühren nach und nach Brühe und Madeira zugießen. Würzen und die Sauce zugedeckt bei schwacher Hitze 20 bis 30 Minuten köcheln lassen (aufpassen, dass sich die Sauce nicht anlegt).

Die Haut der fertig gegarten Zunge abziehen und das Fleisch in 1 bis 1,5 cm dicke Scheiben schneiden. Zunge auf einer vorgewärmten Platte anrichten, mit der Sauce überziehen und zusammen mit in Butter geschwenkten Nudeln auftischen.

VARIANTE

Man kann die gekochte Rinderzunge nach dem Häuten auch in einer Mischung aus Butter und Öl rundherum sanft anbraten. Oder man spickt die Zunge mit Trüffel oder Sardellen und schmort sie in Butterschmalz zu ansehnlicher Farbe. In beiden Fällen reicht man Kartoffelpüree oder Butterreis dazu.

GEPÖKELTE OCHSENZUNGE MIT GRÜNER SAUCE

DEUTSCHLAND/ÖSTERREICH

Man kann Pökelzunge kaufen, aber auch selbst herstellen. Das ist gar nicht schwer und das Ergebnis ist zumeist besser: 4 l Wasser, 600 g Meersalz, 400 g Zucker, 24 schwarze Pfefferkörner, 4–6 Lorbeerblätter sowie 1 Bund Thymian zusammen in einem Topf kräftig aufkochen, vom Herd nehmen und auskühlen lassen. Zwei Ochsenzungen in einen Behälter mit fest schließendem Deckel geben, die abgekühlte Lake durch ein Sieb darübergießen; die Zungen beschweren (Deckel oder Abstandhalter), damit sie vollständig in der Lake liegen, verschließen und 5 Wochen in den Kühlschrank stellen.

FÜR 6–8 PERSONEN

2 wie beschrieben vorbereitete Ochsenzungen, 6 Lorbeerblätter, 1 Bund Thymian, 2 grob gehackte, geputzte Karotten, 4 Stangen grob gehackte Staudensellerie, 2 Stangen grob geschnittener Lauch (nur das Weiße), einige Pfefferkörner

Für die Sauce: 2 Handvoll glatte Petersilienblätter, 1 Handvoll Koriandergrün, 12 große Anchovis, 1–2 EL gut abgespülte Salzkapern, 4–6 gehackte Knoblauchzehen, reichlich Olivenöl extravergine

Die Zungen aus der Marinade heben und eine Zeit lang unter fließendem kalten Wasser abspülen, dann mit den angeführten Aromaten in einen großen Topf füllen und so viel kaltes Wasser dazugeben, dass das Fleisch bedeckt ist. Zum Kochen bringen, Hitze zurücknehmen und die Zungen bei schwacher Hitze 4 Stunden köcheln lassen, bis sie relativ weich sind (Stichprobe machen). Topf vom Herd nehmen und die Zungen aus der Flüssigkeit nehmen, kurz ruhen lassen, dann sofort häuten. Die Zungen zurück in den Topf legen und in der Kochflüssigkeit auskühlen lassen.

Für die Sauce in einer Küchenmaschine die Petersilie zusammen mit Koriander, Anchovis (ohne Kopf und Gräten), Kapern und Knoblauch feinst zerkleinern, dabei nach und nach etwa 100 ml Olivenöl einfließen lassen, bis man eine dickflüssige Sauce hat.

Die Zunge mit einer Küchenmaschine längs in schöne, etwa 3 bis 4 mm dicke Scheiben aufschneiden, dann die Scheiben zusammen mit etwas Garflüssigkeit in eine große Pfanne füllen. Alles einige Minuten erhitzen, dabei etwa die Hälfte der grünen Sauce untermischen. Das Gericht wird in der Pfanne aufgetischt, dazu reicht man die restliche grüne Sauce in einem Schälchen und entweder Butterreis, Salzkartoffeln oder auch Butterkartoffeln.

HINWEIS:
Die gepökelte Zunge wird auch gerne mit Erbsenpüree, Kartoffelpüree, Linsengemüse oder einfach nur mit frisch gerissenem Meerrettich serviert.

RINDERZUNGE MIT KASTANIENPÜREE UND TRÜFFELNUDELN

DEUTSCHLAND/ÖSTERREICH

Die hier angeführte Rezeptur lässt sich mit zwei Worten zusammenfassen: Zunge deluxe!

FÜR 6 PERSONEN

1 Rinderzunge (zwei Tage in grobem Salz eingelegt), 2 geschälte, halbierte Zwiebeln, 2 grob gehackte Karotten, 2 Stangen Staudensellerie, 1 Bund Petersilie, 4–6 Lorbeerblätter, 2–3 Zweige Thymian, 1 TL schwarze Pfefferkörner, Salz

Für das Püree: 500 g küchenfertig vorbereitete Esskastanien, helle Fleischbrühe nach Bedarf, 1 Stange Staudensellerie, 1 EL fein gehackte, in wenig Butter gedünstete schwarze Trüffel, ca. 250 ml Sahne oder Milch, 50–75 g Butter, 2–4 cl alter Cognac, 1 Stück Würfelzucker, Salz

Garnitur: einige hauchdünne Scheiben Gänseleber, ein paar glasierte Kastanien, 400 g frische Bandnudeln (gekocht und in Butter unter Zugabe von 1 EL gehackter schwarzer Trüffel geschwenkt)

Die Rinderzunge in reichlich Salzwasser mit den angegebenen Aromaten langsam weich köcheln, häuten und aufgeschnitten auf einer großen Platte anrichten; zwischen jeweils zwei Scheiben Zunge eine hauchdünne Scheibe Gänseleber stecken. Dazu die Butternudeln mit gehackter Trüffel und folgendes Püree servieren:

Die küchenfertig vorbereiteten – also geschälten und enthäuteten – Kastanien in einer Kasserolle in 50 g zerlassener Butter ganz kurz andünsten, sofort mit Fleischbrühe aufgießen, bis die Kastanien gerade bedeckt sind. Grob gehackte Sellerie und den Würfelzucker dazugeben, Deckel auflegen und das Ganze gut 30 Minuten kochen lassen; der Deckel sollte nicht ganz dicht abschließen, damit der Wasserdampf entweichen und die Flüssigkeit gut reduzieren kann. Die Kastanien im eingekochten Fond schwenken, dann sind sie glaciert (einige zur Garnitur beiseitelegen). Die für das Püree bestimmten Kastanien durch eine Flotte Lotte passieren, das Püree mit einem Stück Butter verrühren; mit kochender Sahne und Milch zur gewünschten Konsistenz bringen; dann noch mit Cognac und in Butter gedünsteter Trüffel abschmecken. Zur Zunge servieren.

GESPICKTES RINDSHERZ IN RAHMSAUCE

ÖSTERREICH

In Österreich werden gerne Innereien gegessen, wie das in anderen Regionen mit großartiger Küche ja ebenfalls der Fall ist (z.B. Frankreich, Italien, Spanien, Süddeutschland oder auch China). Unzählige Rezepte kennt man für Zunge, Nieren, Kutteln und natürlich für das schmackhafte Rinderherz (neben der Zunge wahrscheinlich die beste Innerei vom Rind). Hier eine besonders traditionelle Rezeptur:

FÜR 4 – 6 PERSONEN

1 Rinderherz (etwa 1,2 kg), 150 – 200 g Räucherspeck (Spickspeck), 300 g Wurzelgemüse (Karotte, gelbe Rübe, Sellerie, Petersilienwurzel), 1 große Zwiebel, 2 – 4 Knoblauchzehen, 2 – 3 Lorbeerblätter, 1 TL Pfefferkörner, 1 Bouquet garni (Petersilienstängel, Selleriegrün, Lauch, 2 Thymianzweige), abgeriebene Schale von einer unbehandelten Zitrone, 1 EL Senf, Rinderbrühe nach Bedarf, 1/8 l Rotwein, 250 ml saure Sahne, 1 – 2 EL Mehl (je nach gewünschter Konsistenz der Sauce), Schmalz zum Braten, Salz

Den Speck in Streifen schneiden und leicht salzen. Das Herz sauber parieren (Kranz wegschneiden), danach halbieren und von Adern, anhaftenden Blutresten und Haut befreien; sauber waschen und anschließend trocken tupfen. Das Herz mit gesalzenen Speckstreifen spicken.

Fett in einer weiten Kasserolle erhitzen, die beiden Herzhälften darin beidseitig goldbraun anbraten, herausheben. Die restlichen Speckstreifen zusammen mit in Streifen (oder blättrig) geschnittenem Wurzelgemüse und fein gehackter Zwiebel im Bratenrückstand anrösten, alles mit Mehl bestäuben, auch dieses hellbraun rösten und anschließend alles mit etwa 1,2 Liter Brühe aufgießen. Die geriebene Zitronenschale dazugeben, auch den Knoblauch, Lorbeerblätter, die Pfefferkörner und das Kräutersträußchen. Das Herz darin langsam weich schmoren lassen, bei Bedarf Brühe nachgeben. Das fertig geschmorte Herz aus der Sauce heben und in Scheiben schneiden. Sauce mit Rotwein verkochen lassen und mit etwas Mehl abgerührte saure Sahne einrühren. Sauce durch ein feines Sieb passieren, mit Senf, Pfeffer aus der Mühle und Salz abschmecken. Das Herz noch eine Weile darin nachziehen, aber nicht aufkochen lassen! Dazu reicht man Butternudeln, Semmel- oder Serviettenknödel (siehe S. 272).

BÄUERLICHES KESSEL-FLEISCH VOM RIND

POLEN

Wie in so vielen anderen Gegenden war auch in Ostpreußen der Verzehr von Innereien eine der Grundlagen der (klein-)bürgerlichen Ernährung. Meist wurden sie als „Proteinlieferanten" verschiedenen Eintöpfen auf Kartoffel-, Rüben- oder Graupenbasis beigegeben oder zu schmackhaften Ragouts verkocht.

JE NACH GRÖSSE DES HERZENS
FÜR 4 – 6 PERSONEN

1 schlachtfrisches Rinderherz, 1 Bund Wurzelgemüse, 1 Zwiebel, 1 – 2 Lorbeerblätter, 1 EL Pfefferkörner, Salz

Außerdem: 2 – 3 EL Schmalz, 2 EL Mehl, 1 – 2 EL Kapern, Essig, gehackte Petersilie oder frisch geriebener Meerrettich

Das Rinderherz mit dem geputzten Gemüse, der Zwiebel, Lorbeerblättern, Pfefferkörnern und Salz in einen passenden Topf füllen und mit so viel Wasser bedecken, dass das Herz gut kochen kann. Das Rinderherz nun langsam weich köcheln lassen (ca. 2 bis 3 Stunden).

Herz aus der Brühe nehmen und in appetitliche Würfel schneiden, beiseitelegen. Die Brühe durch ein Sieb seihen. Schmalz in einem anderen Topf erhitzen, das Mehl einstreuen und unter Rühren hellgelb rösten. Mit 1,2 Liter Brühe aufgießen und zu einer leicht sämigen Sauce verkochen lassen, die mit Kapern, Essig und frisch gehackter Petersilie oder Meerrettich gewürzt wird; abschmecken, das Rinderherz noch eine Weile darin ziehen lassen, dann mit Salzkartoffeln auftischen.

HINWEIS:
Natürlich kann man die Sauce nach Belieben abwandeln: Muskatnuss, Piment, Senf, Anchovis und/oder Salzgurken machen sich gut darin. Sehr delikat schmeckt das Ganze auch mit bissfest gekochtem Gemüse wie Rote Bete, Kohlrüben oder Wurzelgemüse.

HERZSPIESSCHEN

SÜDAMERIKA/SPANIEN/FRANKREICH/ITALIEN

Das Herz von Stieren, insbesondere von Ochsen wird in verschiedenen Kulturen gerne auch als Spieß über offenem Feuer gegrillt. Dafür das sauber parierte Herz in mundgerechte Stücke schneiden und auf Spieße stecken, dann entweder langsam und relativ lange unter ständigem Wenden über sanfter Glut garen (so gart das Herz vollständig durch) oder kurz bei sehr kräftiger Hitze, sodass sich außen eine schöne Kruste bildet, das Herz innen aber noch zart rosa ist. In beiden Fällen wird das Fleisch erst nach dem Grillen kräftig gepfeffert und nur sparsam gesalzen. Nach Wunsch kann man das Fleisch auch noch mit Olivenöl oder Sherry beträufeln oder eine pikante Sauce dazu reichen. Ein archaisches Vergnügen!

RINDERFLECK

OSTPREUSSEN/RUSSLAND

In Königsberg (heute: Kaliningrad) gab es früher zahlreiche sogenannte „Fleckstuben", in denen die schmackhaft zubereiteten Kutteln bereits am frühen Morgen ausgegeben wurden, damit die hart arbeitende Bevölkerung eine gute und nahrhafte Unterlage hatte.

Der Legende nach war die Frau eines armen Schneiders die Erfinderin der nun folgenden Rezeptur. Jeden Tag fuhr sie zum Schlachthof, um dort billig Markknochen und Kutteln zu erstehen. Zu Hause wurden die Kutteln gereinigt und zu einer einzigartig schmackhaften Suppe verkocht. Daran labte sich die Familie des Schneiders. Eines Tages, so geht die Legende, kam eine Horde Studenten weit nach Mitternacht am Haus des Schneiders vorbei und der angenehme Geruch der nahrhaften Suppe ermutigte sie dazu, ans Fenster zu klopfen und nach der kräftigenden Brühe zu verlangen. Der Schneider reichte den Studenten einen Teller, den diese mit großem Genuss verspeisten. Weil der Schneider kaum etwas für die Suppe verlangte, sprach sich in Studentenkreisen bald herum, dass man hier um wenig Geld eine köstliche Suppe bekäme. Weil der Andrang größer und größer wurde, richtete der Schneider eine eigene „Fleckstube" ein, wo die Suppe seiner Frau ausgeschenkt wurde – und er verdiente damit so viel Geld, dass er nicht mehr schneidern musste!

FÜR 4 PERSONEN

1 kg gut gereinigte und blanchierte Rinderfleck (Kutteln), 500 g Markknochen, 1 Bund Wurzelgemüse (Karotte, gelbe Rübe, Sellerie, Petersilienwurzel), 1 Zwiebel, 3–4 EL gekörnte Brühe, 1–2 TL Majoran, 1,5 l Rinder- oder Hühnerbrühe, Schmalz, Pfeffer aus der Mühle, Salz

HINWEIS:
In ehemaligen deutschen Kolonien in Afrika werden die Kutteln bis heute auf diese Weise zubereitet, allerdings zumeist mit Curry oder Chili sehr scharf gewürzt (siehe Bild).

Die Markknochen mit dem Wurzelgemüse, der geschälten und geviertelten Zwiebel, der gekörnten Brühe, Majoran, Pfeffer aus der Mühle, Salz und Schmalz in einen Topf mit Wasser geben und alles 60 Minuten kochen. Dann die Brühe durch ein Sieb seihen, das Mark durch das Sieb streichen.

In der abgeseihten Brühe werden nun die in Fleck geschnittenen Kutteln 4 bis 6 Stunden gut durchgeköchelt, bis sie angenehm weich sind, aber noch Biss aufweisen.

Serviert werden die Kutteln in einer Terrine. Dazu reicht man Schwarzbrot, Majoran, Senf, Essig, die Pfeffermühle und Salz – so kann jeder seine Suppe nach persönlichem Geschmack verfeinern.

BUSECCA
KUTTELSUPPE NACH MAILÄNDER ART

ITALIEN

Kutteln sind in ganz Italien beliebt, insbesondere in den Großstädten, wo sie ursprünglich vor allem von der jüdischen Bevölkerung zubereitet wurden, aber auch ein wichtiges Element der *cucina povera* (Arme-Leute-Küche) waren.

Zu den bekanntesten Kuttel-Rezepten Italiens gehört die berühmte Busecca, ein gehaltvoller Eintopf mit Kutteln und Bohnen, der in ähnlicher Form auch traditionelles Frühstück der Hafenarbeiter Genuas war. Natürlich war der Eintopf der Hafenarbeiter recht deftig und keineswegs so fein im Geschmack wie die lombardische Busecca.

Der Einfachheit halber ist das Rezept hier mit gereinigten und vorgekochten Kutteln angeführt, welche bei guten Metzgern erhältlich sind (oder zumindest vorbestellt werden können). Die Mischung von gallerthaltigen Kutteln und dem eher fleischigen Blättermagen ist das Geheimnis einer guten Busecca. Blättermagen wird außerhalb Italiens nur selten angeboten, weil man zur Reinigung spezielle Geräte braucht, das Rezept gelingt aber auch ohne Blättermagen.

Wenn keine vorgekochten Kutteln erhältlich sind, so muss man Rinderkutteln mit Wasser und Essig reinigen und anschließend 5 bis 6 Stunden vorkochen.

TIPP:
Dem Eintopf noch ein paar Lorbeerblätter hinzufügen und bei Tisch geriebenen Parmesan reichen!

FÜR 4 – 6 PERSONEN

1 – 1,5 kg küchenfertig vorbereitete und vorgekochte gemischte Kutteln (Blättermagen und Pansen), 250 g vorgekochte große weiße Bohnen, 1 Stück vorgekochter Ochsenschwanz (nach Belieben), 1 l Fleischbrühe, 4 fein gehobelte (oder in feine Ringe geschnittene) kleine Zwiebeln, 2 Knoblauchzehen (fakultativ), 1 vollreife gehäutete Eiertomate (ersatzweise 1 EL Tomatenpüree), 1 große Karotte, 1 – 2 Stangen Staudensellerie, 50 g klein gewürfelter Pancetta, 1 – 2 EL Butter, 2 – 3 Gewürznelken, 3 – 5 Salbeiblätter, schwarzer Pfeffer aus der Mühle, Salz, 4 große Scheiben weißes Bauernbrot

Die küchenfertigen Kutteln in kleine Vierecke (Fleck) schneiden oder in dickere Streifen; Kutteln beiseitestellen. In einem großen Topf die Butter erhitzen und die geschnittenen Zwiebeln zusammen mit den Pancetta-Würfeln darin andünsten. Wenn die Zwiebeln goldgelb sind, die geschnittenen Kutteln hinzugeben; salzen und pfeffern. Die mit einer Gabel zerdrückte gehäutete Tomate (Tomatenpüree), Knoblauch (falls erwünscht) und die Nelken dazugeben, alles auf kleiner Flamme eine Stunde schmoren lassen.

In der Zwischenzeit die Brühe zum Kochen bringen. Geputzte und klein geschnittene Karotte und Staudenselleriestangen zusammen mit Salbeiblättern und der heißen Brühe zu den Kutteln geben. Danach auch die Bohnen hinzufügen und die Suppe eine weitere halbe Stunde köcheln lassen. Konsistenz mit Wasser regulieren. Wer noch etwas zusätzlichen Biss wünscht, schneidet einen vorgekochten Ochsenschwanz (oder Reste von gekochtem Rindfleisch) in die Suppe.

Die Weißbrotscheiben toasten und in tiefe Suppenteller (vorzugsweise aus Ton) legen; mit der heißen Suppe übergießen und mit Pfeffer bestreut auftischen.

GRAS-DOUBLE À LA LYONNAISE
LYONNAISER RINDERPANSEN

FRANKREICH

Dieses Gericht gehört zu den traditionellsten des Lyonnais, denn bereits die alten Seidenweber bereiteten ihre Kutteln auf diese Art und Weise zu – einfach, aber extrem schmackhaft!

FÜR 4 PERSONEN

800 g – 1.000 g Rinderpansen, gereinigt und vorgekocht (beim Metzger bestellen), 400 – 500 g Zwiebeln in feinen Ringen, 125 ml trockener Weißwein, 1 – 2 EL guter Weinessig, evtl. etwas Thymian, gehackte Petersilie zum Bestreuen, 2 – 5 EL Schweineschmalz (Menge nach Belieben und Geschmack), Pfeffer aus der Mühle, Salz

Den Pansen noch einmal gründlich reinigen und in schmale Streifen schneiden, diese kurz in kochendem Wasser blanchieren, danach gut abtropfen lassen und trocken tupfen.

In einer großen Pfanne das Schweineschmalz erhitzen und die Zwiebelringe darin braun (keinesfalls schwarz) anbraten, dabei ständig rühren. Fertige Zwiebeln aus dem Bratfett nehmen und beiseitestellen.

In derselben Pfanne etwas frisches Schweineschmalz erhitzen und bei starker Flamme die Kuttelstreifen anbraten, dabei salzen und pfeffern. Zwiebel dazugeben, alles mit Weißwein löschen und noch einige Zeit köcheln lassen. Wer mag, gibt etwas frischen Thymian dazu. Unmittelbar vor dem Servieren mit Essig und gehackter Petersilie vollenden. Sehr heiß zu Tisch bringen; dazu passen Weißbrot und Bratkartoffeln.

VARIANTE

Ich garniere dieses Gericht gerne mit einigen kross gebratenen Speckwürfeln.

GRAS-DOUBLE FRIT À LA BOURGUIGNONNE
GEBACKENER FETTDARM MIT ABSINTH-BUTTER

FRANKREICH

Eines der Rezepte aus der französischen Küche, die auf den ersten Blick vielleicht etwas seltsam anmuten, beim ersten Bissen aber eine absolute Geschmackssensation offenbaren!

FÜR 4 PERSONEN

800 g vorgekochte Kutteln (Magen), Mehl zum Wenden, 1 Ei, Öl, feine Semmelbrösel (am besten selbst aus Toastbrot ohne Rinde gerieben), Pfeffer aus der Mühle, Salz

Für die Buttermischung: 125 g Butter, 3 – 4 feinst gehackte geschälte Schalotten, 2 – 3 fein zerriebene Knoblauchzehen, ein paar Tropfen Absinth, 1 TL feinst gehackte glatte Petersilie, weißer Pfeffer aus der Mühle, feines Meersalz

Außerdem: Nussöl zum Ausbacken

Die Kutteln zu appetitlichen Rechtecken schneiden, kräftig mit Salz und Pfeffer würzen, dann englisch panieren: Dafür zunächst in Mehl wenden, anschließend in aufgeschlagenes Ei tauchen, das mit wenig Öl, etwas kaltem Wasser, Salz und Pfeffer verquirlt wurde; schließlich noch in feinen Semmelbröseln wenden.

Die panierten Kutteln werden in Nussöl gebacken und auf einer Platte angerichtet, dazu reicht man die mit den Aromaten vermischte Butter.

VARIANTE

In Österreich werden vorgekochte Kutteln wie ein Schnitzel (also in Mehl, verquirltem Ei und Semmelbröseln) paniert und in Butterschmalz ausgebacken. Dazu reicht man einen beliebigen Salat.

EFFILOCHÉ D'ONGLET
DÜNN AUFGESCHNITTENES KRONFLEISCH

FRANKREICH

In Österreich wird das Kronfleisch entweder zu Bruckfleisch (siehe S. 272) verarbeitet oder sehr lange geschmort und als Saures Kronfleisch mit Salzkartoffeln aufgetischt. Ähnlich wird es in Bayern zubereitet.

Die Franzosen kennen auch kurz gebratene Varianten für das Kronfleisch, wie dieses Rezept aus der Provence beweist. Im Übrigen handelt es sich hierbei um das Zwerchfell, ein wunderbares, recht grobfaseriges Stück Fleisch mit viel Geschmack.

FÜR 2 – 4 PERSONEN

800 g Kronfleisch (Zwerchfell vom Rind), Olivenöl zum Braten, schwarzer Pfeffer aus der Mühle, Salz

Für die Sauce: 250 – 300 ml guter Rotwein, 250 ml dunkler Kalbsfond, 1 große, feinst gehackte Zwiebel, 1 klein gewürfelte Karotte, 1 kleines Stück klein gewürfelte Sellerieknolle, 1 reife, grob gehackte Tomate, 2 – 3 Anchovis, 2 – 3 EL Essigkapern, 50 – 75 g eiskalte Butterflocken, Pfeffer aus der Mühle, Salz

Außerdem: etwas Kerbel oder glatte Petersilie als Garnitur

Das Fleisch in einer Pfanne oder Sauteuse in Olivenöl beidseitig scharf anbraten, danach würzen und in Alufolie gewickelt warm stellen, damit es nachziehen kann.
In der Bratpfanne frisches Öl erhitzen, gehackte Zwiebel, Karotten- und Selleriewürfel, die grob gehackte Tomate sowie die Anchovis hinzugeben. Nach kurzem Durchrösten mit Wein und Kalbsfond ablöschen, bei lebhafter Flamme um die Hälfte einreduzieren, kurz mixen und anschließend durch ein Sieb streichen. Sauce mit Salz und Pfeffer abschmecken, gewaschene Kapern hinzugeben und die eiskalten Butterflocken einrühren (die Sauce montieren).
Das Kronfleisch in dünne Scheiben schneiden, auf Tellern anrichten und mit der aromatischen Sauce übergießen. Etwas Petersilie oder Kerbel als Garnitur darüberstreuen und sofort servieren. Baguette dazu reichen.

SAURES KRONFLEISCH

ÖSTERREICH/DEUTSCHLAND

Verschiedene Innereien langsam weich zu schmoren und anschließend in einer säuerlichen Sauce aufzutischen, ist vor allem in Bayern und Oberösterreich recht beliebt. In Bayern isst man dazu gerne Kartoffelpüree, die Oberösterreicher ziehen Semmelknödel (Klöße) und Salzkartoffeln vor. Mir persönlich schmeckt das Saure Kronfleisch am besten mit einer gerösteten und leicht gebutterten Schwarzbrotscheibe.

FÜR 4 PERSONEN

800 g Kronfleisch (Zwerchfell vom Rind), 2–3 große Zwiebeln, Essig (vorzugsweise Hesperidenessig), 1 Prise Kümmel, Majoran, Thymian, Mehl zum Bestäuben, 2 EL Schmalz, Brühe zum Aufgießen, saure Sahne zum Garnieren, gehackte Petersilie zum Garnieren, Pfeffer aus der Mühle, Salz

Das Kronfleisch blättrig schneiden, Zwiebeln schälen und in feine Streifen schneiden. Schmalz in einer Pfanne erhitzen, Zwiebeln darin weich dünsten, dann das Fleisch dazugeben und mit Kümmel und Thymian würzen. Wenn alles angebraten ist, mit Mehl bestäuben und mit Brühe ablöschen. Langsam dünsten, bis das Fleisch weich ist; bei Bedarf immer wieder Brühe nachgeben. Anschließend mit Majoran, gehackter Petersilie und glatt gerührter saurer Sahne verfeinern sowie mit Pfeffer aus der Mühle und Salz abschmecken. Dazu gibt's geröstetes Schwarzbrot und/oder Salz- oder Bratkartoffeln.

VARIANTE

In München kennt man auch das gesottene Kronfleisch, welches nur kurz in Brühe gekocht wird, sodass das Fleisch innen rosa bleibt. Das derart gegarte Fleisch wird in etwas Brühe mit frisch gerissenem Meerrettich, Schnittlauchröllchen, Essiggurken, Senf, Schwarzbrot und grobem Salz aufgetischt.

BRUCKFLEISCH MIT SERVIETTENKNÖDEL

ÖSTERREICH

Das Bruckfleisch war einst ein ausgesprochenes Arme-Leute-Essen, dann wurde es ein beliebtes Gabelfrühstück (kleine warme Speise, zwischen 9 und 10 Uhr vormittags genossen) und gewann an Beachtung. Seinen Namen hat dieses Gericht von der sogenannten „Schlachtbruck'n" (Schlachtbrücke) des ehemaligen St. Marxer Schlachthofes in Wien, wo die Rindfleischreste lebenswarm um wenig Geld verkauft wurden und jeder Käufer auf Wunsch auch frisches Blut mitnehmen konnte.

FÜR CA. 8 PERSONEN

2 – 2,5 kg Bruckfleisch bestehend aus: Leber, Milz, Bries, Herz samt Liachteln (Aorta), Kronfleisch (Zwerchfell) und evtl. Beuschel (Lunge), ein Töpfchen Blut (ca. 500 ml), 100 – 120 g Fett, 1 große gelbe Rübe, 1 größeres Stück Sellerieknolle, 1 Petersilienwurzel, 2 Zwiebeln, 2 – 3 Knoblauchzehen, Essig, Wasser oder Rinderbrühe, 250 ml Rotwein (fakultativ), fein geriebener Majoran, Thymian, schwarzer Pfeffer aus der Mühle, Salz

Zunächst wird sämtliches Gemüse geputzt und das Fleisch wie folgt geschnitten: Kronfleisch in größere Würfel, Liachteln zu Ringen, Herz nudelig, Leber blättrig, Milz in kleine Stücke, das Bries wird enthäutet, zerkleinert und kurz blanchiert und das Beuschel – so vorhanden – in kleine Würfel geschnitten. Zwiebeln und Knoblauch fein hacken, das gesäuberte Gemüse grob raspeln.

In einer Kasserolle geeigneter Größe das Fett erhitzen und die fein gehackten Zwiebeln darin goldgelb anrösten, dann das geraspelte Wurzelwerk sowie den Knoblauch dazugeben und ebenfalls kurz anschwitzen. Wenn alles gelblich geröstet ist, kommen Kronfleisch, Herz, Liachteln und evtl. auch das Beuschel hinein. Man lässt alles ein wenig dünsten und spritzt Essig daran. Nach einiger Zeit Majoran, Thymian und Pfeffer dazugeben und mit wenig Wasser oder Suppe aufgießen (das Fleisch darf maximal bedeckt sein). Langsam etwa eine Stunde dünsten lassen.

Als Nächstes Leber, Milz und das blanchierte Bries hinzufügen, bevor man mit Rotwein, Blut (das mit einem Schuss Essig und etwas Wasser verquirlt wurde) sowie etwas Suppe aufgießt. Alles noch eine Weile langsam dünsten lassen (bis alle Zutaten gar sind), mit Salz und Pfeffer abschmecken. Mit Gebäck oder Serviettenknödeln servieren.

SERVIETTENKNÖDEL

Serviettenknödel sind eine elegante Abwandlung der weltberühmten Semmelknödel und schmecken ganz besonders vorzüglich zum Bruckfleisch, aber auch zu anderen herzhaften Ragoutgerichten.

5 Semmeln (Brötchen) vom Vortag (oder die entsprechende Menge vom sogenannten Knödelbrot), 2 – 3 Eier (je nach Größe), 125 ml Milch, 50 – 75 g Butter (zusätzlich Butter für die Serviette), 2 EL gehackte Petersilie, 1 Prise Muskatnuss, Salz
Außerdem: 2 EL Semmelbrösel, welche in 2 EL Butter hell geröstet wurden (fakultativ)

Teilweise dünn abgerindete Semmeln werden klein würfelig geschnitten. Eier mit Milch, zerlassener Butter, fein gehackter Petersilie, Muskatnuss und Salz verquirlen, über die Semmelwürfel gießen und alles gut durchmischen. Wenn die Semmeln nach einer gewissen Zeit die Flüssigkeit komplett aufgesogen haben, wird aus der Masse eine dicke Rolle geformt. Eine große, saubere (ungestärkte) Serviette anfeuchten und sehr stark einbuttern. Die Semmelrolle in diese Serviette wickeln und an den Enden gut zubinden. Serviettenknödel in kochendem Salzwasser 25 Minuten garen, dann noch 5 Minuten ohne Hitze nachziehen lassen. Die Rolle kurz in kaltes Wasser tauchen, Knödel auswickeln, in fingerdicke Scheiben schneiden und nach Belieben mit in Butter gerösteten Semmelbröseln überziehen.

TIPP:
Wenn zum Bruckfleisch eine molligere Sauce gewünscht wird, mit 3 bis 4 EL Mehl stäuben, sobald alle Fleischsorten im Topf sind (bevor Blut und Rotwein hinzukommen). Man kann auch separat eine Einmach aus Fett und Mehl bereiten, die mit etwas Suppe aufgegossen und dann in die Sauce gerührt wird.

OLADIJ IS PETSCHENI
LEBER-PFANNKUCHEN MIT SAURER SAHNE

RUSSLAND

FÜR 4 PERSONEN

500 g Rinderleber, 1 l Vollmilch, 300 g grob geschnittener Weißkohl (oder Wirsing), 4 – 5 EL Mehl, 3 – 4 Eier (Eiweiß und Eigelb getrennt), 2 EL saure Sahne, Butter zum Ausbacken, 1 Prise Piment oder Muskatnuss, Salz, glatt gerührte saure Sahne

Die Leber waschen und für 20 Minuten in die Milch legen, danach gut abtropfen lassen. Leber zusammen mit dem Weißkohl durch einen Fleischwolf treiben, die Masse mit Mehl, Eigelben und 2 EL saurer Sahne vermengen (sollte der Teig zu trocken sein, etwas Milch dazugeben), den Teig nach Geschmack würzen.

Eiweiß zu steifem Schnee schlagen, locker unter den Teig heben, danach aus dem Teig in reichlich Butter kleine Pfannkuchen ausbacken. Die Pfannkuchen abtropfen lassen und mit saurer Sahne bedeckt servieren.

VARIANTE

In Wien kennt man Pasteten aus Rinderleber: Hierfür werden 500 g Rinderleber gewässert, gehäutet und zusammen mit 2 altbackenen und in Milch eingeweichten (gut ausgedrückten) Semmeln fein gewolft. Etwas fein gehackte Zwiebel in 1 EL Fett (Butter oder Schmalz) rösten, dann zusammen mit 3 Eiern, einer guten Prise Pastetengewürz, Pfeffer aus der Mühle und Salz zur Lebermasse geben (nach Belieben auch noch Majoran, Kümmel oder gehackte Petersilie dazugeben); wenn die Masse zu weich ist, mit wenig Semmelbröseln binden. Farce in einer gebutterten und gebröselten Form (vorzugsweise einer für Bischofsbrot) backen. Kalt aufschneiden.

NORDAFRIKANISCHE RINDERLEBER

ÄGYPTEN

Ob das Rezept für diese aromatische Leber wirklich aus Ägypten stammt, konnte ich nicht zweifelsfrei feststellen, habe ich es doch sowohl in Ägypten als auch in Marokko und Tunesien in sehr ähnlichen Varianten genossen. Da es mir in Kairo am besten geschmeckt hat, soll es Ägypten zugeordnet werden. Auch kann ich das Rezept nur nach meinem Empfinden und Geschmack wiedergeben – ich konnte kein Originalrezept dafür ausfindig machen.

FÜR 4 PERSONEN

800 g Rinderleber, 8–10 Knoblauchzehen, 3–4 grüne Chilischoten, 1,5 TL Koriandersamen, 1,5 TL Kreuzkümmelsamen, Saft von 3–4 Zitronen, gehacktes Koriandergrün, 125 ml Pflanzenöl oder Butterschmalz, Pfeffer aus der Mühle, Salz

Die Leber sauber parieren, danach in etwa 2 cm breite Streifen schneiden. Den Knoblauch in dünne Scheibchen schneiden, Chilischoten hacken (nach Wunsch entkernen), Koriander und Kreuzkümmel im Mörser zerstoßen und mit der Hälfte des Zitronensafts vermischen. Leber mit Knoblauch, Chili und der Gewürzmischung einreiben; gut eine Stunde ziehen lassen.

Reichlich Fett in einer schweren Pfanne erhitzen, die Leber partienweise darin scharf anbraten; warm stellen. Wenn alle Leberstreifen angeröstet sind, alles nochmals in die Pfanne geben und bei kleiner Hitze weitere 5 Minuten sautieren. Bratflüssigkeit abgießen und die Leber bei guter Hitze rundherum rösten, mit dem restlichen Zitronensaft abschmecken und erst zum Schluss salzen. Vor dem Servieren mit Koriander bestreuen. Dazu serviere ich Butterreis.

ROGNON DE BŒUF AU VIN BLANC
OCHSENNIEREN IN WEISSWEINSAUCE

FRANKREICH

Ein großer Klassiker der traditionellen französischen Küche.

FÜR 4 – 6 PERSONEN

1 gut gewässerte (oder in Milch eingelegte) Ochsenniere, Fett zum Braten, 250 ml guter und kräftiger Weißwein, Sauce demi-glace (siehe S. 283) nach Bedarf, gehackte Petersilie (fakultativ), kalte Butter zum Montieren, Salz

Die gut gewässerte Niere sehr sorgfältig parieren, dabei in Stücke schneiden. Die Niere auf lebhafter Flamme sautieren, danach abtropfen lassen. Bratenrückstand mit Weißwein ablöschen, diesen um die Hälfte einkochen lassen und anschließend mit der erforderlichen Menge Demiglace auffüllen. Die abgetropften Nierenstücke darunterziehen und abseits vom Feuer mit eiskalten Butterflocken montieren; abschmecken und nach Wunsch gehackte Petersilie unterheben.

VARIANTE

Sautierte Ochsenniere schmeckt auch sehr gut mit einer mit Butter verfeinerten Madeirasauce.

HINWEIS:
In Kasachstan liebt man die Rinderniere auch in Scheiben geschnitten und mit reichlich Zwiebeln in Fett knusprig gebraten; gewürzt wird nur mit Pfeffer und Knoblauch! Allerdings ist dies kein Rezept für zarte Gaumen.

GERÖSTETE MARKKNOCHEN

DEUTSCHLAND

Es gibt wohl kaum etwas Besseres als gutes Ochsenmark. Deshalb hier ein Rezept für Liebhaber dieser Delikatesse. Man kann es wie im Folgenden angegeben zubereiten, dann werden die Markansätze schwarz und knusprig, oder man deckt die Enden der Markknochen mit Folie (oder Karottenscheiben) ab, damit sie sich nicht verfärben.

PRO PERSON

4 schöne Markknochen (jeweils ca. 8 cm lang), 2 – 3 Scheiben Schwarzbrot, 1 EL gewaschene Salzkapern, schwarzer Pfeffer aus der Mühle, Fleur de Sel (feines Meersalz)

Die Knochen in eine feuerfeste Pfanne legen und in den auf 220 °C vorgeheizten Backofen schieben. Darin sollten sie je nach Dicke etwa 20 bis 30 Minuten rösten, jedoch keinesfalls zerfließen – also nicht zu lange im Ofen belassen. Zwischenzeitlich die Schwarzbrotscheiben halbieren und knusprig bähen (im Ofen) oder toasten.

Markknochen mit den gerösteten Brotscheiben auf Tellern anrichten und mit Kapern garnieren, Pfeffermühle und Fleur de Sel dazu reichen. Das Mark wird mit einem Löffelchen aus den Knochen gelöst, auf Schwarzbrot gelegt und gewürzt – ein unglaublich delikates Vergnügen!

VARIANTE

Gebackene Markscheiben: etwa 3 cm dicke Scheiben von ausgelöstem Ochsenmark in Mehl, verquirltem Ei und Semmelbröseln panieren und anschließend in Butter oder ausgelassenem Rindertalg goldbraun backen. Salzen und mit Petersiliensalat (reichlich glatte Petersilie, grob gehackt, mit Dressing aus gehackten Schalotten, sehr kleinen Kapern, Zitronensaft, Olivenöl extravergine, Pfeffer aus der Mühle und Meersalz) auftischen.

STIERHODEN

TSCHECHIEN/ÖSTERREICH/ ITALIEN

Wie das Euter so gelten auch Stierhoden heutzutage als rare und edle Delikatesse. In Tschechien, Österreich und Norditalien werden sie zumeist in dünnere Scheiben geschnitten und wie Schnitzel (also gebacken) zubereitet, serviert werden sie mit Kartoffel- oder grünem Salat. In Tschechien serviert man die Stierhoden auch in einer leicht paprizierten Sahnesauce als Ragout (mit Serviettenknödel). In Spanien werden Stierhoden in Tomatensauce geschmort oder auf der *plancha* (Grillplatte) gegrillt, in Mittel- und Lateinamerika wiederum werden sie zumeist nur kurz über offenem Feuer gegrillt; dort sind Stierhoden unverzichtbarer Bestandteil eines jeden Grillfestes.

EUTER

DEUTSCHLAND/ ÖSTERREICH

Auch das Kuheuter wird für viele regionale Spezialitäten verwendet, zumeist aber – vor allem in Deutschland und Österreich – wie Rindfleisch gesotten (siehe S. 248) und auch mit den gleichen Beilagen aufgetischt. In Österreich und Bayern wird das gesottene Euter auch in Blöcke gepresst und entweder kalt aufgeschnitten oder wie Sülze mariniert als Vorspeise serviert. Oder man schneidet (von den erkalteten Blöcken) dickere Scheiben und paniert diese wie ein Schnitzel in Mehl, verquirltem Ei und Semmelbröseln; anschließend in Butterschmalz ausbacken und mit Kartoffelsalat oder Kartoffelpüree auftischen.

In Italien und Frankreich verarbeitet man Kuheuter vorwiegend zu verschiedensten Wurstwaren, welche mitunter als teure Delikatesse gehandelt werden.

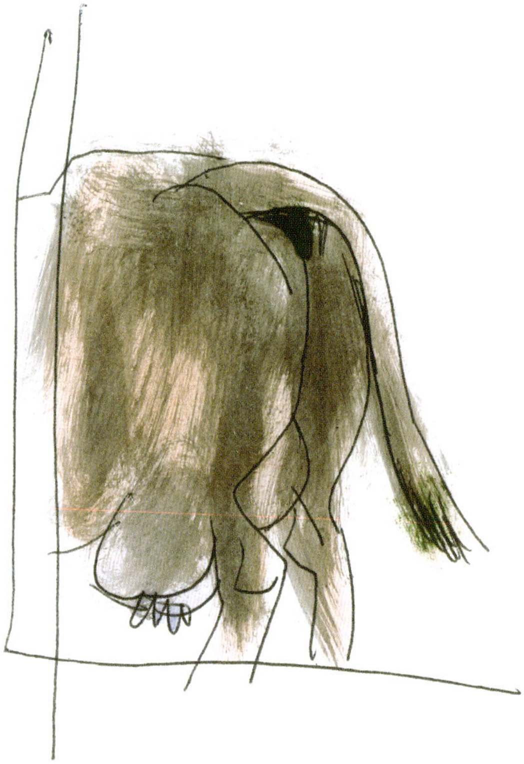

SOUP FOR A STRONG BOY

KARIBIK

Auf beinahe allen Karibikinseln gibt es Rezepte, welche die Manneskraft stärken sollen und viele karibische Frauen behaupten von derartigen Eintöpfen, dass diese für *power on the pencil* sorgen würden. Allen derartigen Eintöpfen ist gemeinsam, dass sie für unseren Gaumen zumeist ungewohnte Zusammenstellungen verschiedener Ingredienzien enthalten – kein Wunder, stammen die Rezepturen nicht selten aus der noch immer weit verbreiteten Voodoo-Szene.

Nachstehendes Rezept ist ein recht typischer Vertreter aus der Gruppe von angeblich Saft und Kraft spendenden Gerichten. Interessant ist hierbei die gleichzeitige Verwendung von Kutteln, Stierschwanz, Stierhufen und -hoden; allesamt Zutaten, die auch als Aphrodisiakum gelten. Unabhängig von jedem Aberglauben schmeckt die Suppe aber richtig kräftig und ausgesprochen gut.

FÜR ETWA 8 „STRONG BOYS"

1 küchenfertiger, in große Stücke zerteilter Stierschwanz, 500 g gut gereinigter Pansen (etwa 2 Stunden separat vorgekocht), 4 sehr sorgfältig gereinigte Rinderhufe (ersatzweise 2 kg Rinderknochen), 4 Stierhoden, 500 g Markknochen, 100 g gepökelter Speck, 4 in feine Ringe geschnittene Zwiebeln, 6 grob gehackte Knoblauchzehen, 4 in Scheiben geschnittene Karotten, 4 Stangen grob gehackte Staudensellerie, 4 gehäutete und gewürfelte Tomaten, 1 grüne Paprikaschote, 1 rote Paprikaschote, 4 gehackte scharfe Chilischoten (auf Wunsch entkernt), 1 TL Cayennepfeffer, trockener Sherry oder Limettensaft, Pfeffer aus der Mühle, Salz

Außerdem: 6 – 8 geschälte und mundgerecht gewürfelte Kartoffeln, 3 – 4 Handvoll kleine Okraschoten

TIPP:
Besonders original schmeckt der Eintopf, wenn man die Okraschoten mit einer Küchenmaschine püriert, bevor sie in die Suppe kommen. Manche Köchinnen geben auch noch 1 – 2 kg Spinat oder Mangold und/oder 4 gepökelte Schweineschwänze in die Suppe.

Einen großen Topf aufsetzen und mit zerteiltem Stierschwanz, Pansen (noch unzerteilt) sowie den Rinderhufen befüllen. So viel Wasser aufgießen, dass alles bedeckt ist, gut salzen und aufkochen lassen. Hitze zurücknehmen und etwa 1,5 bis 2 Stunden langsam köcheln lassen. Dann Markknochen, Speck, Stierhoden, Zwiebeln und Knoblauch dazugeben. Weitere 1,5 bis 2 Stunden langsam kochen lassen.

Pansen herausnehmen und in mundgerechte Fleck schneiden, wieder in die Suppe geben. Stierhoden in größere Scheiben oder Würfel schneiden und zusammen mit dem Gemüse (Karotten, Sellerie, Tomaten, Paprika und Chili) in die Suppe geben. Eventuell Wasser nachfüllen und die Suppe nochmals 1,5 Stunden kochen.

Gewaschene Okraschoten und Kartoffelwürfel hinzufügen und die Suppe in ca. 30 Minuten fertig kochen. Anschließend mit Sherry oder Limettensaft, Cayennepfeffer, Pfeffer aus der Mühle und Salz würzig abschmecken. Ohne Flamme 10 bis 15 Minuten ziehen lassen, dann mit Bier und Brot auftischen.

ANHANG

Dies ist ein Kochbuch, kein Lehrbuch. Trotzdem sollen – abgesehen von den Rezepten – einige allgemeine Hinweise gegeben werden, die Sie im Anhang versammelt finden.

Beispielsweise wird erklärt, wie man auch als Hobbykoch seinen Fond selbst ansetzen kann. Auf Glutamat sollte im Allgemeinen verzichtet werden, weil dies genau genommen nicht geschmacksverstärkend, sondern geschmacksverändernd wirkt.

Für das Gelingen der Rezepte ist es auch wichtig, über die wichtigsten Rindfleischschnitte informiert zu sein. Und beim Fleischeinkauf sollte – vor allem für Kurzgebratenes – dem gut abgehangenem Fleisch unbedingt der Vorzug gegeben werden; ich lasse es mindestens drei Wochen liegen, manchmal auch bis zu fünf Wochen! Für gedünstetes Rindfleisch empfehle ich eine Reife von ca. zehn bis vierzehn Tagen. Rindfleisch zum Kochen kann relativ frisch sein; ob man hier auf wenig abgehangenes zurückgreift oder doch gereiftem Fleisch den Vorzug gibt, ist Geschmackssache.

Schließlich habe ich mir noch erlaubt, einige sehr persönliche Tipps abzugeben. Es handelt sich hierbei um mehr oder weniger bekannte „Rindfleischtempel“ oder Bezugsquellen für Rindfleisch, die mir aus dem einen oder anderen Grund positiv in Erinnerung geblieben sind.

WICHTIGE SAUCEN UND GRUNDREZEPTE

KNOCHENBRÜHE

Wenn ein Fond, eine Suppe oder ein Rezept zu seiner Zubereitung eine Knochenbrühe braucht, so ist zumeist von einer Rinderknochen-Brühe die Rede. Um ein perfektes Ergebnis zu erzielen, müssen die abgewischten Knochen zuerst einige Minuten blanchiert werden, um danach langsam – mindestens 12 bis 15 Stunden lang – in Wasser gekocht zu werden.

Vor allem für Wiener Siedefleisch (siehe S. 173) empfiehlt sich die Vorarbeit, weil das Fleisch, wenn es in einer Knochenbrühe gegart wird, natürlicher und aromatischer schmeckt.

ECHTER BRAUNER FOND

Hier handelt es sich um eines der universellsten Fond-Rezepte, für das es viele verschiedene Variationen gibt. In der Praxis hat sich aber immer wieder herausgestellt, dass das von Auguste Escoffier empfohlene Rezept das geeignetste ist, weshalb dieses hier auch angegeben werden soll:

FÜR ETWA 10 LITER

6 kg fleischige Rinderhesse (Beinfleisch), 6 kg magere Abfälle von Rind oder Kalb (oder Rind und Kalb), 1 blanchierter Schinkenknochen, 650 g frische, blanchierte Speckschwarte, 650 g Karotten, 650 g Zwiebeln, 100 g Petersilienstängel, 10 g Thymian, 5 – 6 Lorbeerblätter, 1 große Knoblauchzehe, Wasser (oder Wasser und Knochenbrühe) zum Auffüllen

Auguste Escoffier empfiehlt, weder Fleisch noch Gemüse zu stark anzurösten, um den Fond zu färben. Die osmazomhaltigen Bestandteile des Fleisches genügen, um die erforderliche Farbe zu erzielen.

Ich persönlich reduziere die Karotten auf 500 g und gebe dem Fond stattdessen 300 g Sellerie (vorzugsweise Staudensellerie) bei. Außerdem füge ich noch 4 getrocknete Steinpilze, 3 weitere Knoblauchzehen und die Schale von zwei Zwiebeln hinzu.

Man kann den Fond auch auf die Hälfte einreduzieren und anschließend portioniert einfrieren. Er wird dadurch sicherlich an Geschmack verlieren, ist aber trotzdem immer noch aromatischer als Fertigprodukte.

VARIANTEN

Natürlich kann man dem Fond auch Tomatenpüree (oder -mark), Weiß- oder Rotwein, Piment, Nelke, Pfefferkörner u.v.m hinzugeben, doch ich finde das überflüssig. Der hier angegebene Fond ist gut, wie er ist!

GLACE
ECHTE GLACE/FLEISCHGLACE

Eine echte Glace ist im Grunde genommen nichts anderes als ein eingekochter brauner Fond, in der feinen Küche – insbesondere für Fleisch – aber unverzichtbar. Allerdings sollte man eine Glace eher sparsam verwenden, da sie recht dominant schmeckt.

Übrigens: Die Fleischglace darf nicht mit der Sauce demi-glace verwechselt werden!

Wir lassen am besten Meisterkoch Auguste Escoffier zu Worte kommen:

„Nachdem der braune Fond ziemlich eingekocht ist, passiert man ihn durch ein feines Tuch in eine kleine Kasserolle, die man immer wieder wechselt, je mehr der Fond einkocht. Um eine klare Glace zu erhalten, schäumt man während des Einkochens immer wieder ab. Der Hitzegrad, dem man den Fond aussetzt, soll, je mehr der Fond einkocht, verringert werden, d.h. während der Fond anfänglich auf starkem Feuer kochen soll, muss man ihn, wenn er dicker geworden ist, langsam bei schwacher Hitze fertigmachen. Die Glace ist als fertig zu betrachten, wenn ein eingesteckter Löffel gleichmäßig mit einer glänzenden Schicht überzogen bleibt …"

SAUCE DEMI-GLACE

Es gibt in der klassischen Küche sehr arbeitsaufwendige Anleitungen für diese berühmteste aller Saucen, welche in keiner guten Küche fehlen darf. In neueren Anleitungen hingegen hat man versucht, das Rezept zu vereinfachen, mit dem Ergebnis, dass die Sauce nicht ihr typisches Geschmacksbild zeigt. Ich habe daher versucht, einen gangbaren Mittelweg anzugeben.

FÜR 1 LITER

2 l brauner Fond, 1 kg gemischte Knochen (Rind und Kalb), 250 g Fleischabschnitte von Rind und Kalb, 25 g Speckparüren, 100 g Mirepoix (Karotte, Sellerie, Lauch), 2 EL gehackte Zwiebel, 2 Knoblauchzehen, 1 Bouquet garni (Lauch, Selleriegrün, Lorbeerblatt, Thymianzweige), 30 – 40 g Tomatenpüree (im Ofen rösten, bis es leicht braun ist, dadurch schmeckt es weniger bitter, dafür aber aromatischer), 50 g Fett (Schweineschmalz oder Öl), 2 EL Mehl (ca. 30 g), Pfefferkörner, Piment, Salz, herber Madeira zum Abschmecken (ca. 50 – 75 ml/je Liter fertiger Sauce)

Die Knochen mit den Fleischabschnitten und Speckparüren im Fett anbraten, wenn diese gute Farbe haben, Mirepoix dazugeben und nicht zu kräftig mitrösten. Zwiebel dazugeben, rösten, dann auch das Tomatenpüree hinzufügen. Alles mit Mehl stäuben, und wenn dieses Farbe angenommen hat, mit dem Fond auffüllen und die Gewürze dazugeben. Langsam bis zur Hälfte einkochen lassen, dabei des Öfteren degraissieren (entfetten). Sauce durch ein Sieb passieren, ruhen lassen, nochmals sorgfältig entfetten und zur gewünschten Konsistenz einkochen. Fertige Sauce abseits vom Feuer mit Salz und herbem Madeira abschmecken.

SAUCE BÉARNAISE

Eine Standardsauce zu allen am Rost gebratenen Steaks, insbesondere zu Filetsteaks aller Art oder Hochrippensteaks ohne Knochen.

FÜR CA. 3–4 PERSONEN

125 g Butter, 2 Eigelb, 75 ml Weißweinessig, 25 ml Estragonessig, 1 Spritzer Zitronensaft, 4–6 EL kräftiger Weißwein, einige Zweige frischer Estragon, 2 EL gehackte Schalotten, einige Pfefferkörner, weißer Pfeffer aus der Mühle, Salz

Die Estragonblätter von den Zweigen zupfen, sehr fein hacken und beiseitestellen. Die Zweige mit den Händen zerreiben, damit sich das Aroma besser entfaltet. Die beiden Essige, Schalotten, Pfefferkörner, die Estragonzweige und die gehackten Estragonblätter in einen Topf mit schwerem Boden bei starker Hitze aufkochen. So lange köcheln lassen, bis die Flüssigkeit um mindestens drei Viertel einreduziert ist. Reduktion vom Herd nehmen und abkühlen lassen, danach in eine Schlagschüssel aus Edelstahl oder Glas abseihen.

Für ein Wasserbad in einem Topf Wasser zum Kochen bringen, die Hitze reduzieren, sodass das Wasser kaum noch köchelt. Die Schüssel mit dem abgeseihten Sud auf den Topf setzen, ohne dass sie das Wasser berührt. Eigelb hineingeben und so lange schlagen, bis der Schneebesen eine sichtbare Spur hinterlässt.

Ein gefaltetes Geschirrtuch auf der Arbeitsfläche ausbreiten und die Schüssel daraufsetzen (das Tuch dient dazu, dass die Schüssel nicht abkühlt). Nach und nach die zerlassene Butter gleichmäßig unterschlagen (sollte die Sauce zu dickflüssig werden, einen Löffel heißes Wasser dazugeben). Die Sauce kontinuierlich und kräftig schlagen, bis die gesamte Butter eingearbeitet ist. Zum Schluss kräftig mit Salz und Pfeffer aus der Mühle würzen (wer mag, gibt auch noch etwas fein gehackten Estragon dazu). Die Sauce darf ruhig scharf und sollte keinesfalls zu salzarm sein!

VARIANTE

Sauce béarnaise mit Tabasco oder Cayennepfeffer würzen.

ABLEITUNGEN

Sauce Choron: fertige Sauce béarnaise, mit dick gehaltenem Tomatenpüree verfeinert.

Sauce Foyot: fertige Sauce béarnaise, mit aufgelöster Fleischglace vermischt.

TEXAS-BBQ-SAUCE

1 Dose Eiertomaten (800 g), 2 geschälte, in Ringe geschnittene Zwiebeln, 6–8 geschälte, mit dem Handballen angedrückte Knoblauchzehen, 3–4 EL feinst gehackter Ingwer (vorzugsweise kandiert), 50 g brauner Zucker, 2 EL Chilipulver (oder Chili-Gewürzmischung), 1–1,5 EL gemahlener Koriander, 1–1,5 EL Senfpulver, ½ EL Kreuzkümmel, 2 EL Rauchsalz (oder ein paar Tropfen Liquid Smoke), 400 ml Ketchup, 250–300 ml frisch gepresster Orangensaft, 8 EL frisch gepresster Zitronensaft, 8 EL Rotweinessig, 4–6 cl Bourbon, 2–3 EL Zuckerrübensirup (oder Rübenkraut), 3–4 EL Honig, 1–1,5 EL Worcestersauce, ½–1 TL Tabasco, 125 ml Wasser, 3 EL Pflanzenöl, Salz

Öl in einer schweren Kasserolle auf mittlerer Stufe erhitzen, die Zwiebeln darin 5 Minuten goldbraun braten, dann den Knoblauch dazugeben und 1 bis 2 Minuten weiterbraten. Danach die restlichen Zutaten in den Topf füllen, gut verrühren und alles bei niedriger Hitze eine Stunde simmern lassen, bis die Sauce andickt und glatt wird. Zwiebel und Knoblauch mit einer Schaumkelle herausnehmen, die Sauce nachwürzen und mit Wasser zur gewünschten Konsistenz bringen. Abkühlen lassen und im Kühlschrank aufbewahren; hält ca. 10 Tage.

BEURRE „CAFÉ DE PARIS“

Hierbei handelt es sich um die wohl berühmteste Butterzubereitung der Welt. Von kaum einer anderen Buttermischung gibt es derart viele verschiedene Versionen – vor allem aber so viele falsche! Leider berufen sich alle darauf, „original“ zu sein und verwenden zum Teil absurde Zutaten wie Béchamel, Hühnerleber oder gar Hühnerpürzel.

Da die Butter in der Herstellung sehr aufwendig ist, sollte man gleich sehr viel davon zubereiten; sie hält sich im Tiefkühler mehrere Wochen.

500 g Butter, 2 – 3 EL Tomatenketchup, 1 – 2 EL Dijonsenf, 10 – 12 abgespülte Anchovis, 1 EL Kapern (in Salzlake), 5 – 6 Schalotten, 1 – 3 sehr fein gehackte Knoblauchzehen, 1 kleiner Bund glatte Petersilie, 1 kleiner Bund Schnittlauch, 12 Blätter Estragon, ½ Bund Dille, ½ – 1 TL frische Thymianblätter, ein paar gehackte Rosmarinnadeln (können auch getrocknet sein), ½ TL getrockneter Majoran, 2 TL Paprikapulver, 2 TL Currypulver, 1 gute Prise Cayennepfeffer, 1 – 2 EL sehr guter Cognac oder Brandy, 1 – 2 EL Madeira, 1 EL Worcestersauce, Saft von 1 – 2 Zitronen, abgeriebene Schale von einer unbehandelten Zitrone, abgeriebene Schale einer halben Orange, gemahlener weißer Pfeffer aus der Mühle, 1 guter EL Salz

Alle Zutaten – außer der Butter – feinst hacken und in einer Schüssel (vorzugsweise aus Glas) vermischen. 24 Stunden an einem warmen Platz (z.B. in der Küche) marinieren lassen; dadurch tritt eine leichte Fermentierung auf, die für das besondere Aroma sorgt. Danach alles in einer Küchenmaschine pürieren und mit der weichen Butter vermischen; sorgfältig abschmecken. Die Butter zu einer Rolle formen und diese in Folie gewickelt tieffrieren.

Verwendung: Am Tag der Zubereitung das Steak wie gewohnt englisch braten oder grillen (siehe Sirloin Steak, S. 212), dann einige Minuten rasten lassen. Das Steak mit einigen Scheiben Butter „Café de Paris“ belegen und unter dem sehr heißen Salamander grillen, bis die Butter brodelt und braun geworden ist (man kann das Steak auch in dicke Scheiben schneiden und diese aneinandergelegt mit Butter belegt unter dem Salamander gratinieren). Danach das Steak auf eine geeignete Platte legen, welche zuvor mit eiskalter Butter „Café de Paris“ ausgelegt worden ist. Dies sorgt für den typischen Geschmack dieser tollen Kreation.

ROTWEINREDUKTION

2 Flaschen guter Rotwein (ich empfehle roten Burgunder), 2 Schalotten, 2 ungeschälte Knoblauchzehen, 2 Lorbeerblätter, 1 großer Zweig Rosmarin, 1 EL Zucker, 1 Prise Meersalz, 1 EL alter Aceto balsamico, 2 EL aufgelöste Glace oder 1 EL Johannisbeergelee

Eine Flasche Rotwein in einen Topf füllen, halbierte Schalotten, mit dem Handballen angedrückte Knoblauchzehen, Lorbeerblätter, Rosmarinzweig und Zucker hinzugeben. Wein sirupartig einkochen lassen, durch ein Spitzsieb drücken und Aromaten entfernen. Reduktion wieder auf den Herd stellen, mit einer weiteren Flasche Rotwein (und zusätzlich evtl. 150 – 200 ml sehr gutem Portwein) aufgießen und erneut beinahe sirupartig einkochen lassen. Fertige Reduktion durch ein Haarsieb streichen, dann mit einer Prise Meersalz und einem guten Schuss Balsamico abschmecken. Nach Wunsch mit aufgelöster Fleischglace oder Johannisbeergelee verfeinern oder mit eiskalter Butter montieren.

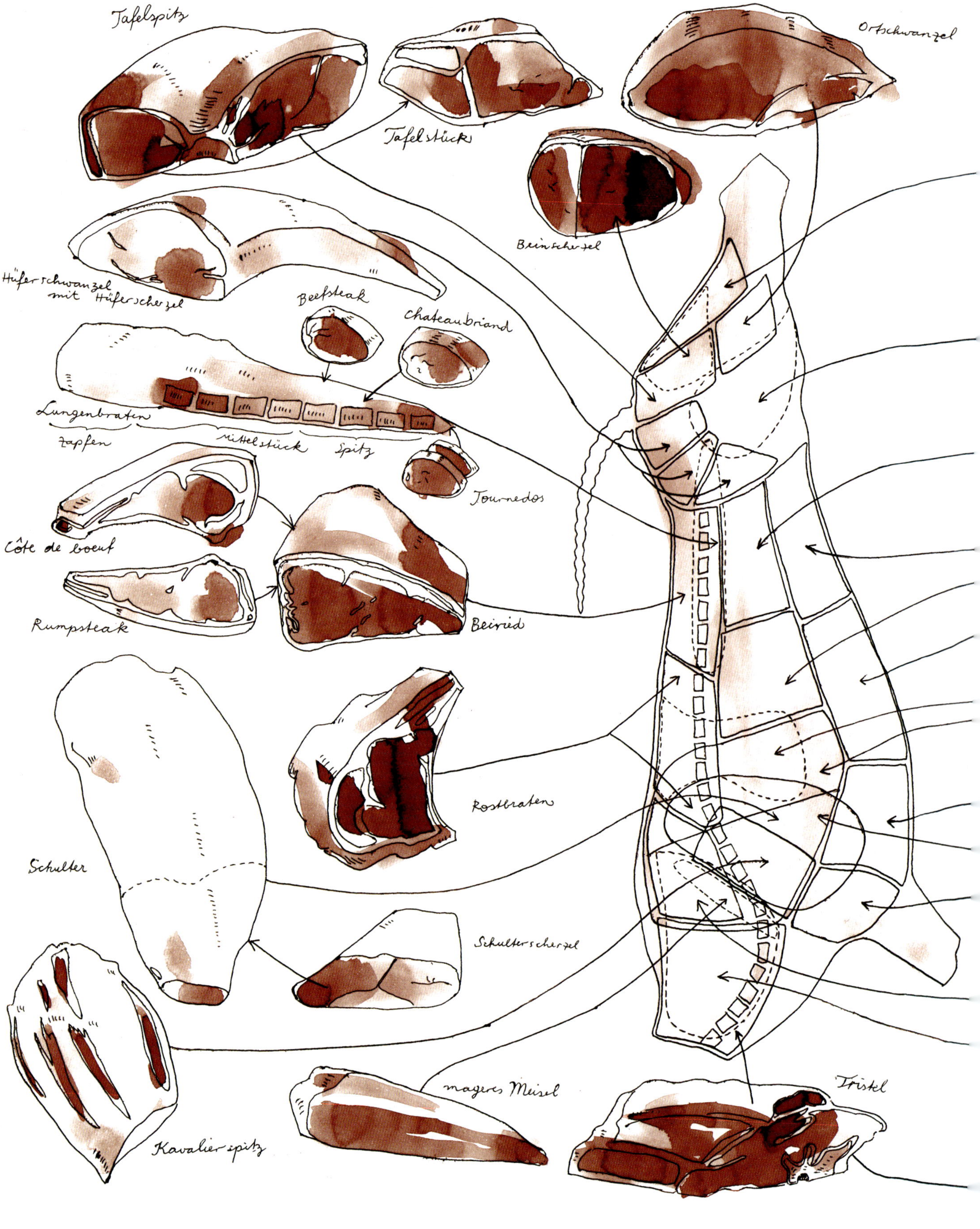

Tafelspitz
Tafelstück
Ortschwanzel
Beinscherzel
Hüferschwanzel mit Hüferscherzel
Beefsteak
Chateaubriand
Lungenbraten
Zapfen
Mittelstück
Spitz
Tournedos
Côte de boeuf
Rumpsteak
Beiried
Rostbraten
Schulter
Schulterscherzel
Kavalierspitz
mageres Meisel
Tristel

ÖSTERREICHISCHER RINDFLEISCHSCHNITT

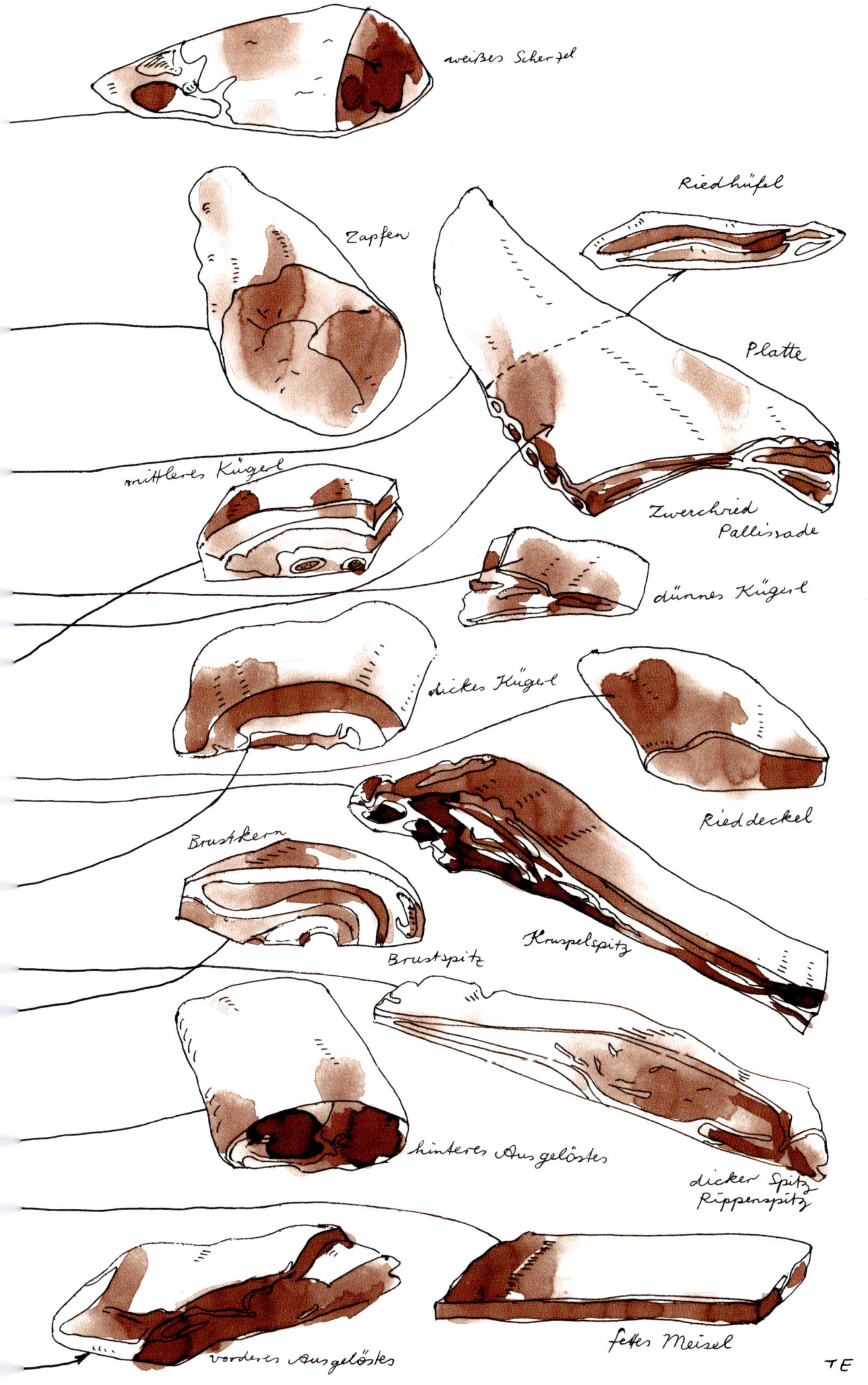

Wichtigste Teile, von links oben nach rechts im Uhrzeigersinn

Tafelspitz
- Tafelstück

Beinscherzel
Ortscherzel
weißes Scherzel
Zapfen
Platte
- Riedhüfel
- Zwerchried
- Pallisade

mittleres Kügerl
dünnes Kügerl
dickes Kügerl
Rieddeckel
Kruspelspitz
Brustkern
Brustspitz
- dicker Spitz
- Rippenspitz

hinteres Ausgelöstes
fettes Meisel
Tristel
- vorderes Ausgelöstes

mageres Meisel
Kavalierspitz
Schulter
- Schulterscherzel

Rostbraten
Beiried
- Rumpsteak
- Côte de bœuf

Lungenbraten
- Zapfen
- Mittelstück
- Spitz
  - *Beefsteak*
  - *Chateaubriand*
  - *Tournedos*

Hüferschwanzel mit Hüferscherzel

RINDFLEISCH IN FRANKREICH UND DEUTSCHLAND

1 Collier: Hals oder Nacken
2 Gras bout de poitrine: fettes Bruststück
3 Basses côtes: hohe Rippe
4 Macreuse à pot au feu: Schaufelstück, Schulterspitz
5 Jumeau à pot au feu: unterer vorderer Schulterteil
6 Paleron: Schaufeldeckel
7 Jumeau à bifteck: zentraler unterer Schulterteil
8 Macreuse à bifteck: mageres hinteres Bugstück
9 Côte: hohe Rippe, Rindskotelett
10 Entrecôte: Zwischenrippenstück
11 Plat de côtes: Schmor- oder Spannrippe
12 Tendron: Bruststücke
13 Faux-filet: schmackhaftes Lendenstück
14 Bavette de flanchet: Seitenstück aus dem oberen Lappen
15 Flanchet: Bauch oder unterer Lappen
16 Rumsteck: Rumpsteak, Hüftsteak
17 Filet: Filet
18 Hampe: Wamme, Zwerchfell
19 Onglet: inneres Zwerchfell (unter dem Filet)
20 Bavette d'aloyau: Lendenstück, hinteres Lappenstück
21 Aiguillette Baronne: oberster Zipfel der Nuss
22 Merlan: Stück aus der vorderen Oberschale
23 Poire: birnenförmiges Stück, Mitte der Oberschale
24 Rond de tranche: Kluftscheibe
25 Mouvant: unterstes vorderes Stück der Unterschale
26 Araignée: Maus, zentrales Keulenstück
27 Gîte à la noix: Nuss
28 Gîte et jarret: Hesse, Beinscheibe
29 Rond de gîte: hinteres Stück der Oberschale
30 Queue: Schwanz

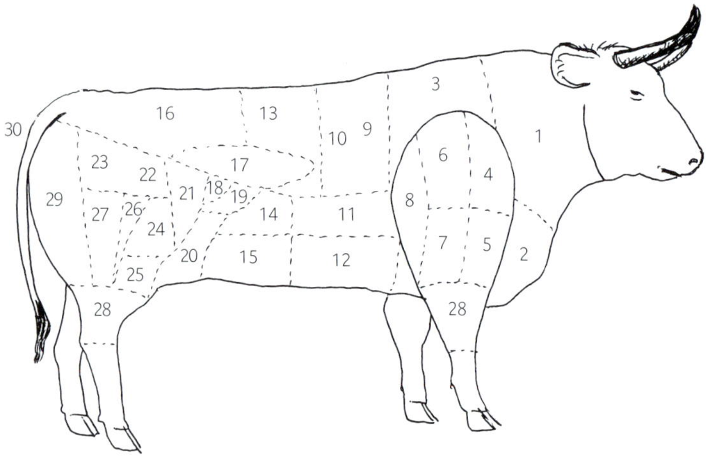

RINDFLEISCH IN ITALIEN

In Italien herrscht eine verwirrende Vielfalt an Ausdrücken und Bezeichnungen für die verschiedenen Teile des Rindes. Zwar gibt es Richtlinien hinsichtlich der korrekten Bezeichnung, doch kaum jemand kümmert sich darum, weil Metzger wie auch ihre Kundschaft lieber an den gewohnten Dialektausdrücken festhalten. Daher sind die im Folgenden genannten Begriffe lediglich als Anhaltspunkte zu verstehen:

QUARTO ANTERIORE (vorderer Teil)
Costata: Kotelett, Kamm
Sottospalla: Fehl- und Hochrippe
Pancia: Bauchlappen
Fesone di spalla: Querrippe
Reale: Spannrippe
Petto: Brust
Muscolo anteriore: Hesse
Polpa di spalla: Schulter
Girello di spalla: obere Schulter
Copertina: unteres Bugstück
Copertina di sotto: Schaufelstück
Collo: Hals

QUARTO POSTERIORE (hinterer Teil)
Lombata: Roastbeef
Filetto: Filet
Scamone: oberes Stück
Fianchetto: Lendenstück aus der Kugel
Noce: Nuss aus unterer Kugel und Unterschale
Fesa: Nuss, inneres Keulenstück
Sottofesa: Nuss, äußeres Keulenstück
Girello: übriges Stück aus der Oberschale
Gampanello: Unterschale
Muscolo posteriore: hintere Hesse

Unter bistecca versteht man ein Steak, meist vom Rostbraten oder von der Lende (manchmal auch Filet). Unter tagliata versteht man entweder ein in Scheiben aufgeschnittenes T-Bone-Steak (bistecca fiorentina) oder dünne Scheiben vom Rinderfilet, welche nur kurz gebraten werden. In guten Lokalen wird unter der Bezeichnung costata kein Rinderkotelett (mit Knochen) aufgetischt, sondern das feine Fleisch aus der parierten Hochrippe (innenliegend), nahezu fettfrei, ohne Knochen und meist als 400–500-g-Stück für zwei Personen.

BRIT BEEF CUT

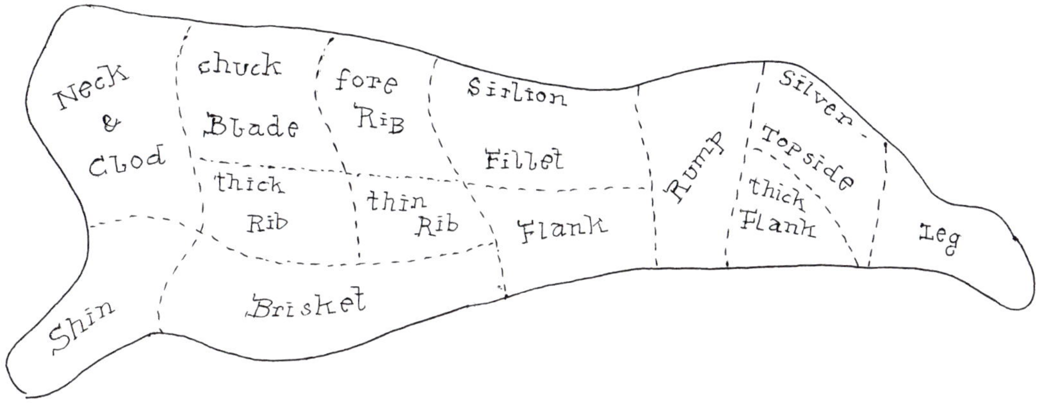

US-CUT (grobe Aufteilung)

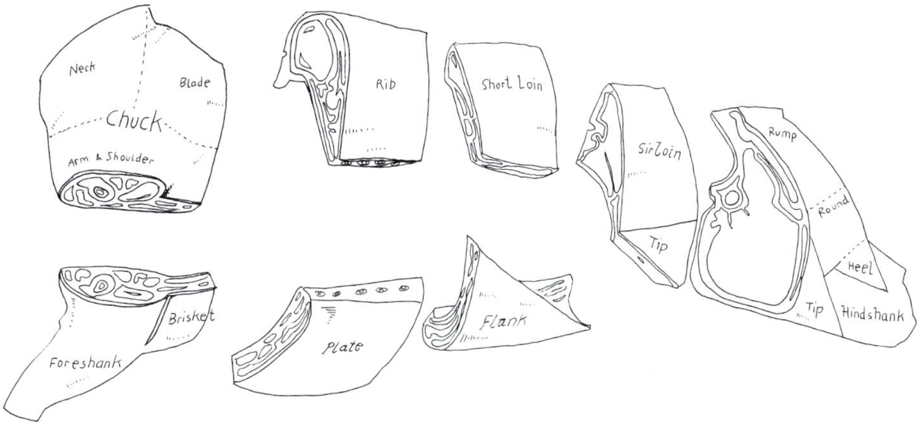

Rindfleisch in England
und Garmethoden

Neck and Clod: Nacken und Kamm
(zum Schmoren und für Eintöpfe)
Shin: Vorderhesse, Hachse
(zum Grillen und für Eintöpfe)
Chuck and Blade: Nacken und Hochrippe
(zum Schmoren)
Thick Rib: dicke Rippe
(zum Schmoren)
Fore Rib: Hochrippe
(zum Braten)
Brisket: Bug, Brust
(zum Schmoren)
Thin Rib: Rippenstück
(zum Schmoren und für Eintöpfe)
Sirloin: Steak, Roastbeef
(zum Braten, Grillen und Kurzbraten)
Fillet: Filet oder Lende
(zum Grillen oder Kurzbraten)
Flank: Nachbrust, Bauchlappen, Dünnung
(zum Schmoren)
Rump: Rumpsteak
(zum Grillen oder Kurzbraten)
Silverside: Hüfte, Keule
(zum Kurzbraten)
Topside: Oberschale, Kluft
(zum Kurzbraten)
Thick Flank: Unterschale
(zum Grillen oder Kurzbraten)
Leg: hintere Hesse
(für Eintöpfe)

Das Beefsteak ist ein spezielles Stück aus dem Rinderfilet; es wird aus dem Filetkopf geschnitten. Unter dem „Englischen“ versteht man den gesamten Rücken des Rindes (Fore Rib und Sirloin gemeinsam); er wird entweder in Steaks aufgeschnitten oder im Ganzen als Roastbeef zubereitet.

WO ES GUTES RINDFLEISCH GIBT

Nachstehende Liste ist sicher nicht vollständig, sondern eine rein subjektive Aufzählung von Lokalen, in denen ich persönlich wirklich gutes Rindfleisch gegessen oder gekauft habe. Daher bitte ich alle großartigen Rindfleischlokale und Steakhäuser dieser Welt, welche hier nicht aufgelistet sind, um Nachsicht und Entschuldigung.

ÖSTERREICH:

Restaurant „Rote Bar" im Hotel Sacher
Philharmonikerstraße 4
1010 Wien
Tel.: +43-(0)1-51456841
www.sacher.com/de-rote-bar.htm

Das Restaurant „Rote Bar" im ehrwürdigen Hotel Sacher bietet vor allem Klassiker aus der traditionellen Wiener Küche an. Der Tafelspitz ist hier ausgezeichnet und auch die Rindsrouladen sollte man verkostet haben. Aber mehr noch als das Essen sorgt der einzigartige Rahmen für einen gelungenen Genuss-Abend.

Plachutta Hietzing
Auhofstraße 1
1130 Wien
Tel.: +43-(0)1-8777087-0
www.plachutta.at

Seit 1987 eine der ersten Adressen für gutbürgerliche Küche in Wien und seitdem auch eine der ersten Anlaufstellen in Sachen „Wiener Siedefleisch". Ewald Plachutta wollte die Wiener Rindfleischkultur, wie sie einst im berühmten „Meissl & Schadn" gepflegt wurde, jenem legendären Wiener Rindfleischtempel, der leider den Kriegswirren zum Opfer fiel, wiederbeleben. Heute betreibt die Plachutta-Dynastie in Wien zwei weitere exzellente Rindfleischlokale und zwar in der Wollzeile (1. Wiener Gemeindebezirk) und in Grinzing (19. Wiener Gemeindebezirk).

Gasthof zum Renner
Nußdorfer Platz 4
1190 Wien
Tel.: +43-(0)1-3785858
www.zum-renner.at

Typisches Gasthaus nach Altwiener Stil, in dem Hausmannskost und gutbürgerliche Küche gepflegt werden. Dafür, dass die Fleischqualität außerordentlich gut ist, sorgt die hauseigene Fleischerei. Das Gasthaus bietet Wiener Siedefleisch, Tafelspitzsulz und Rostbraten vom Allerfeinsten und in Portionsgrößen, wie der Schlemmer sie liebt. Besonders die Altwiener Tellerfleischsuppe und die gekochte Zunge lasse ich mir hier gerne schmecken.

Rudi's Beisl
Wiedner Hauptstraße 88
1050 Wien
Tel.: +43-(0)1-5445102

Für viele Wiener der Prototyp eines Wiener Beisels. Exzellente Wiener Küche, vor allem die Rindfleischspezialitäten (gekochtes Rindfleisch, Rostbraten, Backfleisch u.a.) und vielerlei Innereien-Gerichte erfreuen bei jedem Besuch! Wer Wiener Rindfleischküche liebt, sollte Rudi's Beisl besucht haben.

Gasthaus Herta Gruber
am Wiener Naschmarkt
Naschmarktstand 47
1040 Wien

Seit mehr als 40 Jahren betreibt die Fleischerin Herta Gruber ihr Geschäft am Wiener Naschmarkt und versorgt unter anderem Rindfleischliebhaber wie Prof. Franz Zodl, den Doyen der Wiener Küche, mit Waldviertler Fleisch von allerfeinster Qualität. Im angeschlossenen Gasthaus wird original Wiener Küche geboten, das Altwiener Backfleisch und vor allem die gebackene Beiriedschnitte sind Gaumenfreuden mit erhöhtem Suchtfaktor!

Fleischerei Karlo
Rosengasse 1
7152 Pamhagen
Tel.: +43-(0)2174-2126
www.fleischerei-karlo.at

Karlos Rinderschinken vom ungarischen Steppenrind ist schlicht und einfach Weltklasse, wie überhaupt Karlo das Privileg hat, die ungarischen Steppenrinder aus dem Nationalpark Seewinkel verarbeiten zu dürfen. Hat man dieses erlesene Rindfleisch einmal genossen, ist klar, warum die Wiener Rindfleischküche Ende des 19. Jahrhunderts weltberühmt wurde, denn damals hat man für das beliebte Siedefleisch nahezu ausschließlich ungarische Mastochsen verarbeitet.

DEUTSCHLAND:

Gref-Völsings Rindswurst
Hanauer Landstraße 132
60314 Frankfurt am Main
Tel.: +49-(0)69-433530
www.gref-voelsings.de

Seit 1894 wird die exzellente Rinderwurst (Rezept siehe S. 15) aus allerbesten und naturreinen Zutaten hergestellt und ausschließlich über ausgewählte Partner in der Region vertrieben. Manche Genüsse muss man sich eben noch erarbeiten, in dem man sie sprichwörtlich „erfährt".

Ochsenbraterei
Englischer Garten 3
80538 München
Tel.: +49-(0)89-383873-12
www.ochsenbraterei.de

Seit dem Jahre 1881 ist dieser Traditionsbetrieb ein Highlight des Münchner Oktoberfestes. Die saftigen und schmackhaften Ochsen, im Ganzen gebraten und Stück für Stück frisch vom Braten heruntergeschnitten, sind auch wirklich ein einzigartiger Genuss.

SCHWEIZ:

Café de Paris
Rue du Mont-Blanc 26
1201 Genève
Tel.: +41-(0)22-7328450
www.cafe-de-paris.ch

Dieses Lokal ist berühmt für seine Entrecôtes Café de Paris, dessen Rezeptur eine Weiterentwicklung der berühmten Sauce vom Ochsenfilet Woronow (Rezept siehe S. 245) darstellt. Die Zutaten der berühmten Butter sind nämlich die gleichen wie bei der Sauce des Woronow. Hinfahren und probieren!

ENGLAND:

The Ritz London
150 Piccadilly
London W1J 9BR
Tel.: +44-(0)20-74938181
www.theritzlondon.com

Für mich eines der beeindruckendsten Restaurants, die ich jemals besucht habe. Jeans und Turnschuhe sind hier nicht erlaubt – Herren müssen Jackett und Krawatte tragen! Das Restaurant hat einen prächtigen Speisesaal, dessen Barockausstattung durchaus an große Königshäuser erinnert. Das Publikum ist gemischt (aber vermögend), der Service über jeden Zweifel erhaben.
Naturgemäß bekommt man hier eine königliche Küche vorgesetzt und wahrscheinlich das beste Châteaubriand von ganz England – abgesehen vom Englischen Gemüse war das von mir genossene Exemplar absolut perfekt. Fazit: unbedingt probieren (aber rechtzeitig reservieren)!

Simpson's in the Strand
100 Strand
London WC2R OEW
Tel.: +44-(0)20-78369112
www.simpsonsinthestrand.co.uk

In diesem altehrwürdigen Restaurant pflegt die Upper-Class zu speisen. Berühmt ist das Lokal unter anderem dafür, dass das Roastbeef (vom Aberdeen-Angus) direkt vom sogenannten beef-trolley geschnitten dem Gast aufgetischt wird.

Sophie's Steakhouse
311-313 Fulham Road
London SW10 9QH
Tel.: +44-(0)20-73520088
www.sophiessteakhouse.co.uk

Wie der Name bereits verrät, dreht sich in der Speisekarte hier alles rund ums Rindfleisch. Ich verkostete bei meinen Besuchen das exzellente (800 g schwere) Porterhouse-Steak, ein (ebenfalls 800 g schweres) Ochsenkotelett (Côte de bœuf) und das (300 g leichte) Rib-Eye-Steak. Allesamt waren sie vorzüglich bis erstklassig! Aber auch der Burger (aus Angus-Rindfleisch) mit Chili, Knoblauch, Kapern und Kräutern mundete ausgezeichnet. Weiter bot die umfassende Fleischkarte Filetsteaks, Châteaubriand (450 g) und Contre-filet.

Butlers Wharf Chop House
The Butlers Wharf Building
36e Shad Thames
London SE 1 2YE
Tel.: +44+(0)20-74033403
http://www.chophouse.co.uk/

Schwere Holzmöbel und eine Bar aus Zink und Marmor sind das Markenzeichen des Restaurants, in dem vor allem riesige T-Bone-Steaks, Steak and Kidney Pudding (Rezept siehe S. 26), Roastbeef and Yorkshire Pudding (Rezept siehe S. 30) und Ochsenleber aufgetischt werden. Hier lassen sich im Schatten der Tower Bridge besonders genussvolle und romantische Sommerabende verbringen. Und noch etwas: Zum Steak muss man hier unbedingt die englischen Biere verkosten!

Harrods
87-135 Brompton Road
London SW1X 7XL
Tel.: +44-(0)20-77301234
www.harrods.com

Bei jedem London-Besuch führt mich einer meiner ersten Wege zu Harrods, denn die Qualität und Vielfalt der Produkte in den legendären Food Halls ist umwerfend! Bei Harrods gibt es 28 Restaurants und beinahe alle habe ich getestet! Als ich noch in London wohnte, kaufte ich hier vor allem das berühmte „Scotch Beef" (vom Aberdeen-Angus).

Farmer Sharp at Borough Market
Borough Market
8 Southwark Street
London SE1 1TL
www.boroughmarket.org.uk
Freitag 12.00 – 18.00 Uhr und Samstag 9.00 – 16.00 Uhr

Unter der grünen viktorianischen Gusseisenkonstruktion werden von ausgezeichneten Metzgern vor den Augen der Kunden ganze Tiere fachgerecht zerlegt. Sensationell ist das großartige Galloway-Rindfleisch, welches mindestens fünf Wochen abhängen konnte.

J.A. Steele
8 Flask Walk
London NW3 1HE
Tel.: +44-(0)20-74353587

Eine Metzgerei für Traditionalisten und Gourmands – schon beim Betrachten der Auslage gehen einem die Augen über! Die Metzgerei gibt es seit mehr als 200 Jahren und diese Tradition verpflichtet. Bei meinem Erstbesuch bekam ich ein ordentliches Glas Whisky in die Hand gedrückt, denn die Schlange war so lang, dass sie beinahe bis zur Straße hinausreichte. Ich blieb dann insgesamt mehr als drei Stunden, aß währenddessen gut 1 kg Roastbeef vor Ort, trank mindestens eine halbe Flasche Whisky und ging anschließend glücklich mit einer ganzen Hochrippe nach Hause.

FRANKREICH:

Auberge du Coteau
Route Côte de Nuits
21700 Villars-Fontaine
Tel.: +33-(0)3-80611050

Zugegeben, ich schaffe es, 1 kg Rindfleisch zu essen, aber dieses im Burgund gelegene Lokal hat mich geschafft, und zwar nachhaltig: Es war das erste und bisher einzige Mal, dass ich ein mir vorgesetztes Steak aufgrund seiner Größe nicht aufessen konnte. Unbestritten gibt es hier die besten Rinderkoteletts (natürlich vom Charolais-Rind) vom Grill, wobei die Prachtstücke unter ihnen bis zu 1,5 kg auf die Waage bringen. Sie sind perfekt auf den Punkt gegrillt und mit einer das Fleisch umschmeichelnden Zwiebelmarinade gewürzt. Dieses Lokal ist der Rindfleischhimmel auf Erden!

ITALIEN:

Antica Bettola da Marisa
Via Coseano 1
Frazione Rodeano Bassa
Rive d'Arcano (Udine)
Tel.: +39-0432-807060

Nur im Sommer ist dieses kleine Lokal im Friaul ein Rindfleischtempel, denn dann steht vis-a-vis des eigentlichen Lokals ein Zelt, in dem gegrillt wird. Was hier aufgetischt wird, schmeckt sensationell: Saftigere und zartere Steaks wird man lange suchen müssen. Kein Wunder, kauft doch der Patron Roberto nur feinste Fiorentine vom unvergleichlichen Chianina-Rind und tischt diese bevorzugt mit einem exzellenten friulanischen Rotwein oder Chianti auf.

La Sagra della Bistecca
(Bistecca-Fest in der Toscana)
58026 Montieri (GR)
Infos bei: Ufficio Turistico Montieri
Tel.: +39-0566-997024
www.montieriproloco.it

Etwa 40 km südwestlich von Siena bzw. etwa 60 km nördlich von Grosseto liegt in der malerischen Maremma ein kleiner Ort, der aus kulinarischer Sichtweise Großes bietet. Bistecce (natürlich vom Chianina-Rind) von unglaublicher Größe werden hier bei einem speziellen Fest (das eigens als Marketinginstrument eingesetzt wird, um Leute in die Region zu bringen) gegrillt. Dazu gibt es Bohnen und Wein und die fesselnde Atmosphäre der Südtoskana.

AMERIKA:

Wolfgang's Steakhouse
http://wolfgangssteakhouse.com

Allein schon vom Namen her hätte ich dieses Lokal empfehlen müssen, tatsächlich tue ich dies aber aus voller Überzeugung, denn die hier servierten T-Bone-Steaks sind eine absolute Sensation – ich kenne aber nur die „Zweigstelle" in New York (4 Park Avenue, New York, NY 10016). Das Geheimnis der überragenden Steaks ist einerseits das exzellente Angus-Rindfleisch und andererseits die Tatsache, dass das Fleisch richtig lange abhängen und auf diese Weise subtil reifen darf.

Smith & Wollensky
www.smithandwollenskysteakhouses.com

Bekannte Steakhouse-Kette, welche sich allerdings dadurch auszeichnet, dass die Qualität der hier gebotenen Speisen wirklich gut ist. Smith & Wollensky-Steakhouses gehören berechtigterweise zu den anerkanntesten der Welt.

GLOSSAR

Abschäumen: Entfernen des Schaums beim Kochen von Brühe

Abschmälzen: Gargut in Schmalz (heute oft auch Butter) hell rösten

Absteifen: Festwerden von Aspik oder Gelee

Anchovis: Sardellenfilets

Annattoöl: Öl der Annatopflanze, das in der Karibik zum Rot-Färben von Speisen verwendet wird

Asa foetida: Asant (*Ferula assa-foetida L.*)

Augenbohnen: aus Afrika stammende Bohnensorte

Beefsteak: in England ein spezielles Steak aus dem Rinderfilet-Kopf (200 – 250 g), außerhalb von England auch die Bezeichnung für ein Steak an sich

Belon-Austern: leicht nussig schmeckende europäische Auster aus der Bretagne, gilt als die feinste Auster der Welt

Berbere: scharfe Gewürzmischung aus Äthiopien, enthält Chilipfeffer, Ingwerpulver, Knoblauch, Nelke, Koriander, Piment, die getrockneten und gemahlenen Früchte der Weinraute, Ajowan und Stangenpfeffer

Blättermagen: ein Magen des Rindes, der wenig gallertig ist, aber viele blätterartige „Fächer" aufweist

Blindbacken: Vorbacken eines Mürbteigbodens mit Hilfe von Hülsenfrüchten (sie werden auf den Mürbteigboden gelegt, damit dieser keine Blasen schlägt)

Brie de Meaux: französischer Weichkäse aus Kuhmilch mit Außenschimmel

Bulgur: Weizenschrot

Cachaça: brasilianischer Zuckerrohrschnaps

Caipirinha: brasilianischer Cocktail aus Cachaça, Limettensaft Zucker, Eis

Chambertin: einer der besten und berühmtesten roten Burgunder-Weine

Cheez Whiz: Käsecreme aus dem Glas

Chemisieren: Überziehen einer Speise mit Gelee o.Ä.

Cornichon: kleine, pikant eingelegte Gurke

Côte de bœuf: Rinderkotelett aus der hohen Rippe (ca. 1 – 1,5 kg)

Cotechino: italienische Schlackwurst

Dashi-Granulat: japanische Instantbrühe aus Seetang und Fischflocken

Dill Relish: mit Dille eingelegte Gurken

Dünsten: Garmethode mit wenig Flüssigkeit

Duxelles: trockene Röstmischung aus Speck, Champignons und Schalotten, zuweilen auch mit Petersilie, Knoblauch oder Madeira gewürzt (dient zur Würzung von Saucen, aber auch als Farce zu Filet Wellington u.a. Fleischspeisen)

Entrecôte: genau genommen ein Zwischenrippenstück aus der hohen Rippe, heutzutage auch Lendenschnitte

Etamin: sehr feinmaschiges Passiertuch/-sieb

Filet-Steak: zumeist 200 – 300 g schweres Steak aus dem Rinderfilet, sehr zart und feinfaserig

Fleur de Sel: direkt von der Meeresoberfläche gewonnenes, sehr exquisites Meersalz

Flotte Lotte: Passiergerät mit Kurbel

Foie gras: Stopfleber

Fontina: cremiger Bergkäse aus Italien (Piemont, Aostatal)

Galgant: Wurzel der *Alpinia galanga*, auch Thai-Ingwer genannt, wird in der asiatischen Küche frisch (etwa in Scheibchen geschnitten) oder als Pulver verwendet

Geklärte Butter: erhitzte und abgeschäumte Butter, Butterschmalz (-> Ghee)

Gelbwurzblätter: Blätter der Kurkuma-Pflanze

Gemischter Satz: vor allem in der Gegend um Wien erzeugter Weißwein aus auf gemeinsamen Rebflächen angebauten unterschiedlichen Traubensorten.

Ghee: -> geklärte Butter, Butterschmalz

Grana Padano: Hartkäse aus Norditalien

Graves: berühmte Bordeauxlage, die auch exzellente Weißweine hervorbringt

Grüner Speck: frischer Rückenspeck vom Schwein, nicht behandelt

Gruyère: Schweizer Hartkäse

Guacamole: mexikanischer Avocado-Dip

Guérande: Gemeinde und gleichnamige Halbinsel in der Bretagne, bekannt für Salzgewinnung (-> Fleur de Sel)

Gueuze: leicht säuerliches belgisches Bier

Gutedel: berühmte Rebsorte aus dem deutschen Markgräflerland, hervorragender Weißwein (überwiegend trocken ausgebaut); die Trauben des roten Gutedel ergeben bei Maischegärung einen angenehmen Roséwein

Harissa: scharfe tunesische Gewürzpaste

Herrensteak: 300 – 350 g schweres Filet-Steak

Heu (Artischocken): Blütenfäden der Artischocke

HP-Sauce: britische Würzsauce aus Tamarindenschoten

Imperial-Austern: vor allem in den Niederlanden und Belgien gebräuchlicher Name für besonders große Felsenaustern

Jalapeño-Chili: klassische mexikanische Chilischote mit abgerundeter Spitze, mäßig scharf

Kabulsauce: russische Würzsauce

Käferbohnen: vorwiegend für die Steiermark bekannte Bohnensorte

Kaffir-Limettenblätter: Blätter mit deutlichem Limettenaroma, in Asia-Shops erhältliches Würzmittel (frisch oder tiefgefroren)

Kajmak: spezieller Frischkäse aus Kuhmilch, in der Balkanküche häufig verwendet

Karde: auch Cardy (*Cynara cardunculus*) oder Gemüseartischocke, die gebleichten Blattstiele werden in der nordafrikanischen und mediterranen Küche als Gemüse gegessen

Karotte: Möhre

Keniabohne: gleichmäßig gewachsene grüne Bohne (Fisole)

Kornelkirsche: *Cornus mas*, in Österreich auch „Dirndl" genannt

Kranz (beim Herz): deutlich sichtbare Gefäße rund ums Herz

Lambic: belgisches Bier

Limettenblätter: -> Kaffir-Limettenblätter

Liquid Smoke: flüssiges Raucharoma

Lyonnais: französische Provinz im Département Rhône

Madiran: Rotwein aus der Gascogne

Maldon-Salz: Meersalz aus England mit großen Kristallen, produziert an der Küste von Essex

Marc de Bourgogne: Tresterbrand

Marsala: je nach Restsüße Aperitif oder Dessertwein, benannt nach der gleichnamigen sizilianischen Hafenstadt

Meursault: einer der besten und berühmtesten weißen Burgunder-Weine aus dem französischen Département Côte-d'Or; sehr dicht und kraftvoll, zählt zu den besten Weißweinen der Welt

Mirepoix: Röstgemüsemischung, in größere Würfel geschnitten

Montieren: Einrühren von kalten Butterstückchen in eine Sauce oder Suppe

Moulin-à-Vent: ein berühmter Beaujolais (Rotwein)

Nappieren: Überziehen einer Speise mit Sauce

Nockberge-Rindfleisch: siehe www.nockfleisch.at

OK-Sauce: braune englische Würzsauce, meist für Steaks

Osmazom: Bestandteil der Muskelfaser, die für den Geschmack verantwortlich ist; in der Küche macht man sich die osmazomhaltigen Bestandteile des Fleisches auf verschiedene Weise zu Nutzen, z.B. färben sie durch langes Kochen Fonds schön braun und geben ihnen einen intensiven Geschmack

Palatschinken: Pfannkuchen

Palette: messerähnliches Werkzeug zum Streichen oder Heben

Pancetta: ungeräucherter durchwachsener Bauchspeck

Pansen: Teil des Rindermagens

Parieren: Fleisch von Haut, Sehnen und Fett befreien

Parmigiano Reggiano: italienischer Extrahartkäse aus Kuhmilch

Pecorino: italienischer Schafkäse

Pecorino sardo: besonders feiner und aromatischer Schafmilchkäse aus Sardinien

Pelmeni: russische Teigtaschen, mit Fleisch gefüllt

Pfannenrühren: Garmethode in der asiatischen Küche; Braten bei großer Hitze unter ständigem Rühren

Piastra: italienische Grillplatte

Pimientos: spezielle Paprikaschoten aus Galicien/Spanien

Pimpernuss: auch Klappernuss genannt (*Staphylea pinnata L.*)

Piquillo-Paprika: spanische Paprikasorte, gilt eingelegt als Spezialität

Pochieren: Garmethode im Wasserbad

Praga: im Friaul versteht man darunter – der österreichischen Tradition entsprechend – gekochten (gesurten und leicht geräucherten) Beinschinken, im restlichen Italien ausgelösten, zumeist geformten Kochschinken von eher mildem Geschmack

Prinzessbohnen: junge Fisolen

Ras el Hanout: marokkanische Gewürzmischung

Rauchsalz: Salz mit Raucharoma

Reggiano: -> Parmigiano Reggiano

Relish: aus der indisch-englischen Küche stammende Würzsauce (meist sehr fruchtig)

Rindertalg: durch Ausschmelzen von Rinderteilen gewonnenes Fett

Salamander: Gratinierofen mit starker Oberhitze

Salsa: spanisches Wort für Sauce, in der mexikanischen Küche wird diese meist aus Tomaten, Zwiebeln, Knoblauch und verschiedenen Gewürzen zubereitet

Salsicce: italienische Würste aus gut gewürztem Schweinebrät

Sauce Bercy: köstliche Sauce zu kurzgebratenem Fleisch aus Butter, Knochenmark, Schalotten, Kräutern und Weißwein

Sauce bordelaise: berühmte Sauce aus Rotwein, -> Sauce espagnole, Glace (S. 283), Kräutern und Mark; u.a. zu kurzgebratenem Fleisch

Sauce Cumberland: berühmte englische kalte Würzsauce (im Handel auch als Fertigprodukt erhältlich) aus Portwein, Orangenschale und -saft, Johannisbeergelee, Senf, Cayennepfeffer, Ingwer, Schalotten u.a. Gewürzen

Sauce espagnole: braune Grundsauce auf Basis einer Mehlschwitze; Fond mit Mehlschwitze verrühren, mit in Speck gerösteter und mit Wein abgeschöschter -> Mirepoix und im Ofen geröstetem Tomatenmark versetzen; mehrere Stunden einkochen, durch ein Sieb passieren; am Folgetag mit Fond aufgießen und nochmals einige Stunden einkochen

Sauce hollandaise: über Wasserbad aufgeschlagene Sauce aus Eigelben, milder Reduktion, zerlassener Butter und Gewürzen; meist zu Spargel, Gemüsen und milden Fleisch- oder Fischgerichten

Sauce Oxford: mildere Abwandlung der -> Sauce Cumberland

Sauternes: berühmter französischer Süßwein

Sautieren: Anbraten von Gargut in einer Pfanne mit hohem Rand (Sauteuse)

Sautoir: Pfanne zum -> Sautieren

Schmand: fettreiches Milchprodukt aus Sahne (auch Schmetten)

Selchen: pökeln

Semmel: Brötchen

Semmelbrösel: Paniermehl

Serrano-Chili: sehr scharfe mexikanische Chilisorte

Shichimi togarashi: Gewürzmischung, bestehend aus grob gemahlenen Chiliflocken, japanischem Pfeffer, weißen und schwarzen Sesamsamen, getrockneten Nori-Algen, getrockneten Mandarinen- oder Tangerinenstreifen und weißem Mohn; in Asia-Läden erhältlich

Shiitake: auf Holz wachsender japanischer Zuchtpilz

Spargelbohne: Bohnensorte mit sehr langen Früchten

Speckparüren: Abschnitte vom Speck (meist Schwarten)

Steaks:

Chuck Steak: Kurzrippensteak aus dem unteren Rippenbereich, 250 g schwer und aus dem zartesten Teil der Schulter

Clubsteak: in den USA beliebtes Steak aus dem Mittelrücken, etwa 2–3 cm dick (wird mit oder ohne Knochen geschnitten)

Delmonico-Steak: angeblich aus dem New Yorker Restaurant Delmonico stammendes Rib-Eye-Steak mit typischem Fettauge

Porterhouse-Steak: sehr großes und dickes T-Bone-Steak (mit großem Filet-Anteil) von mehr als 800 g

Prime Rib Roast: ausschließlich der magere Kern von 2–3 Hochrippen, wird nur von jungen Tieren geschnitten

Rib-Eye-Roast: besonders großes und dickes Rib-Eye-Steak

Rib-Eye-Steak: aus dem mageren Kern der Hochrippe geschnitten; stammt von möglichst jungen Tieren, meist 2–3 cm dick und üblicherweise 300–350 g schwer; besonderes Merkmal ist das Fettauge (rib-eye)

Rumpsteak: in Europa eine Lendenschnitte (Österreich: Beiriedschnitte) von etwa 250–300 g, in den USA ein preiswertes Steak aus der Hüfte

Sirloin Steak: ohne Knochen aus dem flachen Roastbeef (Österreich: Beiried) geschnitten

T-Bone-Steak: aus dem flachen Roastbeef (in Österreich Beiried) auf der einen Seite und dem Filet auf der anderen Seite geschnitten, seinen Namen hat es vom T-förmigen Knochen, der die beiden Fleischteile verbindet; meist 500–750 g schwer

Tenderloin-Steak: US-Bezeichnung für das Filet-Steak

Sumach: Essigbaumgewürz (*Rhus coriaria L.*), in orientalischen Lebensmittelläden erhältlich

Szechuanpfeffer: auch japanischer, chinesischer Pfeffer oder Anispfeffer genannt, aus der Familie der Rautengewächse, nicht mit dem schwarzen Pfeffer verwandt, liefert aber auch ein scharfes Gewürz

Tabasco: scharfe Würzsauce auf der Basis von Tabasco-Chilis

Taco: gefüllte -> Tortilla

Tamarindenmus: Fruchtmark der Tamarinde

Tamarindensaft: in Wasser eingelegte Tamarinde

Tortilla: mexikanischer Fladen aus Maismehl

Tournieren: Zurechtschneiden von Gemüse, Obst etc.

Velouté: weiße Grundsauce (weiße Mehlschwitze mit Fond aufgegossen)

Vogelaugen-Chili: sehr scharfe, aus Afrika stammende Chilisorte

REZEPTVERZEICHNIS

Alle mit * gekennzeichneten Rezepte sind Kreationen des Autors.

Wir danken folgenden Firmen (in aphabetischer Reihenfolge)
für die freundliche Unterstützung:

ALLESKÜCHE
www.alleskueche.com
Küchenstudio

AUGARTEN WIEN
www.augarten.at
Porzellan

GAGGENAU
www.gaggenau.com
Küchengeräte

LE CREUSET
www.lecreuset.de
Kochgeschirr aus Gusseisen und Grillpfannen

RÖMERTOPF
www.roemertopf.de
Keramik

SZIGETI
www.szigeti.at
Sekte und Schaumweine

Jarosinski & Vaugoin
Die Silberschmiede
gegründet 1847
www.vaugoin.com
Silberbesteck u. Silberplatten

WIBERG
www.wiberg.at
Gewürze, Salze, Kräuter, Essige, Öle

WMF
www.wmf.at
Edelstahlgeschirr

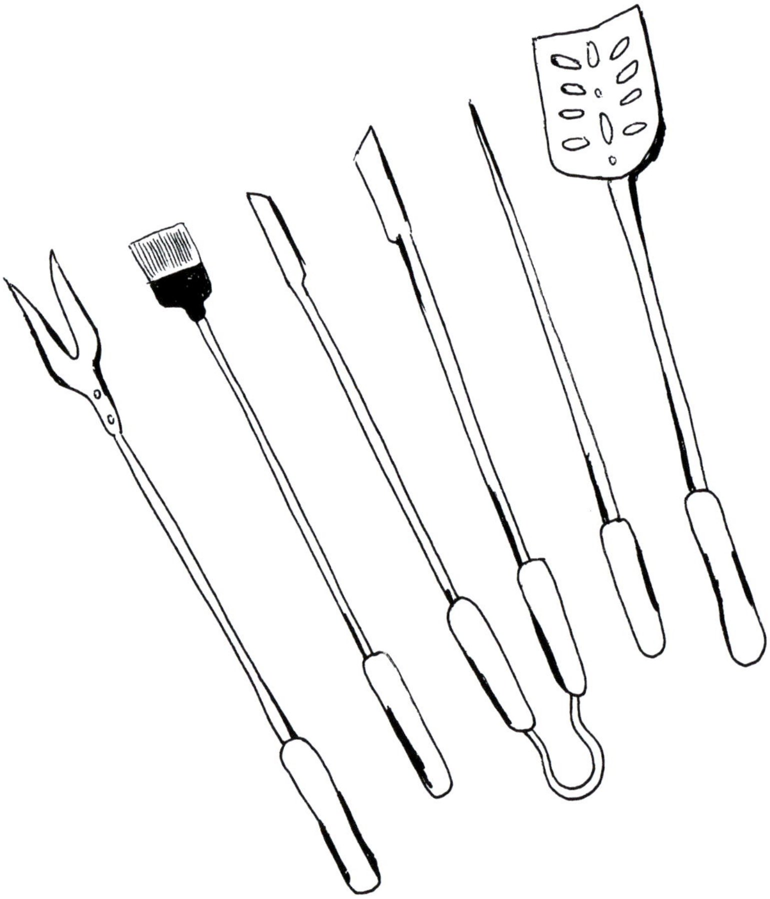

BLONDE D' AQUITAINE

WITTGENSTEINER BLESSVIEH

EVOLÈNER

SAHIWAL

CHIANINA

ANGUS